음식과 기호품의 문화사

라틴아메리카
음식 '듬뿍'

일 러 두 기

• 이 책의 외래어 및 외국어 표기는 국립국어원의 표기 지침을 따르되, 표기 지침과 실제 발음에
   다소 차이가 있거나 널리 쓰이는 단어일 경우에는 예외를 두어 실제 발음에 가깝게 표기했다.
• 외국 도서명, 동식물의 학명은 이탤릭체로 표기했다.

이 책은 한국외국어대학교 중남미연구소 HK+ 사업단과 경희대학교 중남미연구소가 공동으로
기획한 것이다.

음식과 기호품의 문화사

라틴아메리카
음식 '듬뿍'

조구호·황수현·정승희·장재원·
정욱·임수진·이경민·임두빈 지음

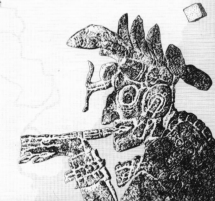

| 생 태 문 명 교 양 총 서 1 |

차 례

광대한 대륙의 맛과 멋

    흔히들 음식은 언어와 함께 정체성을 구성하는 핵심 요소로 꼽는다. 음식은 한 공동체가 공유하는 문화 자체이기 때문이다. 우리나라에서도 오죽하면 가족을 가리켜 '함께 밥 먹는 사람(식구[食口])'이라고 했을까. 모든 문명과 개인에게는 특유의 먹거리 취향이 있어서 고대 로마의 사상가인 루크레티우스는 사람은 곧 자기가 먹는 것에 의해 규정된다고 말했다. "나는 먹는다. 고로 존재한다"는 부인할 수 없는 진실 아닌가?

    중남미 문화는 아메리카, 유럽, 아프리카, 그리고 아시아 문화가 만나는 이종혼합의 역사를 거쳐 변화무쌍한 천의 얼굴을 가지고 있다. 중남미의 음식 역시 다양하고 풍요로운 삶의 양상을 보여준다. 당장 동네 편의점에만 가도 살 수 있는 가성비 좋은 칠레 와인이며, 훌륭한 맥주 안주로 자리 잡은 멕시코 기원의 나초, 아르헨티나식 '한우 한 마리'인 아사도 등은 이제 한국에서도 접할 수 있는 중남미 미식 문화의 극히 일부일 뿐이다.

    중남미에서는 옥수수가 곧 인간을 만든 재료이기도 하다. 마야의 창세기라 불리는 『포폴 부_Popol Vuh_』를 보면 진흙과 나무로 인간을 만드는 데 실패한 창조주는 옥수수를 가지고 마침내 인류를 창조하는 데 성공한다. 그런가 하면, 콜럼버스 항해 이후 중남미가 자신의 존재감을 세계에 드러내는 것도 음식 덕분이다. 대서양 항로를 통한 교류에서 신대륙이 구대륙에 전파한 식물이 감자, 고구마, 옥수수, 고추, 초콜릿, 담배 등이고, 반대로 구대륙에서 받은 것이 커피, 사탕수수, 바나나, 올리브, 쌀, 보리 등이다. '콜럼버스의 교환'을 통해 전해진 아메리카의 구황식물은 이후 구대륙의 인구 증가에 기여했고, 한반도에 들어온 고추는 우리가 먹는 김치를 낳았다.

스페인의 세계적 셰프인 카르메 루스카예다는 음식의 역사가 곧 세계의 역사라고 단언한다. 즉 음식에는 역사가 응축되어 있는 것이다. 비단 역사뿐일까? 음식은 정치, 경제, 사회, 문화, 철학, 인류학의 복합체다. 쿠바의 인류학자 페르난도 오르티스가 『담배와 설탕의 쿠바적 대위법』에서 담배와 설탕의 문명사적 비교를 통해 쿠바의 인종, 이념, 계급, 사랑을 얘기하는 것은 단적인 사례다.

이 책은 이처럼 중남미의 역사 자체이자 풍요로운 문화생태계의 핵심을 이루고 있는 음식 이야기를 통해 그 광대한 대륙의 맛을 듬뿍 맛보게 해준다. 중남미 생태문명을 연구하고 있는 한국외국어대학교 중남미연구소의 인문한국 플러스 사업단에서 이 책을 꼭 내고 싶었던 이유도 바로 그것이다. 좋은 글을 써주신 필자 선생님들께 감사드린다.

한국외국어대학교 중남미연구소장 신정환

라틴아메리카를 '듬뿍' 맛보다

❂ LATIN FOODWAYS ❂

라틴아메리카 음식문화 개괄

정승희

아메리카 대륙의 농업과 유럽 식문화의 만남

아메리카 대륙은 현생인류 호모사피엔스가 이주해 정착하고 농업과 문명을 일군 땅이다. 이주 시기와 루트에 대해서는 많은 이설이 존재하고 새로운 증거와 주장들이 계속 나오고 있어 확정이 어렵지만 베링기아^{Beringia}가 주요한 이주 루트였던 것은 확실하다.[1] 아메리카 대륙의 동식물은 드물게 구세계와 겹치기도 하지만 대체로 고유종이 많았고, 그곳에 도착한 인류는 새로운 환경에서 생존하고 농업을 일구면서 독자적으로 문명을 만들어냈다. 음식 이야기를 이렇게 인간의 이주와 동식물부터 시작하는 것은 인간의 먹거리가 바로 동식물이고, 환경에 적응하며 동식물을 활용하는 방법을 발

[1] 북미의 클로비스(Clovis) 유적보다 더 오래된 칠레 몬테베르데(Monte Verde) 유적과 브라질 피아우이(Piauí)주에서 유적이 발굴되었고, 베링기아 외에도 태평양을 통해 다양한 시기에 여러 루트로 이주했을 가능성도 제시되고 있다.

달시켜 온 것이 바로 인간의 생존과 농업, 음식문화의 바탕이기 때문이다.

아메리카 대륙에서 농업은 대략 1만 년 전부터 시작되었다. 아메리카라는 이름으로 불리지도 않을 때였지만 이 대륙의 새로운 이주자들은 상당히 빠른 속도로 대륙의 최남단으로 이동하고 새로운 환경에서 독자적으로 '신석기 혁명'을 이루어냈다. 농업의 두 중심지로 메소아메리카와 안데스 지역을 꼽을 수 있다. 이곳은 많은 재배작물의 기원지로서 옥수수, 고추, 토마토, 감자, 고구마, 호박, 강낭콩 등 우리에게 친숙하고 삶에 필수적인 작물들이 이 두 곳을 중심으로 농작물로 개량되고, 수많은 품종으로 발전되어 왔다. 그중 가장 먼저 농작물로 심어진 것은 차요테, 땅콩, 면화 등이다.[2] 호박과 매우 유사한 차요테 chayote는 멕시코와 중앙아메리카에서 경작되었고, 땅콩은 지금의 볼리비아, 면화는 멕시코와 페루 등지에서 재배되기 시작했다. 이후로도 수많은 곡물, 콩류, 과일, 약용식물 등이 재배되었고, 인류의 재배작물 60%가 아메리카 원주민들의 손에 의해 경작된 것일 정도이다.

1492년 콜럼버스의 항해 이후 이루어진 스페인의 정복과 진출은 정치적인 변화였을 뿐만 아니라 그들과 함께 온 동식물 자원, 음식문화 전반으로 인해 장기적으로 아메리카의 생태와 식문화에 큰 변동을 야기했다. 우선 주식으로 밀과 쌀, 그리고 신대륙에는 없던 소, 양, 돼지, 닭 등의 가축이 들어온 것이 가장 컸고, 8세기 이후 이베리아반도로 진출한 이슬람 세력의 식문화도 많은 부분 식민지 아메리카로 옮겨졌다. 노예무역을 통해 들어온 아프리카인들의 식문화에 일부 지역에는 이주가 늦었던 동아시아인들의 식문화까지 더해져 그 넓은 대륙에서 각각의 식문화들이 모자이크처럼 형성되어 갔다. 이러한 모자이크적인 특징을 잘 보여주는 음식의 하나로 콜롬비아의 '반데하 파이사Bandeja Paisa'를 들 수 있다. 이 음식의 이름은 '안티오키아

2)   https://www.elmundo.es/elmundo/2007/06/28/ciencia/1183046110.html

지방의 음식 모듬' 정도의 뜻을
지닌다. 큰 접시에 쌀밥, 아레파,
밀빵, 바나나 튀김, 콩 요리가 놓
여 있고, 소고기, 돼지고기, 소시
지 등도 나란히 등장한다. 보통
한 음식에는 주재료 한두 가지가
사용되는 데 비해 반데하 파이사
에는 옥수수로 만든 아레파와 강

콜롬비아의 반데하 파이사(사진: Dtarazona)

낭콩에 여러 외래적인 요소들이 나란히 배치되어 있다. 반데하 파이사가 만
들어진 맥락처럼 이 글을 통해 문명과 교류사의 관점에서 방대한 라틴아메
리카 음식문화를 개괄하고, 식민지 시기부터 지속되고 있는 단일경작이라
는 키워드를 통해 오늘날 글로벌화된 식탁에서 라틴아메리카를 찾아내고
자 한다. 지면과 구성상 라틴아메리카 음식문화를 개괄적으로 다루기 때문
에 아쉽게도 언급되지 못하는 지역이나 식재료가 많음을 밝혀둔다.

아메리카 원주민들의 주요한 식량자원

아메리카의 토착 재료 중 가장 중요한 것을 꼽으라면 우선 메소아메리카 문
명을 만들어낸 작물인 옥수수를 들 수 있다. 옥수수의 선조 격이 되는 야생
옥수수를 찾을 수 없어 오랫동안 옥수수의 기원을 확정 짓는 데 혼선이 있
었지만, 현재는 멕시코 남서부 지역에서 테오신테 teocinte라는 야생 작물이
오랜 시간을 두고 선별 개량되어 대략 9000년 전에 옥수수가 되었다고 본
다. 옥수수는 재배도 쉽고 빨리 자란다는 장점이 있지만 그냥 먹으면 영양
소가 부족해 주식으로는 부적합하다. 그러나 옥수수를 알칼리 성분이 든 물
에 끓어내면 부드러워지고 낱알의 겉껍질도 쉽게 벗겨져 가공하기 쉽고, 이

과정을 통해 옥수수의 영양 성분이 획기적으로 강화된다. 이렇게 알칼리 처리를 거친 옥수수를 '닉스타말nixtamal', 닉스타말을 만들어내는 방법을 '닉스타말법nixtamalization'이라고 한다. 알칼리 성분은 지역과 시기에 따라 나무 재, 조개껍질 빻은 것, 석회 등이 사용되었다. 처음에는 딱딱하게 말린 알곡을 부드럽게 익히고 껍질을 벗겨내기 위해 이 방식이 고안되었겠지만 이 방법을 통해 옥수수의 영양이 강화되면서 이를 주식으로 삼아 여러 문명이 만들어질 수 있었다. 옥수수는 메소아메리카 지역에서 카리브해 지역을 포함해 아메리카 대륙 거의 전역으로 전파되었으나, 닉스타말법은 메소아메리카에서 주로 북미 지역으로만 전파된 것으로 보인다. 닉스타말법을 거친 옥수수는 보통 옥수수와는 맛과 풍미가 달라 멕시코나 과테말라 등 중앙아메리카 나라들에서 매우 독특하고 고유한 옥수수 음식과 음료가 만들어질 수 있었다.3)

콩류는 전 세계에 보편적으로 퍼져 있는 작물이지만 아메리카에도 토착 콩들이 상당히 많았다. 그중에서도 우리가 강낭콩이라고 부르는 것은 모두 아메리카에서 건너온 것이다.4) 한반도로는 중국을 통해 들어왔는데 양쯔강 이남 지역인 강남江南에서 온 콩이라 하여 '강남콩'이라는 이름을 갖게 되었다. 옥수수나 감자처럼 신대륙 원산의 매우 특이한 작물들은 세계의 음식에 그만의 뚜렷한 흔적을 남긴 반면, 콩류는 구대륙과 신대륙에 공통적으로 존재하고 있어서 특별한 반향 없이 조용히 퍼져나가 정착한 듯하다. 강낭콩 외에도 리마콩lima bean이나 껍질콩 등도 대표적인 아메리카의 콩으로서 세계적으로 많이 소비되는 종류이다. 멕시코와 중앙아메리카에서는 강낭콩

3)　옥수수로 만든 음료와 음식에 대한 자세한 내용은 이 책의 세 번째 이야기인 '라틴아메리카의 옥수수 문화와 음식'을 참조.
4)　학명은 파세올루스 불가리스(*Phaseolus vulgaris*) 이다. 멕시코에 70여 개의 품종이 자생해 그 다양성에서 압도적이다.

을 뭉근히 졸이거나 익혀서 옥수수 토르티야로 만든 음식과 함께 내놓는 등 강낭콩은 옥수수와 결합해 메소아메리카 식단의 가장 기본 조합을 구성했다. 카리브해 지역에는 옥수수 토르티야가 없으니 향신료를 약간 넣고 콩을 뭉근하게 졸인 것을 쌀밥과 같이 먹기 시작했으며, 이는 지금도 상당히 중요한 기본 음식이다. 대표적으로 쿠바의 검정콩 요리 프리홀레스 네그로스 frijoles negros와 도미니카공화국의 아비추엘라스 기사다스 habicheulas guisadas가 있다.5)

멕시코에서 옥수수와 콩은 '밀파milpa'라고 불리는 텃밭에서 재배되었다. 밀파에서 옥수수, 강낭콩뿐만 아니라 호박, 토마토, 고추 등을 함께 키운다. 또한 켈리테quelite라고 불리는 '풀'도 함께 자라는데, 켈리테는 한국식 표현으로는 산나물 같은 개념이다. 먹을 수 있는 여러 종류의 식용 허브와 식물을 통칭하는 이름이다. 밀파에서 자라는 고추, 토마토, 호박 등은 '텃밭의 자매들'이라는 친숙한 이름으로 불리기도 하며 옥수수와 강낭콩에 더해져 메소아메리카의 기본 식단을 구성했다. 밀파의 식물들은 16세기 이후 세계로 퍼져나가 수세기 동안 전 세계인의 식단을 놀랍도록 바꾸었고, 밀파의 재배 방식은 대규모 경작은 불가능하지만 지력이 쇠퇴하지 않는 지속가능한 농법으로 높은 가치와 가능성을 갖고 있다.6) 밀파의 작물인 토마토와 고추를 여러 방식으로 조합해 만드는 살사salsa는 멕시코 음식에서 가장 중요하고 개성적인 요소라고 할 수 있을 것이다. 붉은 토마토 외에도 녹색 토마토도 사용하며,7) 수십 가지의 고추를 활용함으로써 다채로운 조합을 만들

---

5)   프레홀(frejol), 프리홀(frijol), 아비추엘라(habichuela) 모두 콩을 뜻하는 스페인어 단어이다.
6)   찰스 만, 『인디언: 이야기로 읽는 인디언 역사』, 전지나 옮김(오래된 미래, 2005), 292~294쪽.
7)   녹색 토마토의 학명은 피살리스 이소카르파(Physalis ixocarpa)이며, 익으면 붉게 변하는 토마토와는 계통이 다른 식물이다. 녹색 토마토는 꽈리의 일종으로 멕시코의 대표적인 살사인 살사 베르데(salsa verde)를 만드는 재료다. 토마토의 어원은 나우아틀어 '토마틀(tomatl)'인데 이는 멕시카인들에게 '둥글고 통통한 과실'을 뜻하는 단어였으며, 이들은 붉은 토마토는 히토마틀, 녹색 토마토는 밀

멕시코의 다양한 고추(출처: 멕시코 국립생물다양성 기구 Conabio 트위터)

어낼 수 있다. 지금도 멕시코에서는 말린 할라페뇨 jalapeño 고추를 치포틀레 chipotle라고 하는 등 말린 고추는 이름을 따로 둘 정도로 고추에 대한 이해도 가 높고 사용 용도도 세분화되어 있으며 그 종류도 60가지가 넘는다. 토마 토와 고추를 결합해서 만든 살사는 멕시코에서 남아메리카 남단까지 여러 이름으로 불리며 식탁에 올라 음식의 풍미를 더해준다.

메소아메리카에 옥수수가 있었다면 '유카 yuca'는 남아메리카 북부, 브라 질이 위치한 남동부, 카리브해 지역에서 매우 중요한 덩이뿌리이며 영어로 는 '카사바 cassava'라고 한다. 콜럼버스는 첫 항해에서 카리브해의 섬들을 탐 사하며 원주민들이 내준 유카로 만든 빵인 카사베 casabe를 맛보았고, 스페 인으로 돌아가는 항해에 유카와 유사한 덩이뿌리인 아헤 aje를 실어가기도

토마틀로 구분했다.

했다. 유카는 독이 있는 품종과 그렇지 않은 품종 두 가지로 나뉘는데, 카사베 빵은 독이 있는 쓴 유카로 만들며 원주민들은 유카를 갈아서 즙을 온전히 짜내는 방식으로 독성을 제거했다. 즙을 제거하고 남은 유카 조직을 넙적하게 잘 펼쳐서 구워낸 뒤 이를 햇빛에 말리면 수개월 동안 보관하고 먹을 수 있는 식량이 되는데, 이것이 카사베이다. 유카는 16세기 이후 동남아시아로 이식되어 현재까지 많이 재배되고 있다. 한국에서도 아주 낯설지는 않은 것이 한국의 희석식 소주의 주정이 되고, 쫄깃한 식감이 있어 버블티의 타피오카펄이나 깨찰빵의 원료로 쓰인다. 베트남 요리에 쓰이는 라이스페이퍼도 그 이름과는 달리 쌀보다 타피오카 함량이 더 높다. 유카를 건조해서 가루로 가공한 것을 '타피오카 tapioca'라고 하는데 브라질에서 상당히 중요한 식재료로 다양하게 사용된다.

감자는 안데스 고지대 원산의 작물이다. 남아메리카 대부분의 나라에 걸쳐 있는 안데스산맥은 4000~5000m 정도의 고지대가 즐비한데, 3000m 이상 고지대에서는 옥수수 경작이 어렵기 때문에 4000m 이상의 고도에서도 자라는 다양한 종류의 감자와 덩이뿌리가 이를 보완하게 된다. 페루와 볼리비아 등 고산지대에서는 감자를 오랫동안 보관하기 위해 건조 감자를 만드는 방식이 발전했으며, 4000m 이상 고도에서는 쓴 감자가 자라므로 감자의 수분을 제거해 알칼로이드 성분의 쓴맛도 없애고 수년간 보관이 가능한 상태로 만든다. 이렇게 건조한 감자인 '추뇨chuño'는 상당히 오랫동안 보관이 가능하며 오래 끓이거나 물에 불려서 요리에 사용한다. 언 감자를 20~30일 정도 강가 등에 담그고 햇빛에 말리는 과정을 거치면 그 색이 하얗게 되는데, 이를 '툰타tunta'라고 하며, 추뇨의 한 종류이다.

안데스 지역의 기후는 고도가 올라갈수록 혹독하지만 고도별로 다양한 식물자원이 존재하고, 공동체들끼리 이를 교환하는 방식도 발달했다. 한 인류학자는 이를 두고 '수직으로 된 섬들'이라고 명명하기도 했다.[8] 안데스

페루의 다양한 감자들(출처: 페루 농업 사이트 Masagro Perú 페이스북)

의 생태 다양성을 보여주는 일례로 페루의 수도 리마에 있는 국제감자연구소에는 먹을 수 있는 감자 4000종을 포함, 야생 감자까지 포함해 7000종의 감자 종자를 보존하고 있다.[9] 리마에 있는 센트랄 식당 Central Restaurante은 이처럼 독특한 안데스의 고도별 식재료와 원주민의 식문화를 콘셉트로 해서 운영되어 국제적인 주목을 받기도 했다.

동물 자원 부분을 보면 아메리카 대륙에는 가축화할 동물들이 확연히 적었다. 멕시코와 중앙아메리카에는 칠면조와 머스코비 오리, 남아메리카 안데스에는 야마와 알파카, 기니피그cuy(쿠이) 정도가 가축화되었을 뿐이고, 구대륙처럼 효율적으로 고기나 가죽을 제공하거나 짐을 실어 나를 만한 큰

8)   찰스 만, 『인디언: 이야기로 읽는 인디언 역사』, 전지나 옮김(오래된 미래, 2005), 101쪽.
9)   https://cipotato.org/es/

가축이 없었다. 여기에 스페인인들이 소, 양, 말, 닭, 돼지 등 가축을 가져오자 농업이나 식문화, 생태환경에도 큰 변화가 생기게 된다.

요약하면, 메소아메리카에는 옥수수, 카리브해와 아마존 및 남아메리카 내륙에는 유카, 안데스에는 감자와 각종 덩이뿌리가 주식이었고, 옥수수, 유카, 감자 등을 효율적으로 저장하고 활용하는 방법이 고안되어 오랜 기간 동안 식량으로 사용해 왔다. 가축이 될 만한 동물이 부족했던 상황에서 콩은 이 지역 전체에서 단백질원으로 매우 중요한 역할을 했고, 밀파에서 옥수수를 중심으로 콩, 고추, 토마토, 호박, 켈리테 등을 함께 키우는 방식과 옥수수 닉스타말법은 메소아메리카 전체와 북아메리카로도 퍼져나갔다.

스페인의 영향

15세기 말 콜럼버스를 시작으로 스페인 세력이 아메리카 대륙에 진출하기는 했지만 이들이 처음 들어온 '외부인'들은 아니었다. 바이킹족이 11세기에 북미에 와서 정착을 시도한 적도 있었고, 폴리네시아나 아프리카 지역과 교류했다는 주장도 존재한다. 특히 남아메리카와 폴리네시아와의 교류는 고구마의 전파를 통해서 일부 입증되기도 했다. 뉴질랜드 영어로 고구마를 뜻하는 단어가 '쿠마라 kumara', 폴리네시아어로는 '쿠말라 kuumala'인데, 이는 남아메리카 안데스 지역에서 고구마를 뜻하는 '쿠마라 kumara', '쿠말 cumal'과 닮아 있어 고구마의 전파 가능성을 잘 보여준다.[10] 12세기경 폴리네시아인들과 남아메리카 사이에 교류가 있었고, 쿠마라는 남아메리카의 고구마가 폴리네시아로 퍼져나간 것을 마오리족이 태평양의 섬에서 오늘날의 뉴질

---

10) https://www.npr.org/sections/thesalt/2013/01/22/169980441/how-the-sweet-potato-crossed-the-pacific-before-columbus.

랜드에 가져가면서 남은 어휘이다. 이러한 간헐적인 교류가 입증되기는 했지만 아메리카 대륙과 원주민들의 운명을 바꾸어놓은 것은 스페인이었다. 스페인이 가져온 언어, 문화, 종교 등이 식민지 아메리카에 전반적으로 정착했으며, 식문화의 차원에서도 스페인인들의 필요와 욕구를 충족시키는 여러 동식물 자원이 도입되고, 아프리카 노예노동을 이용한 단일경작 플랜테이션이 운영되며 아메리카의 토착적 뿌리 위에 오랜 시간을 두고 새롭게 변용된 음식문화가 만들어지게 된 것이다.

주식에서 일어난 가장 큰 변화로는 옥수수, 감자, 유카, 아마란스 등의 기본 탄수화물원에 밀 재배와 밀빵이 도입된 것이라고 생각된다. 멕시코에는 최초의 밀 재배에 대한 기록이 남아 있다. 1521년 말, 정복자 에르난 코르테스가 시종에게 베라크루스에서 코요아칸으로 가져온 쌀자루 속에 들어 있던 밀알 세 개를 심게 한 것이 그 시초다. 그중 두 알이 싹이 나서 수확한 것을 파종해 계속 밀 생산을 늘려갈 수 있었고, 밀은 더운 해안 지역보다 해발 2000m의 고원인 멕시코 중부 지역에서 잘 성장했다.[11] 밀은 옥수수와 경쟁하며 멕시코뿐만 아니라 라틴아메리카 전역에 뿌리내렸으나 그 양상은 지역별로 차이가 있다. 예를 들어 멕시코에는 아주 다채로운 형태의 빵이 만들어지고, 밀 토르티야 등 밀 문화가 옥수수 문화와 절묘하게 공존하고 있다면, 옥수수 문화가 비교적 희박했던 칠레는 현재 전 세계에서 밀빵의 소비가 가장 많은 나라 중 하나로 1인당 연간 소비가 90kg에 달할 정도이다.[12]

---

11)   Lorenzo E. López y Sebastián and Justo L. del Río Moreno, "El trigo en la ciudad de México. Industria y comercio de un cultivo importado(1521-1564)", *Revista Complutensede Historia de América,* Vol.22(1996), pp.33~44, https://revistas.ucm.es/index.php/RCHA/article/view/RCHA9696110033A
12)   https://www.sochob.cl/web/el-pan-nuestro-de-cada-dia/

주식에서 일어난 또 다른 주요한 변화는 스페인을 통해 구대륙의 가축이 아메리카로 대거 들어온 점이다. 토착 동물인 칠면조, 쿠이, 야마 llama 등의 고기는 지금도 여전히 활용되나, 육류 소비의 중심이 소나 돼지, 닭 등의 고기로 옮겨갔고,[13) 동물의 젖을 이용하는 식문화가 없

멕시코 톨루카에서 파는 다양한 초리소

던 곳에 소나 양젖을 이용해서 치즈를 만들고 우유를 섭취하는 유제품 문화가 보편화되었다. 라틴아메리카의 많은 나라에 유럽처럼 아주 오래되고 견고한 치즈 문화가 있다고 말하기는 어렵지만 지역별로 발효를 많이 거치지 않은 프레시 치즈도 있고 질 좋은 치즈도 비싸지 않게 구할 수 있다. 또한, 스페인의 돼지고기 식문화와 함께 햄이나 각종 소시지를 만드는 방식도 들어와 정착했다. 멕시코에는 스페인식 소시지인 초리소가 전해진 데다 톨루카 Toluca 지역에서는 특이하게 녹색 고추와 채소를 넣어 녹색 초리소를 만들어낸다. 반대로 스페인은 후추를 넣어 초리소를 만들던 방식에 맵지 않은 고춧가루인 피멘톤 pimentón(파프리카 가루)을 넣기 시작해 지금과 같은 초리소 특유의 붉은 색이 만들어졌다.

소의 도입으로 일어난 변화를 보면, 페루 등 안데스 지역에서는 야마 고기를 말려 육포를 만들었지만 이후에는 소고기나 말고기에 소금을 뿌리고 이를 햇빛에 말려서 육포를 만들기 시작했다. 케추아어로 야마 육포를 '차르키 charqui'라고 했는데, 말린 소고기가 미국으로 수출되면서 차르키와 차

---

13)　오늘날 칠면조나 머스코비 오리 등은 유럽이나 아시아로도 어느 정도 퍼져나가 활용되는 가축이 되었다. 중화권에서 머스코비 오리는 고기용으로 가장 많이 소비되는 오리 종의 하나이다.

르키가 변형된 '저키jerkey'라는 두 어휘가 미국 영어로 들어갔다.14) 육포를 뜻하는 저키라는 영어 단어가 안데스에서 온 어휘인 것은 뜻밖이다.

현재는 대두 경작에 그 자리를 많이 내주기는 했지만 아르헨티나의 드 넓은 팜파스에 자리 잡은 소들은 항상 인간보다 수가 많았고, 그 덕에 아르 헨티나에서는 소고기를 빵이나 포도주와 더불어 풍족하게 소비하고 잉여 분은 수출할 수 있었다. 19세기 이후 유럽인들이 아르헨티나로 많이 이주 해 온 것도 쉽게 이야기하면 먹을 것이 부족하지 않은 땅이었기 때문이다. 아르헨티나에서 소고기를 구워 먹는 방식을 '아사도asado'라고 한다. 아사도 는 구운 고기라는 뜻으로, 그 원형은 소나 양의 내장을 제거하고 통째로 굽 는 것이다. 보통 비스듬하게 세워서 숯불에 굽기도 하지만 '아사도 콘 쿠에 로asado con cuero'는 껍질을 벗기지 않고 눕힌 채 구워서 굽는 동안 육즙이 빠 지지 않도록 한 것이다. 갑자기 적과 대치하게 된 원주민들은 가죽째 굽던 고기를 둘둘 말아서 이동할 수도 있었다. 사실 소를 통째로 구우면 수백 명이 먹을 수 있는 양이 나오기 때문에 이는 어디서나 흔히 볼 수 있는 광경은 아 니며, 보통 아르헨티나에서 아사도 식당에 가면 부위별로 소분하여 숯불에 굽고, 살코기 외에도 여러 종류의 소시지나 피를 사용한 모르시야morcilla(순 대), 소장을 구운 친출레스chinchules 등도 주문할 수 있다. 식당에 들여놓기 에 소 한 마리는 너무 크지만 양 정도는 가능해서 많은 아사도 식당에서 배 를 가르고 내장을 제거하여 넓게 펼친 양을 통째로 굽는 모습을 유리창 밖 에서 볼 수 있도록 해두기도 한다. 아르헨티나의 소고기가 가장 유명하지만 사실 파라과이, 우루과이, 칠레 등에서도 소고기 아사도는 가장 흔하면서 풍성한 음식이다. 특별한 날이나 가족, 친구 모임에는 항상 바비큐 도구와 숯을 준비해서 천천히 고기를 익혀낸다. 브라질식 소고기 숯불구이는 '슈하

14)   Jack Weatherford, *Indian Giver*(New York: Ballantine Books, 1989).

스코 ^{churrasco}'라고 하며, 부위별로 작은 조각을 꼬챙이에 꽂아 구워내 여러 부위를 맛볼 수 있는 방식이다. 2021년 기준 1인당 소고기 소비에서 아르헨티나와 우루과이가 각각 세계 1, 2위를 차지했으며, 아르헨티나는 미국에 이어 두 번째로 육류 소비가 높은 나라이다.[15] 아르헨티나, 우루과이, 칠레에서는 포도주도 많이 생산되니 소고기 아사도와 포도주는 코노 수르^{Cono Sur}[16] 지역을 대표할 만한 음식 조합이라고 할 수 있겠다.

한편, 밀과 함께 포도와 올리브 등 지중해 산물들도 매우 이른 시기에 아메리카에 이식되었다. 16세기 멕시코 부왕령[17]과 페루 부왕령에 올리브 나무가 심어졌고, 현재에도 페루, 칠레, 아르헨티나는 자국에서 소비하는 올리브유를 생산한다. 올리브가 이식되었다는 점의 또 다른 중요한 의미는 식민지 아메리카에 돼지기름 라드와 함께 올리브유가 조리의 기본 기름으로 사용되기 시작했다는 점이다. 포도의 경우는 가톨릭교가 전파되면서 의례용으로 포도주가 필요했고, 스페인 사람들의 일상과 음식에서 빼놓을 수 없는 술이었으므로 상당히 빨리 포도를 심고 포도주도 만들기 시작했다. 포도나무는 가장 먼저 쿠바로 들어왔다가 멕시코로 옮겨졌고, 남아메리카에는 페루로 도입되어 칠레, 아르헨티나순으로 전해졌다. 스페인의 아메리카 정복과 통치에서 카나리아 제도가 중간 기착지로서 역할을 했기 때문에 그곳의 포도나무가 아메리카로 많이 들어오게 된다. 사실, 아메리카 대륙에

15) 2021년 아르헨티나의 1인당 소고기 소비는 50kg, 전체 육류 소비는 109kg이었다. https://www.lanacion.com.ar/economia/campo/ganaderia/la-argentina-sigue-en-el-podio-de-un-ranking-de-consumo-de-carne-pero-la-acecha-uruguay-nid18042022/.
16) '남아메리카 남단의 원뿔 지대(Southern Cone)'라는 뜻으로 역사적으로 공통점이 많은 남아메리카의 칠레, 아르헨티나, 우루과이를 한데 묶어서 말할 때 쓰는 이름이며, 실제 지도에서 원뿔 모양을 이룬다.
17) 부왕령(virreinato)은 스페인이 아메리카 대륙의 식민지를 통치하기 위해 만든 가장 큰 행정단위였다. 16세기 초중반 멕시코를 중심으로 한 누에바 에스파냐 부왕령과 페루 부왕령이 만들어졌다.

도 비티스 라부르스카 *Vitis labursca* 등 여러 종의 토착 포도가 있었고, 카리브 해, 멕시코, 남아메리카 일부 지역까지 퍼져 있었으나 지금 남아메리카를 중심으로 형성된 칠레, 아르헨티나 중심의 포도주 벨트는 유럽에서 가져온 포도주용 포도, 즉 비티스 비니페라 *Vitis vinifera*를 중심으로 시작되었다.

식민지 시기의 포도주 생산은 '파이스 país' 혹은 '미시온 misión'이라고 불린 스페인 레드와인 품종과 화이트와인용 모스카토 moscato(머스캣) 중심이었다. 파이스는 그 품종이 최근에야 정확히 밝혀질 정도로 구분 없이 레드와인용 포도나무로 들어와 수백년간 식민지에서 번성했다. 칠레는 스페인으로부터 독립한 뒤 19세기 중반에야 프랑스 포도 품종을 들여왔고, 이때 당시 프랑스에서 굉장히 인기 있던 카르메네르 carmenere 품종도 함께 섞여 들어왔으나 오랫동안 메를로 merlot 품종으로 여겨졌다. 이후 유럽에서는 포도나무 뿌리에서 자라는 필록세라 진딧물이 퍼지며 포도주 산업이 큰 타격을 입고 완전히 새롭게 재편되어 갔고, 칠레는 이 병의 피해를 입지 않아 카르메네르를 키우는 거의 유일한 나라가 되었다. 1994년에서야 한 프랑스 포도 품종 전문가가 칠레에서 카르메네르의 존재를 밝혀냈고, 이후 칠레는 카르메네르를 자국의 독특한 품종으로 마케팅하며 많은 관심을 끌었다. 아르헨티나 역시 필록세라 이후 프랑스에서 다시 전성기를 누리지 못했던 품종인 말벡 malbec을 생산하는 대표적인 나라가 되었다. 프랑스의 대표적인 인기 레드와인 품종이었던 카르메네르와 말벡이 본토에서보다 남아메리카 땅에서 상당한 성공을 거두고 있는 셈이다.

스페인인들이 도래하기 전에 아메리카의 술은 발효주 위주였다. 옥수수, 유카, 각종 과일과 열매로 발효주를 만들었다. 남아메리카에서는 여러 재료로 만든 발효주를 '치차 chicha'라고 하는데, 특히 옥수수로 만든 것이 유명하다. 이렇게 발효주만 존재하던 곳에 스페인이 증류 기술을 가져와 알코올 도수가 높은 여러 종류의 술이 만들어졌고, 이는 오랜 시간에 걸쳐 여러 지역과 나라의 식문화로 정착하게 된다.

우선 스페인 포도가 이식되어 자란 곳에서는 포도 증류주가 만들어졌다. 페루 부왕령에서 피스코pisco가 만들어져 안데스 여러 지역으로 수출되었고, 현재까지도 페루와 칠레에서 질 좋은 피스코가 만들어지고 있다. 페루 피스코는 포도에서 짠 즙, 즉 모스토mosto를 발효하고 증류하며, 이탈리아, 토론텔 알비야, 모스카텔 등 여덟 품종의 포도로만 만든다. 칠레에서는 포도를 껍질째 짓이겨서 낸 즙으로 피스코를 만들며 모스카텔, 토론텔, 페드로 히메네스 품종만을 사용한다. 두 나라가 각각 포도 품종, 발효 방식, 오크통 숙성에서 차이점이 있으며 같은 술을 두고 서로 다르게 발전시켜 왔다고 할 수 있다. 페루와 칠레가 피스코 생산국으로 공존할 수 있으면 좋겠지만 피스코의 수요와 수출이 늘자 피스코라는 이름을 두고 두 나라가 소송을 치르게 되었다. 마치 프랑스의 발포성 와인의 이름인 '샴페인'을 다른 나라에서 쓸 수 없는 것처럼 페루가 피스코의 기원지로서 인정받아 현재는 많은 나라에서 '칠레 피스코'라는 이름을 쓸 수 없게 되었다. 칠레는 막대한 비용을 들여서라도 피스코라는 이름을 쓸 수 있는 법적 절차나 캠페인을 계획 중이다.

멕시코는 대서양과 필리핀을 통해 스페인과 동남아시아의 증류 방식이 다 들어온 경우로, 매우 다양하게 자생하는 아가베agave로 증류주를 만들기 시작했다.[18] 스페인인들이 도래하기 전에는 아가베가 오래 자라면 몸통에서 나오는 수액을 채취해 음료로 마시고 또 이를 발효해서 마시기도 했다. 이 수액을 '아구아미엘aguamiel'이라고 하며, 이를 발효한 것을 '풀케pulque'라고 한다. 스페인인들은 이내 아가베로 증류주를 만들기 시작했는데,[19] 풀

---

18) '아가베'는 스페인식 이름이고, '마게이(maguey)'는 타이노어에서 온 이름으로 두 단어 모두 통용된다. 중국에서는 이 식물을 '용설란'이라고 번역했다. 아가베는 선인장과 생김새가 비슷하기는 하나 완전히 다른 종류의 식물이다.

19) 멕시코 우남대학 인류학 연구진은 1998년부터 10년간의 연구를 통해 틀락스칼라주에서 발굴

충분히 자란 아가베의 잎을 제거한 뒤 남은 피냐.
테킬라와 메스칼의 원료가 된다

케를 만들 때처럼 수액을 이용하는 것이 아니라 7년 이상 충분히 자란 아가베의 잎을 다 떼어내면 남는 큰 몸통, 즉 피냐piña를 익혀서 그 즙을 짜내서 발효한 뒤 증류를 거쳤다. 이 술을 통칭해서 '메스칼'이라고 하며 멕시코 전역에 다양한 아가베 품종으로 만든 여러 종류의 메스칼이 있다. 테킬라는 메스칼의 한 종류로 블루 아가베(아가베 테킬라나Agave tequilana)라는 특정 품종만을 사용하거나 이를 일정 비율 이상 써야 하며, 멕시코 서안 할리스코주의 작은 도시 테킬라에서 만들어진다. 블루 아가베라고 하는 이유는 솜털이 난 아가베의 잎을 언뜻 보면 녹색이 아니라 청색 톤을 띠기 때문이다. 메스칼은 대부분 아가베의 몸통을 훈제해서 익혀내기 때문에 훈제 향이 나는 것이 많고 제조 과정의 많은 부분이 수작업으로 이루어지는 반면, 테킬라는 대량생산 방식을 받아들여 큰 찜통인 오토클레이브autoclave에 몸통을 익혀서 착즙하고 발효와 증류를 거친다. 메스칼이든 테킬라든 얼마나 완성도 있게 만드느냐의 문제이지 두 술의 우위를 나눌 수는 없으나, 최근 10년간 많은 멕시코인들과 외국인들이 품종과 생산 지역이 다양한 메스칼의 매력을 재발견하며 상당한 메스칼 붐이 인 것은 특기할 만하다.

사탕수수 역시 매우 다양한 종류의 증류주를 만들어낸 재료였다. 콜럼버스는 이미 2차 항해 때 카나리아 제도에서 사탕수수를 가져와 에스파뇰

작업을 거쳐 솥에 아가베를 끓인 흔적을 발견하고 이를 스페인이 도래하기 이전에 아가베 증류주, 즉 메스칼이 존재했다는 증거로 받아들였다. https://www.fundacionunam.org.mx/unam-al-dia/mezcal-bebida-prehispanica-concluyen-academicos-de-la-unam/.

라섬에 심었다. 사탕수수는 열대기후 어디서나 재배가 가능했기 때문에 사탕수수 설탕은 중남미 음식 전반에 큰 영향을 미쳤다. 사탕수수 경작 전통이 깊은 나라에서는 지금도 '필론시요 piloncillo' 혹은 '파넬라 panela'라고 부르는 갈색의 비정제 덩어리 설탕을 많이 소비하며, 대체로 디저트나 음료도 매우 달고 식사할 때도 청량음료나 단 음료를 곁들이는 경우가 많다. 사탕수수 증류주는 주로 설탕을 만들고 난 부산물로 만드는데, 가장 잘 알려진 것이 바로 럼 rum이다. 사탕수수를 재배하는 곳이라면 카리브해, 중앙아메리카, 남아메리카에서 어디서나 만들어지며, 럼 생산지로 가장 잘 알려진 카리브해 지역에서는 쿠바, 도미니카공화국, 푸에르토리코 등 스페인어권 지역 외에도 자메이카, 마르티니크 등지에서도 질 좋은 럼을 만든다. 럼 대부분은 설탕을 만들고 남은 부산물인 당밀로 만들고, 프랑스 식민지였던 마르티니크 등지에서는 사탕수수즙을 바로 사용한다. 프랑스령 지역에서 이런 방식으로 제조한 것을 '럼 아그리콜 rhum agricole'이라고 한다. 프랑스의 방식인 럼 아그리콜 외에는 럼을 구분하는 데 연도나 지역별로 체계화된 방식은 없으며 오크통 숙성 유무와 숙성 기간 정도로 나뉘는 경우가 대부분이다.

'아과르디엔테 aguardiente'는 말 그대로 '불타는 물', 즉 화주(증류주)를 뜻한다(스페인어로 ardiente는 '불타는'이라는 뜻의 형용사이고, agua는 '물'을 의미한다). 화주는 여러 재료로 만들 수 있으나 가장 만들기 쉽고 흔한 것은 바로 당도가 높고 즙이 많은 사탕수수였다. 럼이나 사탕수수 아과르디엔테 외에도 멕시코 미초아칸 지역에서 만들어진 사탕수수 증류주로 '차란다 charanda'가 있으며, 브라질에서는 카샤샤 Cachaça를 생산한다. 카샤샤는 보통의 럼과 달리 사탕수수즙으로 만들며, 지역별로 매우 다양한 카샤샤가 생산된다. 카샤샤와 라임즙, 설탕으로 만드는 칵테일 카이피리냐 caipirinha는 피스코로 만드는 피스코 사우어 pisco sour와 더불어 남아메리카에서 가장 많이 마시고 널리 알려진 칵테일일 것이다.

스페인을 통해 전해진 이슬람 세계

서유럽 지역 중 스페인과 포르투갈, 이탈리아 일부 지역은 이슬람 세력이 정치적으로 지배했던 곳이기 때문에 건축, 디자인, 음식 등 물질문명에도 상당히 많은 영향을 남겼다. 8세기에 이베리아반도로 들어온 이슬람 세력이 수백년간 이베리아반도에 끼친 영향도 확고했고, 많은 개종자들도 스페인에 남았다. 이렇게 스페인에 남은 이슬람 세계의 식문화는 아메리카에 상당 부분 직간접으로 전해지게 된다.

우선 가장 먼저 언급할 만한 것으로 쌀 재배와 쌀 요리가 전해진 것을 들 수 있다. 쌀은 아시아의 대표적인 곡물이자 문명 작물이지만 스페인, 포르투갈, 이탈리아처럼 이슬람 지배의 역사가 있는 유럽의 나라에 쌀 재배가 전파되어 이례적으로 파에야나 리조토 등 잘 알려진 쌀 음식이 있다. 이처럼 쌀과 재료를 기름에 볶아 익혀내는 필라프 방식은 중남미로도 전해져 어디에서나 흔히 볼 수 있는 조리 방식이 되었다. 페루의 아로스 베르데 arroz verde는 양파, 당근 등 채소를 기름에 볶고 쌀을 넣은 뒤, 초벌로 구운 닭고기와 맥주를 넣어 익혀내고, 초록색을 내기 위해 고수, 아마리요 고추 등을 갈아 넣는다. 멕시코에는 토마토를 넣고 밥을 지은 아로스 로호 arroz rojo가 있고, 푸에르토리코에는 아로스 콘 간둘레스 arroz con gandules를 대표적인 요리의 하나로 꼽을 수 있을 정도이다. 이는 비둘기콩을 넣은 쌀 요리라는 뜻인데, 채소와 쌀을 기름에 볶고 돼지고기와 아치오테 등 향신료를 넣어서 감칠맛이 뛰어나다.

증류주 역시 스페인과 포르투갈을 통해 아메리카로 들어오기는 했지만 원래는 이슬람 세계에서 체계적으로 발달된 증류 기술이 이베리아반도와 유럽으로 퍼진 것이다. 이렇게 들어온 기술이 아메리카의 토착 재료나 포도 같은 유럽의 재료와 만나면서 여러 종류의 증류주가 만들어지게 된다. 포도

비둘기콩을 넣은
푸에르토리코의 쌀 요리
(출처: 페루-푸에리토리코 문화
협회 Asoperupue SNS)

로는 피스코를 만들고, 사탕수수로는 아과르디엔테, 럼, 카샤샤, 차란다 등이
만들어졌으며, 멕시코에서는 다양한 종류의 아가베를 사용해 메스칼과 테
킬라가 만들어졌다. 테킬라처럼 특정 아가베 종을 사용해서 만든 바카노라
bacanora, 라이시야raicilla 등의 다양한 메스칼도 최근 매우 각광을 받고 있다.

　　라틴아메리카 음식의 특징 중 겉으로 드러나서 가장 쉽게 파악할 수 있
는 것은 라임이나 레몬 등 시트러스 과일과 고수를 많이 쓴다는 것이다. 많
은 음식과 음식에 곁들이는 살사salsa를 마무리할 때 맛과 향이 매우 강한 두
재료를 아낌없이 쓰는데, 이 두 재료가 스페인을 통해 들어왔다는 것을 상
상하기 힘들 만큼 라틴아메리카 음식에 잘 녹아들었다. 비록 고수는 중국이
나 동남아시아에서 많이 사용하고 지중해 유럽에서도 오래전부터 알려진
식물이라 이슬람 세계만의 유산이라고 할 수는 없으나 현재도 스페인 남부
와 포르투갈에서 주로 쓰이며, 라틴아메리카에서는 고수를 뺀 음식문화를
상상할 수 없을 정도이다. 라임이나 레몬, 오렌지 등은 중국, 동남아시아를
거쳐 이슬람 세계로 퍼지고 이베리아반도에 확고하게 자리 잡았다. 신오렌
지[20]는 멕시코로 전해져 라임나무와 함께 가로수나 정원수로 흔히 볼 수

---

20)　과일용 단오렌지(*Citrus* × *sinensis*)와 신오렌지(*Citrus* × *aurantium*)는 겉모습은 거의 차이
가 없으나 종이 다르다.

있으며, 스페인에서처럼 신오렌지의 껍질이나 즙은 손쉽게 요리 재료로 사용된다. 신오렌지보다 더 풍미가 좋은 라임은 타코나 수프, 샐러드 등 웬만한 요리에 다 사용되므로 이 시트러스 과일이 중국과 동남아시아에서 시작되어 지구를 거의 한 바퀴 돌아 멕시코로 왔다는 것을 상상하기가 힘들 정도이다. 현재 한국으로 수입되는 라임도 멕시코산이 많다. 시트러스 과일과 고수의 사용을 보면 일견 몇몇 중남미 음식이 동남아시아 음식과 유사하다는 느낌도 받는다. 동남아시아 음식에 라임과 고수를 흔히 쓰고, 아메리카로부터 전해진 고추의 매운맛을 적극적으로 수용했기 때문일 것이다.

마지막으로 언급할 것은 향신료다. 콜럼버스는 동남아시아의 귀한 향신료를 찾아 대서양을 건넜고, 카리브해 섬 지역에서 이 향신료들을 찾았다고 믿었지만 그가 섬들을 돌아다니며 목격한 것은 담배와 고추, 옥수수였다. 그 외에도 콜럼버스는 아치오테achiote(영어로는 아나토annatto라고 한다)로 추정되는 뭉쳐진 붉은색 덩어리도 보게 되는데, 이 열매는 붉은색이 선명하고 고유의 맛이 있어 카리브해 지역이나 멕시코 등에서 향신료로도 쓰인다. 라틴아메리카의 토착 향신료 중 대표적인 것으로 고추와 아치오테를 들 수 있고, 외부에서 유입된 향신료 중에서는 커민curmin(큐민)이 가장 기본이다. 커민은 커리에도 들어가서 어떻게 보면 한국에서도 익숙한 향신료다. 커민은 중동과 북아프리카, 스페인 음식에서도 중요하고,[21] 라틴아메리카로 들어와 아주 널리 활용되어 라틴아메리카 음식에서 가장 전형적으로 나는 냄새와 향을 꼽으라면 바로 이 커민을 들 수 있을 것이다. 수프나 특히 고기 요리에 필수적으로 사용되는데, 여러 가축이 도입되면서 고기 요리에 커민을 활발히 사용하기 시작했을 것으로 생각된다.

---

21) 고대에는 지중해 지역에서 널리 사용되었으나 중세에는 이베리아반도에서만 살아남았고, 이것이 아메리카로 이식되었다. 대체로 스페인보다는 포르투갈 음식에 더 많이 쓰인다.

아프리카의 영향

16세기부터 카리브해 지역의 원주민 인구가 감소하자 부족한 노동력을 대체하기 위해 아프리카에서 많은 흑인 노예들을 들여와 사탕수수 재배 노동에 동원하기 시작했다. 이 노예들에게 좋은 식사가 제공될 리 만무했고 그들 역시 온전히 자신의 식문화를 제대로 보존하기 힘들었을 테지만 그들과 함께 들어온 바나나는 중요한 식재료로 남았다. 바나나는 남태평양과 동남아시아 원산으로 인도네시아, 마다가스카르, 아프리카를 잇는 교역로를 따라 500년경 사탕수수, 얌과 함께 마다가스카르로 들어갔고, 7세기 이후 이슬람 군인과 상인들에 의해 지중해, 동아프리카와 서아프리카로 퍼져나가며 아프리카인들의 주식이 되었다. 15세기에 포르투갈인들이 서아프리카에서 아조레스제도와 카나리아제도에 심은 것을 16세기 초 스페인인들이 카나리아 제도에서 산토도밍고 Santo Domingo(스페인이 식민지 에스파뇰라섬에 세운 최초의 도시)로 처음 들여왔다. 스페인은 1503년 아프리카 노예를 카리브해의 섬으로 데려가기 시작했으며 기르기 어렵지 않고 일 년 내내 수확할 수 있었던 바나나를 노예들과 함께 식량으로 도입했다. 도미니카공화국 등 몇몇 나라에서는 바나나를 '기네오 guineo'라고도 하는데, 이는 서아프리카 기니 Guinea에서 온 과일이라는 뜻이다. 이 과일이 아프리카에서 들어온 초기의 역사를 잘 보여주는 어휘라고 하겠다.

바나나는 전 세계적으로 매우 중요한 식재료이다. 과일 바나나만 수입하거나 극소량 재배하는 한국에서 보면 바나나의 중요성을 이해하기 쉽지 않지만 과일 바나나 외에 크기도 크고 전분질도 많고 질감이 단단한 요리용 바나나 plantain(플랜틴)가 있다. 카리브해 지역에는 특히 이 식용 바나나를 플라타노 마초 plátano macho 혹은 녹색 바나나 plátano verde라고 부른다. 푸에르토리코, 도미니카공화국 등에서는 이 바나나를 적당한 크기로 썰어 튀긴 것을

푸에르토리코의 과일 가게.
크기가 작은 것이 과일 바나나이고,
그보다 큰 것이 요리용 바나나다.

마치 빵이나 밥처럼 식사에 곁들여 주식으로 삼는다. 푸에르토리코에서는
이 음식을 '토스톤tostón'이라고 하며, 1cm 정도 두께로 잘라 튀긴 뒤 눌러서
납작하게 만들고 한 번 더 튀겨내서 소금을 뿌리면 완성된다.

　　브라질에는 아프리카에서 온 것 중 가장 특징적인 재료로 '덴데dendê'라
고 불리는 붉은색이 도는 팜유와 코코넛밀크, 오크라 등이 있으며, 생선, 새
우 등 해물, 고추, 토마토, 향신료 등을 사용한 스튜 음식이 발달했다. 모케
카moqueca는 양파, 토마토, 피망 등의 채소와 흰살생선에 팜유와 코코넛밀
크를 넣어 뭉근히 조리는 스튜이며, 나이지리아 등 서아프리카에서 동부콩
을 불리고 갈아서 덴데유에 튀기는 요리인 아카라akara가 그대로 전해져서
아카라제acarajé가 되었다. 브라질의 사우바도르에서는 이 콩반죽 튀김을 새
우를 넣어 만든 스튜인 카루루carurú나 오크라를 넣은 스튜인 바타파vatapá와
같이 먹는다. 아카라는 브라질뿐 아니라 아프리카 노예들과 함께 카리브
해의 여러 섬으로 전해져 재료는 다르지만 아크라akkra(혹은 accra, acrat)라
는 이름의 튀김 요리로 남았으며, 미국 남부에서는 옥수수 가루를 사용한
튀김인 '허쉬퍼피hushpuppy'가 되었다.[22]

22)　Raymond Sokolov, *Why We Eat What We Eat* (New York: Atria Books, 1993), p.76.

아시아인의 늦은 이주

아시아계 사람들은 라틴아메리카로 가장 늦게 이주한 집단이라고 할 수 있다. 본격적인 이주는 중남미 지역이 스페인으로부터 독립한 이후 19세기 말에서 20세기 초 중국인과 일본인을 중심으로 이루어졌다. 이주의 역사가 짧다 보니 토착화의 정도나 현지 음식과의 융합의 측면에서 그 밀도가 다른 어떤 지역에 비해서도 가장 낮은 편이라 하겠다. 중국을 포함한 아시아인들은 늦게 이주한 데다가 소수이다 보니 라틴아메리카에는 중국에 뿌리를 둔 국물 면 음식 자체가 전무하고, 쌀 역시 물로만 조리하기보다는 적어도 소금과 기름을 가미하는 경우가 대부분이다. 국물에 면을 먹는 것은 인스턴트 라면 정도이고, 볶음면 요리에 가까운 멕시코의 소파세카 sopaseca는 이탈리아 이주자들의 영향으로 만들어진 것으로 스파게티보다는 물기가 많고 면을 소스와 함께 익혀낸 것이다.

그나마 페루의 경우에는 중국계, 일본계 이민자들의 영향이 어느 정도 각인되고 페루 음식 안으로 스며들었다. 페루의 중국 음식은 '치파chifa'라고 불리며 19세기 중후반 대거 페루로 들어온 중국인들로부터 시작되었고, 중국식 볶음면, 볶음밥, 로모 살타도 lomo saltado(웍에 소고기를 볶아 채소와 간장을 더하고 감자튀김과 쌀밥과 함께 내놓는 요리) 등은 페루의 일상적인 음식이 되었다. 페루의 일본 음식은 19세기 말부터 이주한 일본 이민자들을 통한 것으로 이 음식을 '니케이nikkei'라고 한다. 일본 사람의 후손, 즉 일계日系라는 뜻이다. 일본 음식에 현지의 재료와 향신료를 쓰는데 대표적인 음식으로 티라디토tiradito를 들 수 있다. 일본식 회에 생선이나 해산물 살을 라임즙에 버무려 숙성한 뒤 양파, 고수 등을 섞어 내놓는 페루의 세비체ceviche적인 요소를 가미해 만들어낸 것이다. 두 나라를 대표하는 음식이 만나 각각의 개성을 유지하면서 결합했다.

콜럼버스의 교환: 아시아로 온 아메리카의 식재료

역사학자 앨프리드 크로스비 Alfred W. Crosby는 콜럼버스가 대서양을 건넌 순간부터 이루어진 사람, 동식물, 물질문화 등을 포함한 대륙 간 전방위적인 교환과 교류를 지칭하기 위해 '콜럼버스의 교환'이라는 용어를 고안했다. 콜럼버스 이후 대륙 간 인간, 동식물, 전염병 등이 이동하면서 만들어내는 환경, 풍광, 삶의 방식의 변화를 총체적으로 일컫는 말이다. 그중에서도 포르투갈이 아프리카를 거쳐 동남아시아로 진출하고, 스페인이 필리핀을 거점으로 삼으면서 아메리카의 산물이 아시아로 들어오게 된 것은 아메리카-동남아시아-중국으로 이어지며 한반도로 아메리카의 산물이 들어오게 된 루트가 되기도 했다.

스페인의 아시아 진출은 1519~1522년 마젤란 일행이 세계 일주에 성공한 뒤 필리핀의 일부 지역을 정복하고 식민지로 삼으면서 가능해졌다. 이후 스페인의 두 식민지 멕시코와 필리핀 사이에는 태평양 항로가 안정적으로 확립되었고, 19세기 필리핀이 스페인으로부터 독립하기 전까지 갤리온선을 통해 수백년간 물자와 인력의 이동이 정례화되었기 때문에 서로 상당히 많은 영향이 오가게 된 것이다. 멕시코와 필리핀의 교류 흔적을 보여주는 것으로 우선 필리핀에 남은 멕시코 식재료 어휘를 들 수 있다. 어휘로 남았다는 것은 이 재료들이 무사히 정착했다는 말이기도 하다. 일례로, 고구마를 지칭하는 스페인어 어휘가 카모테, 바타타, 보니아토 등으로 다양한데, 멕시코에서는 나우아틀어 카모틀리 camotli를 어원으로 해 '카모테 camote'라고 한다. 이 단어가 그대로 필리핀으로 전해져 '카모테 kamote'가 되었고, 그 외에도 치코사포테 chicozapote가 치코 tsiko, 초콜릿 chocolate이 초콜라테 tsokolate, 카카오 cacao가 카카우 kakaw, 차요테 chayote가 사요테 sayote, 칠레 chile(고추)가 실리 sili, 파파야 papaya가 파파야 papaya, 피냐 piña(파인애플)가 피냐 pinya, 마이스

maíz(옥수수)가 마이스mais가 되는 등 음식 관련 어휘들이 타갈로그어에 남았다. 필리핀은 쌀이 주식인 곳이라 옥수수를 활용하는 멕시코의 음식이 쌀로 대체된 경우도 있다. 멕시코의 초콜릿 음료인 참푸라도champurrado는 카카오에 닉스타말 옥수수 마사를 넣어 걸쭉하게 만드는데, 이 음료가 필리핀에서는 찹쌀죽에 초콜릿을 끼얹은 참포라도champorado가 되었다. 옥수수 낱알을 석회수에 삶아 껍질을 벗기고 갈아서 만든 반죽(마사)을 사용하는 방식이 제대로 전해지지 못했을 것이므로 옥수수의 자리에는 찹쌀이 들어가고 거기에 달콤한 초콜릿 시럽과 연유를 뿌리고 말린 생선까지 곁들이는 특이한 조합이 만들어진 것이다. 옥수수 마사를 이용한 타말tamal 역시 대략 형식은 전해졌으나 옥수수 반죽 대신 쌀이 들어가고 부재료도 많이 바뀌었다. 필리핀에서 멕시코로 전해진 것은 망고나 타마린도 등이 있으며, 아타울포Ataulfo 망고나 마닐라 망고 등은 대표적인 멕시코의 망고 품종이 되었고 수출도 활발하다. 멕시코 음식이나 디저트는 다른 라틴아메리카 나라들보다 유독 계피나 라임, 고수의 사용이 두드러지는데, 이것도 필리핀과의 지속적인 교류를 통해 아시아의 산물들이 지속적으로 유입된 영향이 있는 것으로 보인다.

아메리카에서 동남아시아로 산물이 전해진 루트나 과정은 매우 흥미로울 뿐 아니라 산물들이 중국이나 일본을 통해 한반도로 들어오기 위한 중간 과정이었으므로 이 부분이 좀 더 세밀히 연구된다면 좋을 것이다. 아메리카의 산물이 한반도로 들어온 것에 대해서는 고추나 고구마, 감자 등이 언급되는 정도이지만 이 주제를 다루는 많은 글에서는 주로 중국과 일본으로부터 들어온 시기부터 자세히 설명된다. 즉, 스페인 루트인 멕시코-필리핀-중국이나, 포르투갈 루트인 브라질-아프리카-동남아시아-일본 등의 루트에 대해서는 거의 언급되지 않는 편이라 실제 매우 역동적이었을 아메리카 식재료의 전파나 교류 과정이 지나치게 단순히 제시되는 측면이 있다.

한편, 아메리카의 여러 식물자원들은 필리핀과 동남아시아를 통해 중국으로 들어가 중국의 인구가 증가하는 데 크게 기여하기도 했다. 옥수수, 고구마, 감자, 땅콩 등이 중국에 잘 정착했고, 특히 고구마는 17세기 필리핀에서 푸젠성으로 도입되어 널리 퍼지면서 19세기 중국 인구가 2억 명에서 4억 명으로 불어나는 데 가장 큰 기여를 한 작물이기도 하다. 이 점을 염두에 두면 한국에서 단편적으로 접하는 중국 음식인 고구마 빠스, 땅콩 소스를 활용한 음식이나 땅콩 조림, 옥수수면이나 고구마면(당면), 감자면 등의 면면이 새롭게 다가오고, 호박, 당초(고추), 남만시(토마토), 강낭콩 등 중국을 통해 한반도로 들어왔음을 보여주는 아메리카 원산의 식재료 이름에 대해서도 다시 생각해 보게 된다.

라틴아메리카의 단일경작과 글로벌 식탁

사람은 생존을 위해서라면 무엇이든 먹을 수 있고, 조금이라도 맛이 낫거나 많은 이들을 먹여 살릴 수 있는 방식을 고안해 내기 마련이다. 또한 음식은 먹고 병에 걸리지 않는다는 것만 경험적으로 입증되면 아주 극단적인 재료나 방식의 조합도 가능해서, 이질적인 것들도 시간을 두고 융합되어 창의적인 조합의 음식으로 만들어진다. 식민자들이 강제한 것들도 결국은 이를 받아들인 지역의 음식문화로 정착하는 측면이 있다. 식민지 아메리카에서 유럽에서 온 식민자들은 자국에서 먹어오던 것을 계속 먹기 위해 밀과 올리브유, 소고기와 포도주를 필요로 했을 뿐 아니라, 사탕수수처럼 주식과 상관없이 수익성 높은 환금작물을 심는 대농장 단일경작도 동시에 시작했다. 이는 노예노동의 모순과 고통을 만들어냈지만 오래 지속되면서 한 지역 특유의 식문화를 만들어내기도 했다. 커피나 바나나 같은 경우는 라틴아메리카에서 단일경작 농작물로 재배되기 시작하면서 현재는 주요한 농업 수출품이 되었다.

식민지 시기 단일경작은 사탕수수로 시작되었다. 19세기에 사탕무에서 설탕을 추출하는 기술이 보편화된 이후에도 사탕수수는 여전히 최대의 설탕 공급원이다. 아이티, 브라질, 쿠바 등이 한때 세계 사탕수수 생산의 정점에 있던 나라들이고, 브라질은 지금도 여전히 생산과 수출의 선두에 있다.

커피는 네덜란드가 예멘에서 식민지 인도네시아로 가져갔으며, 18세기 초 남아메리카의 네덜란드령 기아나로 이식되었다. 얼마 후 프랑스가 마르티니크에 커피나무를 심어 카리브해의 자국 식민지 과들루프, 생도맹그(현 아이티)로 퍼져나갔고, 1788년에는 생도맹그가 전 세계 커피의 절반을 공급할 정도가 되었다.[23] 아이티 혁명 이후 아이티에서 피신한 농장주들에 의해 잠시 쿠바에 커피 붐이 일었으나, 이내 커피 생산의 중심지는 브라질로 옮겨갔다. 현재 라틴아메리카에서는 브라질, 콜롬비아, 온두라스, 파나마 등이 세계 커피 수출에서 선두를 차지하고 있다.

이렇게 수백년간 커피를 생산해 낸 라틴아메리카이니 일상적으로 커피를 음용하는 수준이나 문화가 꽤 높을 거라 생각하기 쉽지만 꼭 그렇지만은 않다. 일단 모든 라틴아메리카 나라에서 커피를 생산하는 것도 아니고(남아메리카 남단 국가 칠레, 아르헨티나, 우루과이에서는 커피를 생산하지 않는다), 생산된 커피를 가공하고 한 잔의 커피로 만드는 데 아주 고난도의 기술이나 기계가 필요한 것은 아니지만, 많은 인구가 적당한 가격의 원두를 사서 이것을 생활 속에서 음미할 수 있는 경제력과 여유가 있어야 한다. 즉, 기호품의 소비와 향유는 소득과 직결된다는 의미다. 수년 전 최고급 원두를 생산하고 수출하는 나라인 과테말라를 여행했을 때 에스프레소 기계를 갖춘 커피숍이 많지 않았고, 농촌 지역에서 싼 원두를 사서 거의 태우듯 볶아서 간

---

23)   마크 펜더그라스트, 『매혹과 잔혹의 커피사』, 정미나 옮김(을유문화사, 2013), 62쪽.

뒤 설탕을 넣고 숭늉처럼 끓여내는 모습을 볼 수 있었다. 이를 통해 한 나라에서 질 좋은 원두를 생산한다는 것이 곧 누구나 양질의 커피를 쉽게 향유할 수 있다는 의미가 아님을 느꼈다. 콜롬비아의 경우도 질 좋은 커피는 수출되고 국내에서 소비되는 커피의 많은 양이 에콰도르나 페루에서 싸게 수입한 것들이다.[24] 오히려 커피를 생산하지 않지만 구매력이 있는 곳에서 커피를 다양한 방식으로 소비하는 방법이 보편화되어 있고, 구매력을 갖춘 곳의 수요에 따라 생산지의 사정도 상당 부분 결정된다고 하겠다.

어쨌든 커피 관련 여러 기계나 도구들이 보편화되기 전에는 원두를 볶고 갈아서 끓여내는 방식이 커피를 마시는 가장 손쉬운 방법이었을 것이므로 많은 라틴아메리카 나라에는 분쇄한 원두에 계피 등 여러 향신료와 비정제 설탕을 넣고 뭉근히 끓여내는 커피가 있다. 멕시코에서는 큰 토기 항아리에 향신료와 분쇄커피, 설탕을 넣고 진하지 않게 끓인 것을 '카페 데 오야café de olla', 즉 항아리 커피라고 한다(olla는 스페인어로 '솥', '냄비'라는 뜻이다). 과테말라를 여행했을 때 에스프레소 기계가 없는 가게에서 원두를 갈아 향신료 카다멈을 넣고 진하게 끓여낸 커피를 마신 기억이 난다. 콜롬비아에서 커피를 의미하는 단어 '틴토tinto' 역시 대체로 분쇄한 원두를 끓여낸 것을 말한다.

이처럼 사탕수수, 커피 등으로 이어지는 단일경작의 전통이 식민지 상태를 벗어나면서 단번에 끝난 것은 아니었다. 수익이 나고 조건만 맞아 떨어진다면 독립 이후에도 여러 지역에서 단일경작은 지속되었다. 19세기 라틴아메리카 독립기 이후 대표적인 품목으로는 멕시코의 에네켄Henequén(아가베의 일종)과 페루의 면화 생산을 들 수 있다. 미국 밀 수출의 포장에 필요한 노끈 재료가 되었던 에네켄의 수요가 급증해 20세기 초 일시적으로 수요가 폭증했고, 18세기 말 산업혁명으로 면화에 대한 수요가 폭발했다. 페루

---

24)   https://www.bbc.com/mundo/noticias-america-latina-51622198.

는 '하얀 황금'이라고 불리던 면화 생산에 집중했고 20세기 초에는 주요 면화 생산국이 되었다. 페루는 남아메리카에서 최초로 포도를 키우고 포도주를 만들어낸 곳이지만 면화 붐으로 인해 자연스레 포도 경작이 줄어들면서 포도주 생산이 퇴조하기도 했다.[25]

바나나의 경우는 16세기에 대서양의 섬들과 서아프리카를 통해 들어왔지만 19세기 말 미국의 과일 회사들이 카리브해 섬나라들에 본격적으로 심기 시작했고 중앙아메리카로도 재배를 확대해 한 미국 소설에서 중앙아메리카의 한 나라를 배경으로 '바나나 공화국'이라는 단어를 만들 정도였다. 아시아, 아프리카, 라틴아메리카 등 오랫동안 바나나를 키워오고 식량으로 사용해 온 지역에서는 요리용 바나나를 비롯해 다양한 품종의 과일 바나나를 먹지만, 미국이나 유럽으로 수출된 것은 과일 바나나에 국한되었다. 오랜 운송과 세척 과정 등을 견뎌야 했기 때문에 1000종 가까이 되는 바나나 품종 중에서 단 두 가지, 즉 그로미셸 Gros Michel과 캐번디시 Cavandish만이 주요 수출종으로 선택되었다. 한국에 수입되어 유통되는 바나나는 필리핀산이든 과테말라나 에콰도르산이든 대부분 캐번디시종이다. 멕시코를 여행하며 캐번디시 외에 껍질이 붉고 당도가 매우 높은 붉은morado 바나나와 손가락 길이 정도로 작고 통통한 도미니코dominico 바나나를 맛볼 수 있었는데, 바나나를 오래 재배해 온 곳에는 수출용 바나나 외에도 선택지가 다양하다는 인상을 받았다.

멕시코의 한 시장에서 본 모라도 바나나(오른쪽)와 도미니코 바나나(왼쪽)

25)   Pablo Lacoste, "La vid y el vino en América del Sur: el desplazamiento de los polos vitivinícolas(siglo XVI al XX)", *Revista Universum*, Vol.19, No.2(2004), pp.62~93. https://www.scielo.cl/scielo.php?script=sci_arttext&pid=S0718-23762004000200005.

단일경작은 20세기를 지나 21세기에도 작물만 바꾸어 지속되고 있는 '현재진행형'이다. 대두의 경우는 남아메리카에서 굉장히 예측 불가능한 방식으로 경작이 확대되었다. 아르헨티나에서는 과거에도 대두를 심기는 했으나 1996년 유전자변형genetically modified: GM 대두를 심기 시작하면서 남아메리카 대두 경작의 확산을 주도했다. GM 대두와 특정 제초제를 사용하는 경작 방식에 의문이 제기되기도 했으나 브라질, 파라과이, 볼리비아 등 남아메리카 나라들은 대두 경작에 뛰어들어 큰 수익을 얻고 있다. 대두는 동아시아에서는 가장 중요한 식재료 중 하나이지만 다른 지역에서는 주로 기름을 짜고 남은 대두박의 형태로 가축 사료로 사용되며, 북미든 남미든 마치 공산품처럼 대두를 키워내 수출하고 있는 형국이다. 이미 다양한 토착 콩이 있는 남아메리카 나라에서 대두콩은 낯선 식재료라 콩기름이나 가공식품 제조 외에는 이들의 식문화로 들어갈 여지가 없어 보인다. 한때 매우 민감한 주제였던 GMO 논란은 이제 거의 사라졌다. 저렴하게 공급되니 가축도 사람도 결국은 먹게 되는 구조가 구축되어 이제는 누구나 일상적으로 GM 사료를 먹은 가축, 식용유나 대두 레시틴, 옥수수 시럽 등을 통해 GMO를 직간접으로 섭취하게 된 것이다.

마지막으로 최근 언론에서 자주 보도되고 있는 두 가지 작물인 아보카도와 기름야자를 살펴보려고 한다. 아보카도는 멕시코부터 남아메리카까지 상당히 많이 재배되고 널리 활용되는 멋진 식재료이다. 멕시코나 중앙아메리카에서는 '아구아카테aguacate'라고 하는데, 남아메리카에서는 케추아어에서 온 '팔타palta'라는 이름으로 불린다. 잘 익은 아보카도를 으깨서 토마토, 양파, 실란트로, 레몬즙, 소금을 넣어서 섞으면 구아카몰레guacamole가 되고, 과육을 잘라 가니시로 쓰거나 뜨거운 수프에 넣으면 부드러워서 의외로 잘 어울린다. 잘 익은 아보카도를 으깬 뒤 소금만 약간 더해 빵에 발라 먹어도 맛이 매우 좋은데, 칠레에서는 이런 방식으로 1년 내내 아보카도를 소비한다.

과거에는 아보카도가 독특한 라틴아메리카의 식재료로서 지역 내에서만 주로 소비되다가 1994년 북미 무역협정 이후 멕시코에서 미국으로 수출되면서 전 세계적으로 알려졌고, 현재 멕시코는 최고의 아보카도 생산국이자 수출국으로 세계 아보카도 생산의 3분의 1이 멕시코 미초아칸 Michoacán 주에서 이루어질 정도이다. 하지만 아보카도가 주는 높은 수익 때문에 미초아칸주는 여러 마약 폭력 조직들이 장악하게 된다. 그들은 아보카도 생산자와 공급자를 장악해 이들을 보호한다는 명목으로 돈을 갈취하거나 직접 숲을 갈아엎어 아보카도 생산에 뛰어들기도 한다.[26] 칠레도 1년 내내 여러 품종의 아보카도가 생산되며 많은 양을 수출하는데, 칠레의 항구도시 발파라이소의 페토르카 Petorca 마을에서는 아보카도 생산자들이 수자원을 다 선점해 강이 메말라 버렸다. 얼마 남지 않은 주민들은 생활과 농업에 쓸 물조차 구하지 못해 급수차로 물을 공급받으며 살고 있으나 칠레에는 물이 사유화되어 있기 때문에 농업회사가 물을 사용할 권리를 획득한 뒤 무한정 물을 사용해도 이를 규제할 방법이 없다. 과테말라를 여행했을 때 엄청나게 큰 아보카도 나무에 끝없이 많은 열매가 달려 있는 것을 본 적이 있는데, 많은 열매를 한꺼번에 키워내고, 또 과육 안에 지방을 축적하려면 물과 영양분이 엄청나게 필요하겠다 싶었다. 한국에는 주로 멕시코산, 미국산, 페루산 아보카도가 수입되고 칠레산 아보카도는 주로 유럽으로 수출된다. 아보카도가 슈퍼푸드로 한껏 광고된 데다 부드러운 과육의 맛에 익숙해지면 한국이든 유럽이든 이 이국적인 과일을 완전히 거부하기가 쉽지는 않다. 그래도 아보카도 단일경작이 미치는 폐해가 알려지면서 몇몇 영향력 있는 요리사들을 중심으로 아보카도 사용을 거부하는 사례들도 나오고 있기는 하다.

26)　https://lanoticia.com/noticias/narcotrafico-y-corrupcion-la-infortunada-historia-del-aguacate-mexicano/.

기름야자 역시 페루, 에콰도르, 온두라스, 니카라과, 멕시코, 과테말라 등의 나라에서 원시 숲을 베어버리고 심어 수출하고 있으며, 생산과 소비 차원에서의 문제가 적지 않다. 보통 팜유라고 부르는 기름을 생산하기 위한 이 야자 품종은 서아프리카 원산으로, 최근 인도네시아에서 기름야자 경작지를 늘리면서 코주부원숭이나 오랑우탄 등 영장류의 거주지가 사라지는 상황이 종종 국제 뉴스에서 다뤄진다. 동일한 일들이 라틴아메리카 여러 곳에서 일어나고 있지만 이를 다룬 뉴스는 찾기 힘든 편이다. 과테말라에 사는 한 친구가 2014년에 '아프리카' 야자를 마구 심어서 숲이 파괴되는 것이 큰 문제라고 이야기해 주어 이 사안을 처음 알게 되었는데, 아프리카 야자가 바로 기름야자를 말하는 것이었다. 팜유는 가공식품 제조에 사용되기도 하지만 유럽에서는 식량이 아니라 바이오연료의 제조에 사용되어 논란이 되기도 했다. 1980년대 말부터 기름야자를 심기 시작한 온두라스는 기름야자 생산이 바나나를 제치고 국내 총수입에서 2위를 차지하는 품목이 될 정도이다.[27] 19세기 말 한 미국 소설에서 바나나 공화국이라는 용어가 만들어진 곳의 배경이 바로 온두라스였는데, 그로부터 100년이 지났으나 단일경작 구조는 그대로 남고 외부의 수요에 의해 작물만 계속 바뀌어가는 모습이다.

　　아메리카 원주민의 농작물은 세상으로 퍼져나가 큰 영향을 미쳤고, 라틴아메리카 음식과 음식문화 역시 외래적 요소의 끊임없는 유입과 상호작용을 통해 역동적으로 변해왔다. 식민지 시기 시작된 수출용 환금작물의 단일경작 관행은 사탕수수, 커피, 바나나, 대두, 아보카도, 기름야자로 끝없이 작물을 바꾸어나가며 지역의 식문화를 만드는 한편, 오늘날 글로벌화된 세

---

27)　https://www.dev.latribuna.hn/2021/08/23/aceite-de-palma-desplaza-al-banano-en-aporte-de-divisas/.

계의 식탁에 다채로운 식재료와 음식을 제공하고 있다. 비용이 우선인 수출 작물 생산에서 모든 생산물이 '공정무역'으로 거래될 수는 없기에 이러한 작물을 팔아서 얻는 수입이 중요한 곳에서는 자연환경이나 생태, 심지어는 인간의 삶에 큰 부담을 지우면서까지 경작이 이루어지는 실정이다.

한반도는 중국이나 일본을 통해 17~18세기경 고추와 고구마를 받아들이며 아메리카의 식재료를 알아가기 시작했는데, 이제 경계와 기원이 모호해진 글로벌화된 식탁에서 한때는 이국적이었을 라틴아메리카의 기호식품과 과일이 일상적인 음식으로 받아들여질 정도가 되었다. 또한 미국과 남아메리카의 GM 대두나 옥수수 역시 가공식품이나 가축을 통해 직간접적으로 섭취하는 구조가 이미 구축되었다. 조선 후기 지식인들은 아메리카 대륙을 실체적으로 인식할 수 없었으므로 외래 산물로 들어온 담배의 기원을 백방으로 탐구하다가 끝내 알아내지 못했으나, 지금은 일상적으로 먹는 음식에 조금만 관심을 기울여 보면 라틴아메리카의 식재료, 식문화, 글로벌 농업의 구조가 이미 우리 가까이에 들어와 있음을 체감할 수 있다. 우리 모두 정보와 음식은 한없이 풍부하지만 오히려 나 자신과 몸, 지구와 지구 반대편의 사람을 위해 무엇을 먹고, 또 먹지 않을지 고민하고 선택하는 것이 훨씬 어려운 시기를 살고 있는 것이다.

참고문헌

만, 찰스. 2005. 『인디언: 이야기로 읽는 인디언 역사』. 전지나 옮김. 오래된미래.
콜럼버스, 크리스토퍼. 2022. 『콜럼버스 항해일지』. 바르톨로메 데 라스 카사스 편저. 정승희 옮김. 나남.
크로스비, 앨프리드 W. 2006. 『콜럼버스가 바꾼 세계』. 김기윤 옮김. 지식의숲.
펜더그라스트, 마크. 2013. 『매혹과 잔혹의 커피사』. 정미나 옮김. 을유문화사.

Lacoste, Pablo. 2004. "La vid y el vino en América del Sur: el desplazamiento de los polos vitivinícolas(siglo XVI al XX)." *Revista Universum,* Vol.19, No.2, pp.62~93, https://www.scielo.cl/scielo.php?script=sci_arttext&pid=S0718-23762004000 200005

López y Sebastián, Lorenzo E. and Justo L. del Río Moreno. 1996. "El trigo en la ciudad de México. Industria y comercio de un cultivo importado(1521-1564)." *Revista Complutensede Historia de América,* Vol.22, pp.33~44. https://revistas.ucm. es/index.php/RCHA/article/view/RCHA9696110033A

Sokolov, Raymond. 1993. *Why We Eat What We Eat.* New York: Atria Books.

Weatherford, Jack. 1989. *Indian Giver.* New York: Ballantine Books.

웹사이트

https://cipotato.org/es/

https://en.wikipedia.org/wiki/Bandeja_paisa

https://lanoticia.com/narcotrafico-y-corrupcion-la-infortunada-historia-del-aguacate-mexicano/

https://www.elmundo.es/elmundo/2007/06/28/ciencia/1183046110.html

https://www.facebook.com/1637671476458896/photos/a.2124533704439335/2124 535321105840/

https://www.fundacionunam.org.mx/unam-al-dia/mezcal-bebida-prehispanica-concl uyen-academicos-de-la-unam/

https://www.lanacion.com.ar/economia/campo/ganaderia/la-argentina-sigue-en-el- podio-de-un-ranking-de-consumo-de-carne-pero-la-acecha-uruguay-nid1 8042022/

https://www.latribuna.hn/2021/08/23/aceite-de-palma-desplaza-al-banano-en-apo rte-de-divisas/

https://www.npr.org/sections/thesalt/2013/01/22/169980441/how-the-sweet-pota to-crossed-the-pacific-before-columbus

https://www.sochob.cl/web/el-pan-nuestro-de-cada-dia/

https://twitter.com/conabio/status/1245050804572246017

https://www.bbc.com/mundo/noticias-america-latina-51622198

☆ *DONA EX NOVO MUNDO* ☆

감자의 문화사

악 마 의 선 물 에 서 신 의 축 복 으 로

장재원

토속적인, 가장 토속적인

'감자에 싹이 나서 잎사귀에 감자감자
가위바위보! 하나 빼기!'

이 동요를 들으면 많은 사람들이 어릴 적 동네 아이들과 이 노래를 부르며
함께 뛰놀던 즐거운 추억을 떠올릴 것이다. 그래서인지, 감자는 우리나라
사람들에게 매우 친숙한 작물 중 하나이다. 또한 어려서 먹었던 대형 햄버
거 프랜차이즈 감자튀김의 맛, 그리고 엄마가 해주시던 하지감자나 감자전
그리고 감자조림이나 감자볶음의 구수한 맛은 천진난만했던 유년 시절을
떠올리게 한다. 이처럼 감자는 하나의 식재료를 넘어 어린 시절의 소중한
기억을 떠올리게 하는 매개체이자 타임캡슐이라고 할 수 있다. 더 나아가
감자는 경제적·사회적·역사적으로 중요한 가치를 지니는 작물 중 하나이

기 때문에 한 집단의 삶의 방식modus vivendi의 영역에 속하는 '문화'라 볼 수 있다. 지금부터 이러한 감자가 우리 삶에 어떻게 영향을 끼쳐왔는지를 자세히 알아보도록 하자.

먼저, 감자에 대한 대중의 오해와 편견에 대해 잠깐 생각해 보겠다. 감자는 그 중요성은 크지만, 일 년에 겨우 몇 번 맛볼 만큼 진귀하지는 않고 쌀이나 빵처럼 값싸고 우리 주변에서 쉽게 구할 수 있는 흔한 식자재이기에, 역설적이게도 귀하게 생각되기보다는 오히려 하찮게 여겨지는 경향이 있다. 특히 땅에서 막 캐내어 흙투성이인 감자는 특유의 투박하고 울퉁불퉁한 생김새로 인해 토속적인 작물의 대명사로 여겨진다. 그래서 어떤 사람들은 투박하고 못생긴 얼굴을 감자에 비유할 정도로, 감자는 우리에게 친숙하다 못해 천대받는, '억울한' 작물이다. 감자와 같은 가지과Solanaceae에 속하는 작물인 토마토나 담배, 가지, 파프리카, 고추에는 한 번도 붙지 않은 토속적이고 투박한 이미지가 유독 감자에만 붙은 것은 어쩌면 '내 사랑 못난이'라는 말이 반어적인 애정 표현인 것처럼, 감자가 그만큼 푸근하고 친근한 대상이었기 때문일지도 모른다. 이러한 관념은 우리뿐만 아니라 외국인들에게도 마찬가지인 것 같다. 한 예로 1976년 노벨문학상을 수상한 칠레의 시인 파블로 네루다Pablo Neruda는 스페인의 목동 출신 저항시인 미겔 에르난데스Miguel Hernández를 처음 만났을 때의 소회를 다음과 같이 회고했다. "미겔은 흙냄새가 물씬 풍기는 농부였다. 그는 흙덩어리 또는 뿌리에서 갓 따서 아직 지하의 신선함이 배어 있는 감자 같은 얼굴을 지녔다." 대시인의 미사여구에도 불구하고, 우리는 딸기나 사과 혹은 장미가 아닌, '감자 같은 얼굴'이라는 표현에서, 미겔이 세련되고 도회적이며 잘생긴 것이 아니라, 투박하고 순박하게 생겼다는 것을 알 수 있다. 이러한 비유는 필시 감자가 가난한 서민이 주로 먹던 음식이거나, 대지에서 막 뽑아 올려 흙이 잔뜩 묻고 울퉁불퉁한, 가공되지 않은 날것 그대로의 농작물이라는 사실에서 비롯된 것으로 추정된다. 화려하진 않지만 꾸밈없이 소박하고 정겨운, 우리 일상 속에 스며든 작물이 바로 감자이다. 여기에 앞으로 설명할 감자의 중요한 운명이 내포되어 있다.

감자에 대한 오해 중 하나는 감자가 우리 민족과 오랫동안 함께한 전통적이고 토속적인 우리나라의 토종 작물일거라는 막연한 생각이다. 아마도 백두대간의 중심을 이루는 함경도와 강원도에서 많이 재배되기 때문에, 마치 단군신화 속 마늘과 쑥처럼 우리 민족의 고유한 작물로 여겨지는 것 같다. 특히 강원도 대관령에서 매년 8월에 개최되는 '강원감자큰잔치'를 비롯해, 이보다 규모는 작지만 정선군과 영월군에서 열리는 유사한 축제는 강원도가 감자의 고향이라는 생각에 힘을 실어준다. 하지만, 강원도가 국내 최대의 감자 산지임에도 불구하고, 감자는 물 건너온 엄연한 '해외파'이며, 게다가 19세기에 도입된 '근대적' 작물이다. 촌스럽고 못생겼다고 그렇게나 천대받던 감자가 실제로는 토종도 아닐뿐더러 근대에 외국에서 수입된 외래종이라는 사실은 다소 뜻밖일 수도 있다. 그렇다면 감자의 고향, 즉 원산지는 어디이며 어떤 과정을 통해 우리나라에 전해졌고, 어떻게 해서 우리의 입맛과 삶에 영향을 미치게 되었는지를 살펴보겠다.

감자의 고향, 안데스 산맥에서 강원도까지

감자의 원산지에 대해 혹자는 프렌치프라이French fries로 유명한 프랑스나, 감자를 가장 많이 소비하는 나라 중 하나인 독일이나 미국을 떠올릴지도 모른다. 그러나 감자의 고향은 오늘날 페루 남부와 볼리비아 북부에 해당하는 안데스 산맥의 알티플라노Altiplano 고원과 티티카카Titicaca 호수 근처로, 약 7000년에서 1만 년 전에 이 지역 원주민들에 의해 재배되기 시작한 것으로 추정된다. 과학자들에 의하면 1만 3000년 전에 야생 감자가 칠레 해안을 따

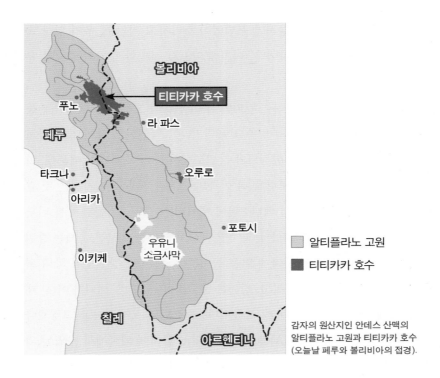

알티플라노 고원

티티카카 호수

감자의 원산지인 안데스 산맥의
알티플라노 고원과 티티카카 호수
(오늘날 페루와 볼리비아의 접경).

라 자라기 시작했고, 그 가치를 알아본 안데스 산맥 중부 고원지대의 원주
민들은 많은 시행착오를 거치며 이를 재배하는 데 성공했다. 그런데 이 지
역은 해발 3500m의 고산지대로, 낮에는 섭씨 16도 정도지만 새벽에는 영
하로 내려가 서리가 생길 정도로 하루 일교차가 크고, 1년의 절반은 건기일
정도로 건조한 지대이다. 이러한 열악한 환경에서 대부분의 작물들은 거의
성장할 수 없지만, 감자는 해발 4500m의 척박한 고지에서도 잘 자랄 만큼
강인한 생명력을 지녔다. 그래서 감자는 안데스 산맥을 따라 에콰도르나 콜
롬비아 산악지대에서도 자란다.

　　따라서 감자는 극한의 기후와 척박한 토양에서도 대량 수확이 가능했을
뿐만 아니라 각종 비타민과 다양한 필수 영양소, 그리고 단백질 등이 함유
되어 있어 충분한 영양과 에너지를 제공해 주기 때문에 안데스의 고산지대

남미 대륙 최대의 호수인 티티카카 호수의 모습. 티티카카 호수는 해발 3950m에 있다.

에 사는 원주민들에게 주식으로 각광받았다. 특히 추뇨chuño는 이들의 대표적인 감자 음식이다. 케추아Quechua어로 '동결 감자'를 의미하는 추뇨는 수확한 감자 중 일부를 밤새 얼리고 물기를 빼 건조한 다음, 필요할 때 이것을 다시 끓는 물에 넣고 좀 더 끓이면 간편하게 먹을 수 있는 일종의 패스트푸드이다. 이뿐만 아니라, 밀폐된 저장고에 보관하면 10년 이상 저장할 수 있는 건조 음식이라는 점에서, 곡식의 재배와 보관이 어려운 고산지대에서는 최적의 음식이다. 바로 이 점이 훗날 아메리카 대륙에서 가장 강력한 문명을 구축했던 잉카를 정복한 스페인 사람들의 관심을 끌었다.

1532년 11월, 프란시스코 피사로Francisco Pizarro가 이끄는 180명의 스페인 원정대는 잉카제국의 새 황제 아타우알파Atahualpa를 유인해 생포한 후 이듬해 처형함으로써 사실상 잉카제국을 정복했다. 그러나 많은 잉카인들이 높은 산악지대로 숨어 들어가 그들에 저항했기 때문에 원정대는 잉카의 영토 이곳저곳을 샅샅이 탐문하고 지형과 풍습, 문물을 철저히 조사해 저항군들을 섬멸하고 잉카를 식민지화했다. 이 과정에서 1537년 스페인 사람들이 감자를 처음 접한 것으로 알려졌는데, 감자에 대한 가장 의미 있는 기록은, '스페인 연대기의 제왕'이라는 별명을 지닌 페드로 데 시에사 데 레온Pedro de Cieza de Leon이 1553년 스페인의 세비야 Sevilla에서 출판한 『페루 연대기 Crónica del Perú』에 나타난다. 페드로 데 시에사에 의하면, "옥수수 외에 인디오들이 주식으로 이용한 두 가지가 있다. 하나는 '파파'라고 하는 작물이다. 익히면 삶은 밤처럼 매우 부드러워진다. 송로버섯처럼 껍질이나 씨가 없고 땅속에서 자란다." 여기서 이 연대기의 기록자가 감자를 안데스 지역 사람들이 부르던 이름인 '파파papa'로 소개하면서, 한 번도 감자를 본 적 없는 본토 사람들을 위해 그 맛을 밤에 비유하거나, 생김새나 생육 방식을 송로버섯에 비유한 점이 특히 눈길을 끈다. 또한 그는 "말린 감자가 없었다면 기근에 빠졌을 사람들은 셀 수도 없었을 것"이라고 기술했는데, 이러한 진술들로 미루어보아 그는 감자에 대해 정확하게 알고 있었으며, 그 영양학적 가치와 식량으로서의 중요성도 명확하게 인식하고 있었다. 페드로 시에사 데 레온은 티티카카 호수의 콜라오 지방을 탐방한 후 말린 감자인 추뇨에 대해 다음과 같이 적었다.

현재 인디오들은 마을 주변에 밭을 일구어 식용 곡물을 재배하고 있다. 그들의 주식은 감자이다. … 그들은 땅에서 나는 송로버섯처럼 생긴 이 감자를 햇볕에 말려 다음 수확 때까지 보존했다. 이렇게 말린 감자를 추노(추뇨)라고 불렀다. 그들은 추뇨를 매우 귀중히 여겼다. 이곳은 잉카제국의 다른 지방과 달리 관개에 사용할 물이 없었기 때문이다. 이 말린 감자가 없으면 굶주림에 시달린다.

그는 안데스 지역 원주민들의 주식이 감자라는 것을 밝히면서 그들이 그것을 추뇨로 만들어 먹는 방법에 대해서도 간단히 기술했다. 그리고 감자가 이곳에서 재배되는 이유로 건조한 기후에도 잘 버티기 때문이라는 것을 적시했다. 한 세대가 지난 후 또 다른 중요한 연대기 저자이자 예수회 신부인 호세 데 아코스타José de Acosta 역시 『인디아스 자연과 도덕의 역사Historia natural y moral de las Indias』(1590)에서 감자에 대해 상세하게 기술했다.

> … 신대륙의 다른 지방, 가령 페루 산지의 고지대나 페루 왕국의 큰 부분을 차지하는 콜라오라고 불리는 지방(티티카카호 일대의 고원)에서는 밀과 옥수수를 재배할 수 없기 때문에 인디오들은 파파(감자)라는 뿌리채소를 이용했다. 이것은 송로버섯과 비슷하며 땅 위로 작은 잎을 띄운다. 이 파파를 수확하면 햇볕에 잘 말린 뒤 빻아서 추뇨라는 것을 만든다. 이것은 오래 보존이 가능하며 빵의 역할을 한다.

이들은 공통적으로 감자가 송로버섯과 비슷하다고 지적하고 있는데, 모양뿐만 아니라 크기, 그리고 땅 밑에서 자라는 점이 유사하다고 믿었기 때문이다. 그런데 이러한 지적은 콜롬비아를 정복한 곤살로 히메네스 데 케사다Gonzalo Jiménez de Quesada y Rivera의 견해와도 일치했다. 저명한 유럽 농경제사가인 슬리허 반 바스B.H. Slicher van Bath는 감자에 대한 최초의 문헌상의 기록이 바로 곤살로 히메네스 데 케사다의 원정대의 활동에 대해 후안 데 카스테야노스Juan de Castellanos가 1536년에 작성한 보고서에 나타나 있다고 주장한다. 실제로 곤살로 히메네스는 피사로의 잉카 정복에 고무되어 콜롬비아에서 잉카에 이르는 길을 개척하기 위해 1536년부터 산악지대를 탐험했고, 1539년에는 현재의 수도인 산타페 데 보고타를 건설했다. 그 과정에서 안데스 산맥의 산악지대에서 감자의 존재를 알게 되었다. 그러나 그는 전설의 도시 엘도라도El Dorado를 찾는다는 최종 목표를 달성하기 위해 원정대를 끌고 무리하게 오지를 탐험하다 대원이 거의 전멸했다. 그러자 곤살로 히메네스는 엘도라도의 꿈을 포기하는 대신 차선책으로, 감자를 값비싼 송로버섯truffle의 일종이라고 주장하며, 황금 대신 감자를 유럽에 가져가려고 했다. 지금도 송로버섯은 푸와그라, 캐비어와 더불어 세계 3대 진미로 알려진 귀한 식재료로 당시에는 부르는 게 값이었기에, 만약 그때 감자가 송로버섯의 일종으로서 스페인에 소개되었더라면 감자와 인간의 운명은 지금과는 달라졌을지도 모른다.

하지만 그의 생각과 달리 대부분의 스페인 정복자들은 원주민들의 먹거리인 감자를 대수롭지 않게 여겼는데, 여기에는 피지배층인 원주민들의 음식이라는 편견이나 지배자라는 특권의식 외에도 당시 감자의 크기가 오늘날의 감자보다 무척 작았다는 현실적 이유도 빼놓을 수 없다. 지금도 이 지역에서 서식하는 야생 감자Solanum acaule는 그 크기가 자두나 밤에 불과할 정도로 작다. 이것은 우리나라에 감자가 처음 도입되었을 때, 땅속에서 캐낸 모양이 마치 '말에 달린 방울들처럼 생겼다'고 해 감자를 '마령서馬鈴薯'라고 불렀다는 사실에서도 확인할 수 있다. 따라서 당시 스페인 사람들이 안데스의 감자를 빵을 대체할 주식이 아니라 간식거리에 불과하다고 생각한 것은 어쩌면 당연했을지도 모른다.

이러한 문화적 인식 차이로 인해 중남미에 진출했던 스페인 사람들이 감자를 식량으로 적극적으로 활용한 것은 감자를 처음 접촉한 지 30여 년이 지난 1570년경에 이르러서다. 미셸 피트라Michel Pitrat와 클로드 포우리Claude Foury에 따르면 감자는 1562년에 카나리아제도에 도입되었고, 1567년 11월 28일 카나리아제도의 기항인 라스팔마스에서 안트베르펜Antwerpen으로 향하는 배에서 감자와 레몬의 이름이 적힌 영수증이 발견된 것으로 미루어보아 감자가 유럽에 실제로 들어온 것은 1570년 이전으로 추측된다. 공식적으로는 1570년 스페인 본국으로 귀환하는 군인들과 선원들이 수개월 동안

(상단 왼쪽) 안데스 산맥의 야생 감자
(사진: David Midgley)

(상단 오른쪽) 오늘날의 개량 감자
(사진: Dezidor)

(하단 왼쪽) 말에 달린 방울을 닮았다고 하여
붙여진 이름 '마령서(馬鈴薯)'

항해를 위해 감자를 식량으로 사용하면서 스페인에 처음으로 감자가 도입
되었다. 감자를 먹으면서 선원들이 흔히 앓았던 괴혈병에서 자유로워졌다.
밤톨만 한 감자에는 그만큼 충분한 에너지원이 있었다. 하지만 귀국한 후
이들은 감자를 식용으로 재배하거나 조리법을 개발하는 대신, 돼지사료로
쓰면서 고향인 잉카에서는 보물이었던 감자의 비참한 수난사가 시작되었다.

문헌상으로 유럽에서 감자를 식용으로 사용한 최초의 기록은 1573년
세비야의 한 병원 Hospital de Sangre 의 회계장부에서 발견된다. 여기에는 수용
환자들에게 도시 근교에서 재배한 감자를 급식으로 제공했다는 세부 내용
이 기록되어 있다. 이를 통해 스페인에서 서민들의 구호 음식으로 감자가
사용되기 시작했다는 것을 알 수 있지만, 많은 경우 극빈자들이나 하층민들
조차 감자를 먹는 것보다 굶는 것을 선호할 정도로 유럽에서 감자는 환영받
는 음식이 아니었다. 감자가 이런 편견의 벽을 넘어서는 데에는 수세기의

시간을 더 걸렸는데, 이 내용에 대해서는 다음 절에서 설명하기로 하고, 지금부터는 감자가 한국에 전래된 과정을 잠시 살펴보겠다.

　우리나라에 감자가 들어온 것은 서양보다 훨씬 늦은 조선 후기였다. 스페인 사람들이 잉카제국을 정복하면서 처음으로 감자의 존재를 알게 되었고, 후에 그것을 유럽에 들여왔기 때문에 감자의 전파 경로 역시 스페인 선단의 항로와 상당 부분 궤를 같이한다. 아시아에서는 스페인과 포르투갈이 지배했던 필리핀과 인도네시아를 중심으로 재배되었으며, 한·중·일 삼국 중 감자가 가장 먼저 전해진 나라는 일본이다. 당시에는 스페인 제국에 속했던 네덜란드 상인들에 의해 1598년 나가사키에 전해졌으며, 오키나와와 홋카이도 등으로 확산되었다. 특히 오키나와에 감자가 전해진 과정에는 필리핀에 진출했던 스페인 사람들의 기여가 있었던 것으로 추정된다. 중국에 감자가 전해진 것은 이보다 좀 늦은 17세기 중후반, 네덜란드 출신의 선교사에 의해서였다. 중국에서 서양 문화의 창구는 광둥 지방이었는데 아열대성 기후인 이 지역은 감자가 재배되기 어려운 환경이었다. 많은 시행착오를 거쳐 18세기 후반이나 19세기 초에 본격적으로 중국에 확산된 것으로 추정된다.

　감자가 우리나라에 전해진 것도 18세기 말에서 19세기 초인데, 영조 39년인 1763년 일본통신사로 파견된 조엄趙曮이 대마도에서 고구마 종자를 가져와 이듬해 재배에 성공했다는 조선왕조실록의 공식 기록과 비교해 보면 고구마보다 약 반세기 정도 늦었다. 감자의 전래에 대해 조선 헌종 시대의 실학자 이규경李圭景이 쓴 백과사전『오주연문장전산고五洲衍文長箋散稿』에는 감자가 순조 24년과 25년에 해당하는 1824년에서 1825년 사이 만주에서 처음 전해졌다는 설과 인삼을 몰래 캐러 왔던 청나라 사람들이 감자 종자를 가져와 국경선 근처에 심어놓고 식량으로 먹다가 두고 간 것이 훗날 주민들에게 전해졌다는 설 등이 자세히 소개되어 있다. 그래서 당시에는 감자를 북쪽에서 들어왔다고 해서 '북방감저北方甘藷'라고 불렀다.

서양인 선교사가 직접 감자를 전해주었다는 기록도 있다. 1832년 우리 나라를 최초로 방문한 개신교 선교사 칼 귀츨라프 Karl Friedrich August Gutzlaff가 그 주인공이다. 프러시아 국적인 귀츨라프는 아랍어와 터키어, 태국어와 중국어 등을 공부하고 의술을 배운 후 네덜란드 선교회에 의해 아시아에 파견되었다. 그리고 1832년 7월 17일, 그가 승선한 영국 상선 로드 앰허스트 Lord Amherst호는 충남 보령군의 고대도와 원산도에 정박해 약 20여 일 정도 머물렀다. 귀츨라프는 자신들을 탐문하러 온 홍주목사 이민회 등의 관리들을 통해 임금인 순조에게 서양과의 통상의 필요성을 호소하는 상소를 올렸다. 이와 함께 고성능 망원경과 서양의 기술이 집약된 서적 등 많은 선물을 진상하고 왕의 하명을 기다리는 동안, 주민들에게 한문으로 번역된 성경을 나눠주거나 한글로 주기도문을 번역하게 해 배포하는 등 선교활동을 했다. 그리고 의사로서 섬의 환자 60여 명을 치료했고, 감자와 포도의 종자를 나눠주며 주민들에게 그 재배법을 전수했다. 그의 체류는 20여 일에 불과했지만, 우리 역사에 남긴 발자취는 결코 적지 않았다. 이는 1862년 김창한金昌漢이 쓴 최초의 감자 재배 교본인 『원저보圓藷譜』의 기록과도 거의 일치하는데, 이에 따르면 1832년 7월 전라북도 군산 쪽 해역에 표류한 영국 상선에 있던 선교사가 주민들에게 감자 종자를 나눠주고 재배법을 가르쳤으며, 자신은 이때 감자 재배법을 배운 선친에게서 그 비법을 전수받았다고 한다. 이러한 사료들로 보건데 감자가 순조 후기에 우리나라 여러 지역에서 재배된 것은 분명하다.

그렇다면 순조 시대에 감자가 도입된 것은 외국과의 교역이나 문물 교류에 대한 단순한 호기심 때문이었을까, 아니면 특별한 사정이 있었던 것일까? 이 내용을 알아보려면 1815년 인도네시아의 탐보라 화산이 대폭발을 하면서 생긴 화산재로 인해 1816년부터 1817년까지 전 세계적으로 여름이

실종될 정도로 일조량이 감소하고 추워지며 기록적인 흉년과 대기근이 발생했다는 사실에 주목할 필요가 있다. 당시 조선은 이미 두 차례의 대기근, 즉 경신대기근(1670~1671)과 을병대기근(1695~1699)을 겪으며 인구의 20% 이상을 잃은 참담한 경험을 했을 뿐만 아니라 홍경래의 난(1811~1812)으로 인해 민심이 흉흉했던 시기였다. 1816년에 흉년이 발생하자 신속하게 관청의 곳간을 풀어 구휼미를 나눠주며 사태를 해결하고자 했다. 하지만 구휼미를 나눠주는 것만으로는 근본적인 대책이 될 수 없었기에, 양곡을 대체할 새로운 구황작물이 절실히 필요했다. 때마침 청나라와 서양에서 소개된 감자는 영조 후기에 들어온 고구마와 더불어 고난의 시기를 견뎌낼 수 있는 비상수단으로 자리 잡았다. 그 후 1873년 이상기온으로 전국에 큰 천재가 발생하자 감자의 중요성이 다시 한 번 대두되어 1879년에는 서울에 도입, 수년간의 시행착오를 거쳐 1883년에 재배에 성공했다. 이와 같이 자연재해를 거치면서 감자는 민간에서 인기가 있는 작물이 되어 많은 사람들이 세금으로 생산량의 상당 부분을 바쳐야 하는 쌀 대신 감자를 재배하게 되었다. 이로 인해 세수 확보가 어려워진 정부가 오히려 감자의 재배를 막을 정도로 우리나라에서 감자는 빠르게 서민들의 음식으로 자리 잡았다.

그러나 감자가 우리나라에 전국적으로 보급된 시기는 일제강점기였다. 표면적으로는 20세기 초 종자 개량을 통해 병해에 저항력이 커진 근대적 품종이 보급된 이유도 있겠지만, 실제로는 식민 통치하의 무자비한 수탈로 인해 허기진 배를 달래줄 거의 유일한 대체 작물이었다. 기존의 비옥한 농지에서 나온 양곡은 수탈당하고 척박한 황무지를 개간해야만 연명할 수 있는 상황으로 전락한 것이다. 일제강점기 감자가 보급된 또 하나의 사례도 있다. 일제는 1920년 당시에 화전민이 많이 사는 강원도 회양군 난곡면에 독일인들을 지원해 대규모의 현대식 기계 농장을 설립하고, 독일산 신품종 감자를 들여와 난곡 1·2·3호라는 개량종을 화전민들에게 보급했다. 오늘날 강원도는 감자의 고향처럼 알려져 있지만 실제로는 일제강점기 당시 화전민들의 피땀으로 이룬 결과이자 그들의 애환이 담긴 것이다. 이처럼 감자는 서민의 팍팍한 삶을 상징한다.

우리 국민의 애독서 중 하나인 김동인의 단편소설 「감자」는 열다섯 살에 놈팡이나 다름없는 스무 살 연상의 홀아비에게 시집을 간 가난하지만 정직하고 양심적인 농민의 딸 복녀의 서글픈 이야기다. 복녀는 무기력하고 무능한 남편을 대신해 생계를 떠맡아 닥치는 대로 일을 하던 중, 먹을거리를 구하기 위해 중국인 왕서방의 채마밭에서 감자를 몰래 캐다가 잡히게 된다.  왕서방의 감자를 도둑질하다 걸렸는데도 오히려 그에게서 용돈까지 받는 내밀한 관계가 되며 잠시 살림살이가 나아지지만, 왕서방이 결혼을 하자 자신의 황금거위 역할을 하는 그를 놓치지 않으려고 난동을 피우다 오히려 황망하게 죽임을 당한다. 그러나 왕서방은 그녀의 남편과 한의사를 매수해 사건을 은폐한다는 결말을 통해 김동인은 식민지 시기 가난한 민중들의 암울한 삶과 서글픈 현실을 비판적으로 그려냈다. 물론 여기서 '감자'는 실제로는 고구마의 한자식 표기인 '감저(甘藷)'를 지시한다고 지적하는 사람들도 있는데, 20세기 중반까지 김동인의 고향인 평양과 북한에서는 고구마를 '감저'라고 불렀기 때문이다. 하지만 1935년 서울에서 출간된 『감자』의 표지에 그려진 꽃은 고구마꽃보다는 감자꽃으로 판단되기에, 당시에 남한 지역에서는 김동인의 소설에 속 작물을 고구마가 아니라

(상단부터) 김동인의 단편소설집 『감자』 (한성도서, 1935), 감자꽃, 고구마꽃

감자로 인식했던 것으로 보인다.

　이러한 용어나 대상의 혼동이나 혼용은 우리나라뿐만 아니라 서구에서도 감자의 도입 초기부터 존재했다. 고구마를 가리키는 한자어 '감저'는 영어의 'sweet potato'의 번역어로 추정되는데, 영어에서는 감자를 'potato'로, 고구마를 'sweet potato'로 부른다는 점에서, 두 작물이 처음 도입되었을 때 상당히 유사한 것으로 파악되었던 것이 분명하다. 또한 신대륙에서 유럽으로 감자를 가져온 스페인 사람들 역시, 감자를 'patata'로, 고구마를 'batata'라고 부른다는 사실 역시 이 두 작물이 유사한 종으로 파악되었던 것으로 추정할 수 있는 단서다. 고구마는 콜럼버스 일행이 제일 먼저 상륙했던 카리브 지역의 아이티 Haiti에서 발견해 곧바로 스페인에 들여온 작물이다. 고구마는 그때까지 서양에 알려지지 않았던 식물이었기에 아이티 원주민들이 부르는 이름 그대로 'batata'라고 소개된 반면, 반세기 후에 도입된 감자는 먼저 들어온 케추아어 이름인 'papa'와 유럽인들에게 이미 알려진 'batata'를 혼합한 신조어 'patata'로 소개되었다. 이와 같이 신조어를 만든 이유는 먼저 들어온 고구마가 귀한 대접을 받고 있었기 때문에 유사하게 생긴 감자를 대중에게 쉽게 알리기 위해 기존의 batata의 이름과 이미지를 활용했다거나 그 과정에서 두 이름을 혼동했기 때문이라는 것이 일반적인 설명이다. 하지만 당시의 정치사회적 상황을 고려한다면 다른 추론도 가능하다. 교황 Pope을 스페인어로는 'Papa'라고 불렀기 때문에 종교개혁과 반종교개혁이 한창이던 당시 신성하고 권위 있는 교황 Papa이 추악하게 생긴 감자 papa로 불리는 것을 피할 목적으로 patata라는 신조어를 만들었을 것이라는 추론도 해볼 수 있다. 마치 동양의 '피휘避諱'처럼 왕이나 절대자의 이름이나 직職을 입에 담는 것을 기피하고 다르게 말하는 방식이 감자에도 작용했을지 모른다.

　이와 같이 감자와 고구마는 각 나라에 전래되었을 때부터 이름이 혼용되거나 혼동을 야기했는데, 우리나라에서도 고구마를 '감저'로, 감자를 '북방감저北方甘藷' 혹은 '마령서'로 불렀을 정도로 두 작물은 비슷하게 취급되었다. 그런 의미에서 '감저'는 두 작물의 통칭으로 쓰였다. 감자라는 이름의 기원과 유래에 대해 살펴보며 고구마와 비교했는데, 중요한 것은 김동인의 소설 속 작물이 감자든 '감저'든 서민의 애환을 담고 있는 구황작물이라는 사실에는 변함이 없다는 점이다. 이제 민생이 도탄에 빠진 절망의 시대에 빈궁한 자들의 배고픔을 조금이라도 줄여주었던 감자의 세계사적 의미를 살펴보겠다.

감자가 동쪽으로 간 이유는?
'슬픈 감자'에서 '홍익인간(弘益人間) 감자'로

앞에서 살펴 본 것처럼, 오늘날 감자는 전 세계적으로 많은 사람들에게 사랑받는 식재료이지만 유럽에서는 오랫동안 '비천한 자들의 음식'이었고, 심지어는 돼지도 감자를 먹지 않는다는 풍문이 있었을 정도로 천대를 받았다. 감자는 1570년에 스페인에 처음 상륙한 후 1585년 무렵에는 영국과 이탈리아, 1587년에는 독일과 벨기에, 1588년에는 오스트리아, 그리고 1600년에는 프랑스 등 17세기 초까지는 대부분의 서유럽 국가에 전해졌을 정도로 빠르게 전파되었지만, 우리나라에서의 전폭적인 수용과는 달리 감자가 유럽인들의 편견을 극복하는 데에는 약 200년 가까운 시간이 걸렸다. 30년도 안 되는 기간 동안 유럽에 빠르게 감자가 확산된 이유는 감자를 접하고 식량자원으로서의 가치를 파악한 식물학자들과 관리들이 서로 감자를 주고받으며 보급시키려고 했기 때문이다. 이들은 주로 귀족이나 궁정에 소속되어 있었기 때문에 초기의 감자 재배는 주로 상층 귀족들의 정원에서 이뤄졌으며, 실용적 목적보다는 관상용이나 학문적 관심이 지배적이었다.

그러나 당시 그것을 실제로 먹고 소비해야 할 대부분의 민중들은 곰보 자국 같은 표면과 난생 처음 본 괴이하고 추한 모습을 보고 두려움과 혐오 감을 느꼈을 뿐 아니라, 감자를 먹고 앓았다는 소문까지 돌면서 공포심마저 생겼다. 감자는 유럽 어디에서도 환영받지 못했고, 따라서 그 효능도 인정 받지 못했다. 심지어 1620년경 영국에서는 감자가 나병을 일으킨다는 소문 이 생겨 프랑스와 벨기에 등으로 퍼져나갔으며, 이후에도 여러 병을 촉발시 키는 악마의 작물이라는 주홍글씨가 감자에 덧붙여졌다. 어떤 이들은 감자 는 성경에 언급된 식물이 아니기 때문에 악마의 식물이라거나 선악과가 사 과가 아니라 실제로는 감자라는 터무니없는 주장을 하며 감자와 마성魔性을 연결시켰는데, 이는 민간에서 감자를 이용해 주술이나 환각 혹은 강력한 최 면 효과를 내는 물질을 제작하는 비법이 횡행했기 때문이다. 이처럼 감자는 유럽에서 불길하고 사악한 작물로 받아들여져 순박한 사람들은 그것을 만 지는 것조차 겁낼 정도였다. 게다가 17세기 중반의 일부 초본학자나 식물 학자들은 뿌리줄기 식물은 과도한 각성 효과가 있어서 몸의 균형을 해치고 피를 부패시키거나 나쁜 피를 만들어 뇌를 상하게 할 수 있다고 경고했다. 특히 당시 유럽인들은 나병이나 피부병, 전염병 등이 불결한 것에서 발생한 다고 생각했기 때문에, 흙투성이의 덩굴줄기 식물인 감자가 나병을 촉발하 는 병원균을 전달하고 있다고 믿으며 노골적인 반감을 드러냈다.

이러한 두려움과 혐오는 과학적으로 전혀 근거가 없지만, 실제로 감자 는 독성이 있어서 감자를 먹고 복통을 앓거나 심지어 생명을 잃은 경우도 있었다. 특히 감자 껍질과 싹에는 솔라닌solanine이라는 독성물질이 있어, 햇 빛에 오래 노출되어 연녹색으로 변한 부분을 먹거나 잘라둔 채로 장시간 방 치해 두어 상하거나 병든 감자를 잘못 먹으면 심한 복통과 구토, 현기증 등 식중독을 일으킬 수 있다. 원래 솔라닌은 병충해로부터 감자와 잎을 보호하 기 위해 분비되는 물질이지만 사람이 먹을 경우 해를 입힌다. 따라서 싹이

싹이 난 감자

햇빛에 노출되어 연녹색으로 변한 감자

났거나 푸른색으로 변하고 쓴맛이 나는 감자는 위험한 독성을 지니고 있기 때문에 문제가 될 수 있는 부분을 충분히 제거해야 하며 보관 시에도 싹이 나거나 초록색으로 변하지 않도록 각별히 주의를 기울여야 한다.

글을 시작하며 언급했던 "감자에 싹이 나서 잎사귀에 감자감자…"로 시작하는 동요는 감자의 독성과 주의 사항 등의 건강 정보를 아이들의 놀이를 통해 쉽고 재미있게 알려준다. 감자의 도입이 늦었던 우리나라는 감자의 문제점과 위험성을 충분히 인지했기에 친숙한 동요와 놀이를 통해 아이들에게까지 싹이 난 감자를 주의하라고 알릴 정도로 대비할 수 있었다. 반면 17세기 유럽에는 이러한 정보나 지식이 전혀 없었기 때문에 (싹이 난) 감자를 먹고 심하게 앓은 사람들을 보며 감자에 대한 막연한 두려움이 커졌고 마침내 많은 사람들이 감자를 기피하게 되었다.

집 떠나면 고생이라는 말처럼, 잉카의 보물이었던 감자는 이처럼 유럽에서 뜻하지 않은 몰이해와 시련을 겪었다. 이는 우리에게 레비스트로스 Claude Lévi-Strauss가 『슬픈 열대 Tristes Tropiques』(1955)에서 제기한 서구의 이분법적인 인종중심주의ethnocentrism와 제국주의 imperialism에 대한 비판을 떠올리게 한다. 아마존 오지의 네 부족이 사는 마을을 탐방한 기록을 담은 이 기행문은 "나는 여행과 탐험가들을 혐오한다(Je hais les voyages et les explorateurs)"라는 문장으로 시작된다. 이 책에서 레비스트로스는 서구가 아마존이나 타 문명을 바라보던 정복자 혹은 지배자의 오만한 시선에 대해 비판하고 반성한다. 당시 서구인들은 자신들이 문명의 정점에 있고, 다른 민족들은 미개하고 발전하지 못했으며 야만적이기 때문에 자신들이 이들을 지배하는 것은 당연하다고 생각했다. 이를 지켜본 레비스트로스는 문명과 야만, 우월과 열등, 발전과 퇴보, 진보와 수구, 지배와 종속, 더 나아가 선과 악, 정의와 불의, 참과 거짓의 이분법적 사고방식이 지닌 허구성과 문명이라는 이름으로 행해지는 폭력과 야만, 비인간적 모습들을 날카롭게 지적했다. 그리고 자신과 다르다는 이유로 타자를 야만적이고 미개하다고 낙인찍고 폄훼하며 타자들을 자신의 방식으로 심판하고 교정하려는 행태에 비애를 느끼며, 이를 '슬픈 열대'라고 표현했다. 그는 서양의 문명이 실제로는 '문명'이 아닐 수 있으며, 미개하다고 무시되었던 아마존의 부족들이 생존에 필요한 탁월한 지혜를 갖추고 있음을 지적했다. 그는 서구 문명이 결코 유일한 문명의 기준이 될 수 없으며, 서구 문명이 아마존의 부족들에게 가한 차별과 문명화 요구는 실제로는 이성의 탈을 쓴 비이성, 문명의 탈을 쓴 야만으로서, 제국주의의 한 양상이라고 규정했다.

이와 같이 자기만의 고유한 존재 방식을 박탈당하고 타자의 편협하고 일방적인 기준에 종속되어 겉도는 아마존 원시 부족의 삶은 우리에게 감자가 유럽에서 당한 수난을 떠올리게 한다. 슬픈 감자! 감자가 독성이 있는 것은 사실이다. 하지만 문제는 감자 자체에 있는 것이 아니라 감자에 독성이 있다는 사실과 감자를 관리하는 방법을 제대로 알지 못했던 유럽인들의 무지와 경험 부족에 있었다. 그럼에도 불구하고 감자를 악마의 선물, 부정하고 음란한 어둠의 자식으로 단죄하고 터부시함으로써 감자가 주는 혜택은 커녕 오히려 고통을 받았다. 감자에 대한 진지한 연구와 수용이 일찍 진행되었더라면 굶주림을 면했을 사람들이었을 텐데 말이다. 그런 의미에서 '슬픈 감자'라는 표현에는 자신들의 지식과 세계의 한계를 알지 못한 채 마치 자신들의 세계관과 지식이 절대적인 것처럼 감자를 부당하게 단죄한 서구인들의 유럽중심주의eurocentrism와 제국주의에 대한 비판이 함의되어 있다.

　다행히도 시간이 지나면서 감자에 대한 오해와 편견은 사라졌다. 물론 200년에 가까운 시간이 걸리긴 했지만 감자는 악마의 식물이라는 오명을 벗고 대중의 음식으로 변화하기 시작했다. 하지만 그것은 서구인들이 합리적으로 해명한 노력의 산물이라기보다는 18세기와 19세기 유럽의 폭발적인 인구 증가와 자연재해로 인해 심각한 식량 부족 사태에 직면하자 각국이 이 문제를 해결하기 위해 감자를 다시 주목했기 때문이다.

　유럽에서 감자를 처음으로 주요 작물로 재배한 나라는 당시 유럽의 최빈국 중 하나였던 아일랜드였다. 1589년 월터 롤리Walter Raleigh 경이 아일랜드에 있는 자신의 영지에 가져와 정원사에게 심게 했다는 설과 1586년 프랜시스 드레이크Francis Drake 경이 들여왔다는 소문도 있지만 이를 뒷받침하는 공식 문서는 확인할 수 없다. 일설에는 롤리 경이 영국에 처음 감자를 들여와 엘리자베스 여왕에게 그 꽃을 바치고 많은 영주들을 자신의 궁정에 초대해 다양한 감자 요리로 향연을 베풀었는데, 이때 감자의 독성을 알지 못했던 조리사가 싹이 난 줄기와 잎을 함께 요리하는 바람에 만찬에 초대되었던 많은 귀족들이 심하게 앓았고, 이후 궁정에서 감자가 금지되었다고 한다.

　하지만 먹을 것이 없었던 아일랜드 서민들에게 이런 이야기는 남의 나라 이야기일 뿐이었고, 감자는 아일랜드에 확산되어 1640년대에는 위클로 주에서 곡물로서 본격적으로 재배되기 시작했다. 감자가 도입되기 이전에 아일랜드의 주식이었던 귀리는 겨울이 되기 전에 바닥이 나서 많은 사람들이 겨우내 굶주림에 시달렸다. 반면에 감자는 겨울과 우기, 여름을 이겨낼 수 있는 거의 유일한 작물이었기 때문에 귀족의 정원에서 나와 가난한 농민들의 밭으로 퍼져갔다. 덕분에 1660년대에서 1670년대에 여러 차례 식량

난이 발생했지만, 감자는 구호 작물로 훌륭히 역할을 했고, 점차 아일랜드 국민의 주식으로 발전해 갔다. 문제는 다른 나라에서는 돼지도 거들떠보지 않는다는 감자를 주식으로 삼게 된 사실의 이면에는 아일랜드의 고난의 역사가 있다는 점이다.

아일랜드는 12세기부터 영국^{England}의 지배를 받았고, 16세기 이후에는 영국의 식민지처럼 변했다. 특히 헨리 8세의 수장령^{首長令1)} 이후 가톨릭을 옹호하는 세력과 신교도 사이에 갈등이 심화되면서 17세기에는 아일랜드 전역이 황폐화되었고, 경제는 영국에 철저하게 예속되었다. 아일랜드의 새 지주가 된 영국인들은 표면적으로는 농업혁신을 감행했지만, 그것을 통해 환금성이 좋은 작물과 수출용 가축의 생산 증대에만 신경을 썼을 뿐, 소작농인 아일랜드 사람들에게는 관심이 없었기 때문에 아일랜드에서 만성 실업과 가난은 일상이 되었다. 19세기의 프랑스 사회학자 구스타브 드 보몽^{Gustave de Beaumont}은 1839년 알렉시 드 토크빌^{Alexis de Tocqueville}과 함께 아일랜드를 여행한 후 다음과 같이 기록했다. "세계 어느 나라에나 극빈자는 있게 마련이다. 그러나 모든 국민이 다 거지인 나라는 아일랜드 외에는 보지

---

1)　수장령(Acts of Supremacy, 首長令): 1534년 헨리 8세가 선포한 법령으로, 이를 계기로 당시까지 우위에 있었던 로마교황청과의 관계를 청산하고 영국 교회들을 국왕의 지배하에 두면서 종교개혁에 참여하게 되었다. 사실 헨리 8세는 왕권을 강화하기 위해 스페인의 공주인 카타리나(Catalina de Aragón)와 결혼했는데, 그녀는 신성로마제국 황제인 카를 5세의 이모이기도 했다. 그러나 그녀와의 사이에 딸 메리만 있었기 때문에 헨리 8세는 자신을 계승할 왕자를 얻기 위해 카타리나와 이혼하고 젊은 애인인 앤 불린(Anne Boleyn)과 결혼하려고 했다. 하지만 유럽의 새로운 패자(覇者)인 카를 5세의 영향 아래 있던 교황은 이혼을 허용하지 않았고, 이에 헨리 8세는 수장령을 발표하여 영국의 교회들을 로마교황청의 지배에서 벗어나 국왕을 수장으로 삼는 새로운 질서를 수립했다. 그런데 이렇게 힘들게 결혼한 앤 불린도 결국 아들을 못 낳고 딸만 하나 낳았기에, 그녀와 이혼하기 위해서 헨리 8세는 앤 불린에게 간통죄를 씌워 처형했다. '천일의 앤'으로 알려진 앤 불린의 딸은 자신의 동생인 에드워드와 이복 언니인 메리의 공포정치를 견디며 살아남아 결국 왕위를 이어받는데, 그녀가 바로 엘리자베스 여왕이다.

못했다. 그런 나라의 사회 상태를 설명하는 데는 그 참상과 고통을 열거하기만 하면 된다. 빈곤의 역사가 바로 아일랜드의 역사이다." 실제로 많은 아일랜드의 가난한 가정은 제대로 된 가구나 부엌세간은 물론 나이프나 포크도 없었다. 그래서 특별한 조리 도구 없이 만들어 먹을 수 있는 감자는 이들에게 손쉽게 요리해서 먹을 수 있는 먹거리였다. 그들은 감자를 삶은 냄비를 곧바로 뒤집어 식탁처럼 사용하거나 바닥에 앉아 손으로 감자를 먹었다. 이로 인해 영국이나 다른 나라에서 온 방문자들에게 감자는 빈민들의 천한 음식으로 보였을 것이고, 아일랜드 사람들은 미개하다는 편견을 가지게 되었다.

그럼에도 불구하고, 만약 감자가 없었다면 영국에 수탈당하고 또 지배층에 수탈당한 아일랜드의 서민들은 무엇으로 연명할 수 있었을까? 빵을 만들 밀은커녕 죽을 쒀 먹을 귀리도 없는 궁핍한 현실에서, 심지어 식탁이나 냄비, 식기는커녕 당장 먹을 것도 없는 비참한 현실에서 그들이 실질적으로 할 수 있는 일은 무엇이었을까? 매너가 사람을 만든다는 말이 있다. 그러나 가난한 서민들에게 식탁 예의를 요구하는 것은 어쩌면 사치일 수도 있다. 그들에게는 무엇보다도 살아남는 것이 중요했다. 그들에게 예의를 갖추고 사람답게 살기를 요구하려면 먼저 그들이 사람답게 살 수 있는 사회적 여건을 가질 수 있도록 영국과 아일랜드의 귀족들에게 가난한 국민들이 정치적·경제적으로 독립할 수 있도록 노동·주거·교육 환경의 개선을 요구했어야 한다. 그러나 현실은 수 세기 동안 영국에 예속된 아일랜드를 위해, 그리고 아일랜드 국민들을 위해 그 어떤 국제적인 관심도 없었다. 다만 전 국민이 빈곤한 국가에서 그들에게 포만감과 위안을 준 유일한 식량은 감자였다. 만약 감자라는 구원자마저 없었다면 그들의 삶은 얼마나 더 팍팍했을까?

이상기후나 천재지변 혹은 인구 증가로 식량 부족이 발생하면 빈곤층은 조금이라도 저렴한 식료품을 찾기 위해 몰리게 되고, 그중에서도 대표적으로 값싸고 흔한 전분성 식료품에 의존할 수밖에 없다. 문제는 전분성 식료품을 장기간 섭취하면 만성적인 영양실조가 발생해 육체적으로나 정신적으로 악영향을 줄 수 있다는 사실이다. 그런데 앞서 언급한 것처럼 감자는 비타민C와 B군, 각종 미네랄 등을 골고루 갖춘 훌륭한 에너지원이어서 이러한 문제를 피할 수 있다. 또한 동일한 면적에서 다른 곡물을 재배하는 경우보다 2~3배나 더 많은 사람들이 먹고 살 수 있을 정도로 생산성이 높은 작물이다. 감자 덕분에 곡물 농사의 흉작으로 인한 기근을 극복할 수 있었다. 즉 감자를 통해 인간은 집단적 아사餓死의 공포에서 어느 정도 벗어날 수 있었다. 그런 의미에서 감자는 널리 인간을 이롭게 한다는 '홍익인간弘益人間'의 이념에 부합하는 작물이다. 바로 여기에 감자의 중요성과 역사적 의의가 있다.

공교롭게도 감자가 유럽에 확산되어 많은 나라에서 주식으로 자리 잡은 1750년에서 1900년 사이에 인구는 폭발적으로 증가했다. 아일랜드의 경우 1700년에는 약 200만 명이었던 인구가 1780년에는 400만 명, 1800년에는 500만 명, 1821년에는 700만 명, 그리고 1845년에는 850만 명으로 급속히 늘어갔다. 물론 여기에는 의학과 기술의 발전, 노동 형태의 변화와 같은 다른 요소들도 작용했을 테지만, 감자를 주식으로 삼은 아일랜드 사람들이 유럽 대륙의 대중보다 영양 상태가 더 좋았고 더 건강했다는 보고가 있을 정도로 감자는 섭생에 중요한 역할을 하며 인간을 이롭게 했다. 유럽농업사의 대가인 슬리허 반 바트는 18세기 후반 감자 재배의 확대로 인구가 급격히 증가했다는 점을 분명히 하면서, 아일랜드와 인접한 스코틀랜드의 고원지대나 프랑스의 알자스 및 보Vaulx에서의 인구성장도 감자의 전래 때문이었다고 설명한다. 연구자들에 따르면 작황과 결혼, 출생, 사망과 같은 인구학적 현상들 사이에는 상관성이 있다. 풍년에는 결혼과 출생이 많으며, 흉년에는 사망률이 높고 결혼과 출생은 줄어든다. 작황과 인구학적 현상들의 상

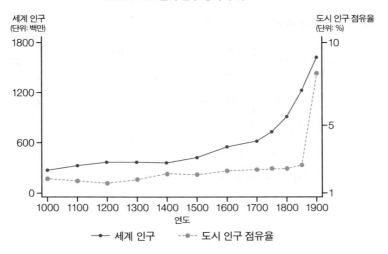

1750~1900년의 인구 증가 추세

세계 인구
(단위: 백만)

도시 인구 점유율
(단위: %)

— 세계 인구   --■-- 도시 인구 점유율

관관계는 특히 산업혁명 이전 시기를 보면 더 확실하게 드러난다. 이것을 거꾸로 생각하면, 19세기 초 아일랜드의 경기는 감자가 도입되기 이전에 비해 나아졌다는 것을 의미하는데, 그 이전의 아일랜드의 경제 현실과 비교할 때 이 같은 변화를 '감자 효과Patato's Effect'라고 해도 좋을 것 같다.

아일랜드에서의 이와 같은 폭발적인 인구 증가를 본 맬서스Thomas Robert Malthus는 식량의 위기를 우려하며 『인구론An Essay on the Principle of Population』을 집필했다. 값싼 감자가 결혼을 부추긴다고 생각한 그는 이 책에서 인구의 자연적 증가는 기하급수적이지만 식량은 산술급수적으로 증가하기 때문에 초과인구로 인한 식량 부족은 필연적이며 빈곤과 갈등은 불가피하다고 주장했다. 그러나 진짜 위기는 인구 증가와 자원의 부족에서만 오는 것이 아니라 대책 없고 무능한 정책에서 온다. 이에 대해서는 잠시 후에 살펴보고, 아일랜드에서의 감자의 성공에 이은 또 다른 성공 사례인 프러시아와 프랑스에서 감자가 대중에 보급된 과정을 살펴보겠다.

전술한 것처럼 감자가 독일에 전해진 것은 1587년이었지만 대부분의 유럽 국가에서와 마찬가지로 감자는 왕족이나 귀족들의 정원에서 관상용으로 재배되었을 뿐 식용으로 서민들에게 보급되지는 않았다. 왕들은 관료들이나 귀족들에게 감자를 보급하라고 의례적으로 권장하면서도 정작 자신들은 먹지 않았기에, 감자는 대중에게 외면받았다.

변방의 작은 왕국에 불과했던 프로이센을 오늘날 독일의 중심으로 발전하도록 초석을 놓은 계몽군주 프리드리히 2세 Friedrich II는 즉위 초기인 1743년부터 만약에 있을지 모를 기근에 대비해 감자를 국민들에게 어떻게 보급할지를 고심했다. 그 당시 감자는 맛없고 인기도 없었기에 가축의 사료로만 사용되었기 때문이다. 그래서 매일같이 감자를 먹으며 모범을 보였고, 맛있는 조리법을 개발해 군대와 관료들에게 보급했지만 여전히 민간에서는 많이 재배되지 않았다. 그래서 그는 감자를 보급시키기 위해 소작농들이 잘못을 하면 벌을 주는 대신 감자를 심게 했으며, 1756년 3월 24일에는 새롭게 영토로 편입된 실레지아에서 농부들에게 감자 재배를 제일 먼저 하게 하는 '감자령 Kartooffelbefehl'을 선포했다. 이러한 노력의 결과 프리드리히 2세는 '감자대왕'이라는 별칭을 얻게 된다. 전해오는 이야기에 따르면 감자 보급이 더디자 프리드리히 2세는 특단의 조치를 취했다고 한다. '감자는 오직 높은 신분의 귀족만 먹을 수 있는 귀한 음식이므로 평민이나 하급 귀족은 먹을 수 없다'고 감자 금지령을 선포하고 낮에는 군대를 보내어 밭을 삼엄하게 경비하게 하고 밤에는 모두 철수시켰다. 이에 호기심을 느낀 사람들이 밤에 몰래 감자밭에 들어가 귀족이 먹는 귀한 감자를 캐 한두 자루씩 듬뿍 가져갔고, 이렇게 해서 프로이센과 독일에 감자가 널리 보급되었다고 한다. 농담 같은 이 이야기가 실제 있었던 일임을 확인시켜 준 사람은 프랑스에 감자를 보급시킨 파르망티에 Antoine-Augustin Parmentier다.

파르망티에는 루이 15세와 루이 16세에게 인정받는 신하였으며 나폴레옹 시대에는 보건장관을 역임했을 정도로 유능한 전문가였다. 그가 평생을 감자에 미쳐 살게 된 계기는 군의관으로 참전한 프러시아와의 7년 전쟁 (1756~1763)에서 그의 부대가 프리드리히 2세의 군대에 참패해 프로이센군의 포로가 되면서다. 그는 거기서 난생 처음으로 감자라는 작물을 알게 되었고, 구호 작물로서 감자의 영양적 가치를 깨달았다. 또한 감자로도 맛있는 요리를 할 수 있다는 것과, 프로이센군으로부터 프리드리히 2세가 감자를 보급했던 방법에 대해서도 전해 들었다.

전쟁이 끝나고 무사히 프랑스로 귀환한 파르망티에는 즉시 영양학을 공부하면서 감자에 대해 연구했다. 그는 감자의 조리법과 독성에 대해 연구하는 한편, 프랑스 제빵학교를 설립하고 감자 수프를 빈민들에게 무료로 배급하는 등 감자 보급에 앞장서서 루이 16세의 신임을 얻었다. 또한 감자 수프, 감자 전채前菜, 감자빵, 감자 샐러드, 감자 쿠키 등 감자를 재료로 하는 다양한 메뉴를 개발해 귀족들과 상류층의 관심을 받았다. 그 사례로 파르망티에가 감자를 홍보하기 위해 왕과 왕비에게 단추에 감자꽃을 꽂도록 권했고, 그 제안을 받아들인 마리 앙트와네트가 머리를 직접 감자꽃으로 장식을 해 귀족들과 시민들의 관심을 끈 일이 있다.

그럼에도 불구하고 민중들은 여전히 감자를 기피했다. 파르망티에는 자신이 프로이센 군인들에게 들었던 대로 프리드리히 2세가 감자를 보급한 방법을 실행하기를 루이 16세에게 건의했고, 1786년 루이 16세는 그의 건의를 받아들여 그대로 실행했다. 그런데, 정말로 많은 사람들이 밤에 몰래 왕의 식물원에 들어와 감자를 가득 가져가 직접 재배하거나 조리해서 먹는 일이 일어났다. 이와 같이 파르망티에는 감자에 대한 대중의 편견을 극복하는 것과 감자를 싸고 맛있고 무탈하게 보급하는 데 평생 혼신의 힘을 기울였다. 이렇게 감자는 아일랜드의 동쪽에 있는 프러시아와 프랑스에서 구휼 작물로 시작해 그 나라의 주식으로서 확실하게 자리 잡았다.

그러나 영국에서 감자가 보급된 것은 아일랜드나 프랑스, 프로이센의 경우와는 많이 달랐다. 감자에 대한 뿌리 깊은 편견으로 인해 영국에서는 1770년대까지 감자 경작이 거의 이뤄지지 않았다. 18세기 후반 산업혁명이 진행되면서 기존의 농업 방식으로 식량을 생산하고 공급하는 데 한계가 드러났다. 도시로의 인구 유입과 농업인구의 감소, 그리고 인구 증가로 인해 식재료 및 식품에 대한 수요가 공급을 앞지르게 된 것이다. 따라서 영국은 다른 유럽 국가들과 달리 농촌이 아니라 도시에서부터 기존의 식재료를 대체할 수 있는 감자에 대한 수요가 확대되었다. 한 예로 당시 공업도시였던 맨체스터와 리버풀을 연결하는 운하를 통해 당시로서는 엄청난 양인 연간 4500톤의 감자가 공급되었는데, 농촌에서 생산한 만큼 도시에서 소비하는 것이 아니라 반대로 도시에서 소비해야 할 만큼 농촌에서 공급해야 했다. 수요가 공급을 창출한다는 말처럼 새로운 환경 속에서 감자는 산업혁명 시대의 총아가 되었다. 이와 더불어 감자는 영국에서 '모든 계층을 막론하고 빵을 대신할 수 있는 가장 중요한 음식'으로 인식되기 시작했다. 때마침 1793년부터 1814년까지 거듭된 흉년으로 밀과 주요 곡물들의 작황이 나빠지며 영국에는 심각한 기근이 발생했고, 영국 정부는 감자를 보급해 이 위기를 타개하기 위해 감자 홍보에 열을 올렸다. 그러나 그 홍보 대상이 하층 계급에 집중되었다는 점이 문제였다. 솔선수범해 감자를 먹는 모습을 보이던 프로이센의 프리드리히 2세나 프랑스의 루이 16세와는 달리 영국의 왕족이나 귀족 그리고 고위 관료들은 자신은 먹지도 않는 감자를 하층민들에게 먹으라고 설득했던 것이다. 산업혁명을 거치며 기술적으로는 세계 선진국으로 도약한 영국이었지만 감자에 대한 인식은 여전히 16세기 수준을 벗어나지 못했기에 감자는 불쌍한 사람들이나 먹는 음식이라는 생각을 은연중에 노출시킨 것이다. 물론 산업혁명의 끝자락인 19세기 중반에 이르면 이제 감자는 모든 사람들이 즐기는 국민 요리로 발전한다. 그리고 영국과 프랑스 등의 열강이 통치했거나, 이들과 교역한 지역들을 중심으로 감자가 경작되면서 오늘날에는 옥수수와 쌀 그리고 밀과 더불어 세계 4대 작물로 발전했다.

감자는 자연재해로 인한 기근으로 고통받던 인류에게 희망의 빛을 던진 것처럼 보였다. 그러나 감자가 인간의 모든 민생고와 배고픔을 해결해 줄 수 있는 절대적인 방책은 아니었다. 감자에 대한 지나친 의존은 인류를 굶주림으로부터 해방시키는 대신 감자에 더욱 예속시켰다. 한 작물에 절대적으로 의존하고 맹신할 경우 어떤 결과가 발생할 수 있는지를 아일랜드 대기근(1845~1851)은 보여준다. 앞에서 말했듯이 아일랜드는 당시 주식이었던 귀리의 대체 작물로서 1640년대부터 감자를 경작하기 시작해 1780년경에 이르면 감자가 없는 삶을 상상할 수 없을 정도로 절대적인 비중을 차지했다. 약 850만 명의 인구 가운데 150만 명이 넘는 품삯 노동자와 그 가족들은 감자 외에는 다른 먹을거리를 가지고 있지 않았으며, 300만 명이 넘는 소작농과 가족들 역시 감자에 대한 의존도가 높았다.

그런 상황에서 1845년 유럽에 치명적인 감자마름병이 돌기 시작해 많은 나라에서 심각한 피해가 발생했다. 아일랜드는 그때까지 감자마름병을 겪어보지 못했기 때문에 아일랜드의 감자는 저항력이 없었고, 농부들은 위기 상황에 대처할 수 있는 경험이 없었다. 이 마름병은 1843년 뉴욕을 중심으로 한 미국의 동부 해안지대에서 처음 발견됐는데, 1845년에는 중서부까지 퍼져나갔다. 이 병의 원인인 진균은 습한 환경에서 번식하거나 바람이나 물을 통해 포자를 퍼트리며 증식했다. 1845년 초여름 플랑드르 지방에 상륙한 감자마름병은 9월 초에는 아일랜드, 10월 중순에는 남프랑스, 스위스, 독일 동부 등으로 점점 확산되어 갔다. 플랑드르 지방에서는 감자 생산의 4분의 3 정도가 폐기되었는데, 이 지역에서는 기존의 산업들이 위축되면서 오랫동안 경제불황이 이어졌던 터라 이 지역에서만 수만 명이 아사했다.

아일랜드는 8월에 이미 한 차례 큰 수확을 했기 때문에 10월 둘째 주까

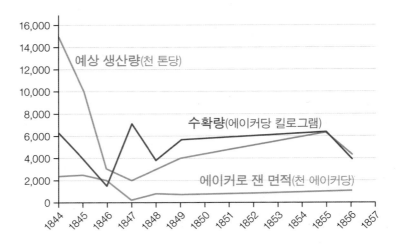

아일랜드 대기근(1845~1852) 동안 감자 수확량의 변화

지 이 병에 대해 전혀 알지 못했으나, 10월에서 11월 사이에 수확하는 주작물이 전염된 지역에서는 생산량의 3분의 1 이상이 썩었으며, 수확 후 저장해 놓았던 감자마저 썩어버려 피해는 셀 수 없을 지경이 되었다. 결국 그해 감자마름병으로 인한 감자의 작황은 전해의 7분의 1 수준으로 줄어들었다. 게다가 감자마름병에 대한 경험이 없던 당시의 식물학자들이 이 병을 단순히 습기로 인한 것으로 잘못 진단하면서 피해가 커졌다. 그러나 이것은 대기근의 출발점에 불과했다. 대기근은 두 번에 걸쳐 발생했는데, 1846년에서 1847년 사이에 있었던 1차 대기근과 1848년에서 1851년까지 이어졌던 2차 대기근이다. 이 기간 아일랜드에서만 약 100만 명의 아사자와 100만 명의 해외 이민자가 발생했으며, 유럽 전역에서도 최소 300만 명에서 최대 400만 명이 목숨을 잃었다. 여기에는 대기근 동안 창궐한 전염병으로 희생된 사람들의 수도 포함되어 있는데, 전염병은 대기근으로 인한 면역력 저하나 영양부족과 관련이 있다. 1851년의 인구조사에 의하면 두 차례의 대기근으로 아일랜드 인구의 4분의 1이 줄었으며, 1741년 기근 이후 감자 작황에 지나

치게 의존해 왔던 아일랜드 농업과 경제, 그리고 통치시스템은 치명적으로 파괴되었다.

사태가 심각해지자 아일랜드를 통치하고 있던 영국 정부는 공공사업이나 무료 급식소 운영을 통해 형식적인 지원을 했다. 그러나 그들이 내놓은 관료주의적이고 탁상공론적이며 비효율적인 대책들은 사태를 실질적으로 해결하지 못했고, 각지에서 소요와 민란이 이어졌다. 희생자가 컸던 데에는 정부의 무능력이 가장 큰 원인이었다. 표면적으로 영국 정부는 구제책을 적극적으로 제시할 경우, 빈민들이 더 게을러지고 정부에 더 의존적이게 될 것이라는 도덕적 해이를 염려했다. 그러나 실제로는 자신들의 경제적 기득권이 훼손될 것을 우려한 것이었다. 아일랜드의 폭발적 인구 증가와 기득권자들의 무능에 대해 안 좋은 시선을 가졌던 영국인들에게는 이런 대기근으로 희생되는 사람들은 어차피 빈민들이거나 말단 관리에 불과했기에 구제에 소극적이었다. 실제로 영국 정부가 아일랜드에 구제비로 지출한 돈의 절반 이상은 아일랜드가 되갚아야 할 차관 형태였다. 이러한 현실에 환멸을 느낀 많은 젊은이들은 아일랜드를 떠나 혈혈단신으로 대서양을 건너는 배에 몸을 실었다. 대기근 동안 미국으로 이민을 떠난 100만 명을 포함해 10년 동안 약 180만 명의 아일랜드 사람들이 조국을 떠났다. 그들은 인간 화물 취급을 당하며 목숨을 걸고 바다를 건넜다. 그때까지 미국이나 캐나다로 이주한 아일랜드 사람들의 수보다 두 배나 많은 사람들이 불과 10년 사이에 조국을 등졌을 정도로 그들은 조국에 배신감을 느꼈다.

아일랜드는 유럽에서 제일 먼저 감자를 적극적으로 받아들여 주식으로 활용했던 국가이지만 역설적이게도 바로 그 감자의 흉작으로 인해 역사적인 대기근을 겪으며 수백만 명이 희생되었다. 그렇다면 아일랜드 대기근의 원인을 감자마름병, 즉 감자에서 찾을 수 있을까? 당연히 아니다. 감자마름병은 감자가 흉년이 들었던 원인이었지만 대기근이 발생한 원인은 아니다.

감자의 생산량이 줄어 식량이 줄어든 것은 분명하지만, 만약 정부가 제대로 된 정책을 세우고 구호 시스템이 효율적으로 작동했다면 많은 생명들을 구할 수 있었을 것이다. 따라서 아일랜드 대기근의 진짜 원인은 아일랜드를 수백 년간 착취해 다른 생산수단이나 먹을거리를 가질 수 없게 만든 식민 시스템과 비효율적인 정책에 있다고 할 수 있다. 결국 인간을 구하는 것은 인간이며 그 바탕에는 선하고 효율적인 정책이 있어야 한다는 사실이 아일랜드 대기근이 주는 교훈이다.

컬럼비아의 교환

빈센트 반 고흐의 〈감자 먹는 사람들〉은 어느 시골 농가의 저녁 모습을 사실적이고 담담하게 그리고 있다. 가난하지만 사랑이 가득 느껴지는 이 그림의 주인공은 평범한 농촌 마을의 가족들과 김이 모락모락 나는 따끈따끈한 감자이다. 노동에 지친 아내에게 감자를 건네는 남편의 모습에서 가난에 지친 빈농의 모습 대신 자애로운 남편이자 가장의 모습을 볼 수 있다. 이처럼 감자는 투박하지만 진실한 삶과 잘 닿아 있다.

헨리 홉하우스Henry Hobhouse는 감자를 말라리아 치료제이자 해열진통제의 원료인 키나나무Quinine, 사탕수수, 면화 그리고 차茶와 더불어 인류의 삶을 바꾼 중요한 씨앗이라고 지적했다. 이 중 곡물이라고 할 수 있는 것은 감자 하나뿐이다. 곡물 생산량으로 보면 옥수수나 쌀, 밀이 더 많지만 이것들이 아니라 감자가 그런 영예를 안았다는 것은 인류가 감자에 큰 빚을 지고 있다는 의미일 것이다. 그런데 만약 감자가 없었다면 먹을 것이 없는 가난한 서민들은 도대체 무엇을 먹으며 엄동설한을 견디고 보릿고개를 넘을 수 있었을까?

리들리 스콧Ridley Scott 감독의 2015년 영화 〈마션The Martian〉은 화성 탐사

빈센트 반 고흐,
<감자 먹는 사람들>(1885)

중 조난을 당하고 홀로 남겨진 식물학자이자 기계공학자 마크 와트니의 화성 생존기를 다루고 있다. 모래 폭풍을 만나 조난을 당하자 다른 동료 대원들은 그가 죽은 줄 알고 귀환했고, 간신히 기지로 돌아온 주인공 마크가 제일 먼저 한 일은 감자를 심어서 재배한 것이다. 그가 감자 재배를 제일 먼저 한 이유는 가지고 있는 식량은 얼마 남아 있지 않은 상황에서 감자야말로 화성의 척박한 조건에서 살아남을 수 있는 거의 유일한 작물이었기 때문이다. 실제로 1995년 10월 나사의 연구 팀은 컬럼비아호에서 무중력 상태에서 감자를 재배하는 실험을 해 성공했다. 이처럼 언젠가는 영화 〈마션〉에서처럼 화성에서도 감자를 재배하는 일이 가능해질지도 모른다.

1492년 10월 12일, 콜럼버스는 오늘날 바하마 제도에 첫발을 내딛음으로써, 마치 닐 암스트롱이 달에 첫발자국을 내딛은 것처럼 인류 역사에 새로운 장을 연다. 그는 자신이 상륙한 곳이 신대륙이라는 사실을 모르고 인도로 가는 길에 있는 섬이라고 생각했다. 콜럼버스는 그곳 원주민들을 '인디오'라고 부르고 그곳의 다양한 특산물들을 가져왔다. 이러한 아메리카 대륙과 유라시아 대륙의 동식물을 포함한 자원의 교환을 '콜럼버스의 교환

Columbian Exchange'이라고 부른다. 대표적인 사례로 아메리카에서 유럽으로 건너온 것은 옥수수와 토마토, 감자, 담배, 카카오, 고구마, 파인애플, 피망, 파파야, 파인애플, 선인장 등이 있으며, 유럽에서 아메리카로 건너간 것은 양파, 올리브, 배, 포도, 소, 말, 돼지, 양 등이 있다. 이러한 동식물들은 신대륙과 구대륙 간의 점증적인 문화적 교류에 의해 오늘날에는 세계인들이 애용하는 산물이 되었다. 하지만 감자처럼 문화적 장벽을 넘는 데 큰 어려움을 겪었던 작물들도 있다.

안데스산맥의 고산지대에서 자라다가 그곳 주민들에게 경작되었고, 또다시 스페인 사람들에 의해 유럽에 전해진 감자는 처음에는 유럽중심주의적 편견들로 그 진가를 인정받지 못했다. 그렇게 거의 200년 가까이 방기되었지만 그 후 200년도 되지 않은 사이에 세계 4대 작물로 성장한 감자는 이제 안데스의 보물에서 세계의 보물이 되었다. 그리고 스페인과 이탈리아, 네덜란드, 영국, 벨기에, 프랑스, 독일, 오스트리아, 포르투갈 등을 거쳐 우리나라에 들어와서도 고향에서와 마찬가지로 고난의 시기에 배고픈 서민들의 든든한 동반자가 되었다. 만약 감자가 없었다면 헐벗고 굶주린 백성들은 어떤 방법으로 주린 배를 채우고 또 위안을 얻을 수 있었을까? 강원도의 화전민들은 또 무엇을 먹으며 수탈의 시대를 견딜 수 있었을까? 어떤 의미에서 안데스의 보물이었던 감자가 넓은 세상으로 나온 이유는 절망에 빠진 이들에게 일용할 양식이 되어 그들을 기아와 절망에서 구원하기 위함이 아니었을까. 그런 의미에서 감자는 인간을 이롭게 하는 홍익인간의 이념에 가장 잘 부합하는 작물이다.

문화의 유일한 존재 방식은 교류이다. 교류한다는 것은 '서로 다른 물줄기가 섞여 흐른다'는 것이다. 흐르지 않는 물, 섞이지 않는 물줄기, 즉 자신만의 순수성을 지나치게 강조하고 타자를 백안시하거나 자신보다 열등하다고 무시하는 오만과 독선은 이러한 교류를 가로막는 장벽일 것이다. 그

극단적인 모습이 문화적 갈라파고스화 현상일 것이다. 자기만의 특수성, 혹은 자기만의 우월성과 순수성에 빠져 남들과 교류하고 섞이기를 거부한 결과는 진화 과정에서 고립되는 것이다. 만약 감자가 유럽의 문화적 장벽에 가로막히지 않았더라면 더 많은 사람들이 감자의 혜택을 누렸을 것이며 보다 건강하고 활기차게 살아갈 수 있었을지도 모른다.

　　후당 시대의 대선사인 조주趙州 선사의 간화선看話禪을 담은 『조주록趙州錄』에는 '달마가 서쪽에서 온 까닭은 무엇인가?'라는 화두가 있다. 조주 선사에게 한 제자가 이와 같이 물었다. 이에 스승은 "뜰 앞에 잣나무니라"라고 답했다. 우문이겠지만 선사의 제자처럼 감자가 잉카로부터 동쪽으로, 우리나라로 온 까닭은 무엇일까 자문한다. 감자가 의지가 있는 생명체이거나 커다란 신의 섭리로 세계를 일주했을 리는 없겠지만, 앞에서 언급한 고흐의 그림에서처럼 감자는 늘 가난하고 배고픈 사람들과 함께하면서, 그들의 삶의 현장 속 '지금-여기'에 자양분을 준다. 세상을 살아가는 힘을 준다. 널리 인간을 이롭게 하는 것, 어쩌면 그것이 감자의 존재 방식일 것이다.

참고문헌

그레이, 피터. 1998. 『아일랜드 대기근』. 장동현 옮김. 시공사.
노리오, 야마모토. 2019. 『감자로 보는 세계사: 문명·기근·전쟁』. 김효진 옮김. AK커뮤니케이션즈.
슬리허 반 바트, 베르나르트. 1999. 『서유럽 농업사 500-1850년』. 이기영 옮김. 까치글방.
신호철. 2009. 『귀츨라프행전: 감자와 함께 복음을 전해준 한국 최초 선교사』. 양화진선교회.
와타나베 마리. 2019. 『세계사를 품은 스페인 요리의 역사: 로마제국에서 신대륙 발견으로』. 권윤경 옮김. 따비.
전수미. 2004. 『감자: 세계인의 주식, 감자에 관한 모든 것』. 김영사.
주커먼, 래리. 2000. 『감자 이야기: 악마가 준 선물』. 박영준 옮김. 지호
허호익. 2009. 『귀츨라프의 생애와 조선선교활동』. 한국기독교역사연구소.

Hobhouse, Henry. 1986. *Seeds of Change: Five Plants That Transformed Mankind.*

New York: HarperCollins Publishers.

Nunn, Nathan and Nancy Qian. 2011. "The Potato's Contribution to Population and Urbanization: Evidence From A Historical Experiment." *The Quarterly Journal of Economics*, Vol.126, No.2, pp.593~650.

웹사이트

https://commons.wikimedia.org/wiki/Solanum_tuberosum#/media/File:Potato_fruits.jpg

https://commons.wikimedia.org/wiki/Vincent_van_Gogh?uselang=ko#/media/File:Van-willem-vincent-gogh-die-kartoffelesser-03850.jpg

https://en.wikipedia.org/wiki/Great_Famine_(Ireland)

https://es.wikipedia.org/wiki/Solanum_tuberosum#/media/Archivo:Potato_sprouts.jpg

https://es.wikipedia.org/wiki/Titicaca#/media/Archivo:Lake_Suches.png

https://upload.wikimedia.org/wikipedia/commons/b/b9/Potato_flowers.jpg

메소아메리카의 문명 작물, 옥수수

아메리카 대륙에는 감자, 고구마, 강낭콩, 유카 등 유럽 문명이 들어오기 전 사람들을 먹여 살린 여러 작물들이 있었다. 그중에서도 옥수수는 메소아메리카 Mesoamérica, 더 나아가서는 아메리카 대륙 전체의 문명 작물로 꼽을 만하다. 스페인 정복 이후 밀과 쌀이 들어오면서 주식에서 차지하는 비중이 줄기는 했지만 아직도 멕시코와 중앙아메리카 지역에서는 옥수수 토르티야 tortilla가 주식이며, 라틴아메리카 전역에서 옥수수를 재료로 한 음식과 음료들은 널리 만들어지고 일상적으로 향유되고 있다. 이뿐만 아니라 옥수수는 아메리카에서 세계로 퍼져나가 현재 세계에서 가장 많이 생산되는 곡물이 되었다.

옥수수는 지금으로부터 약 9000년 전 메소아메리카에서 야생풀 '테오신테 teocinte'를 개량해 농작물화되었다. 옥수수를 수확해서 가공하지 않고 단순히 익혀 먹으면 영양적으로 부족한 부분이 많지만 나무 재, 조개껍질, 석회 등 알칼리 성분으로 처리해 맛과 영양을 보강하는 방법이 개발되어 메소아메리카의 인구를 지탱하고 여러 문명이 만들어질 수 있게 되었다. '닉스타말법nixtamalization'이라고 불리는 이 알칼리 처리법의 발명은 옥수수의 역사에서 옥수수가 농작물화된 것만큼이나 중요한 사건이라고 할 수 있다.

한국에서도 물론 옥수수를 친숙하게 여기지만 여름 간식, 과자나 가공식품의 원료로 받아들이는 정도라서 닉스타말법의 정의와 그 중요성, 그리고 옥수수를 활용한 라틴아메리카의 일상적인 음식이 무엇인지에 대해서는 잘 알려지지 않았다. 이 글을 통해 메소아메리카에서 이루어진 닉스타말의 발명과 전파, 그리고 옥수수를 활용한 대표적인 음식과 음료는 무엇이 있는지 개괄해 보고자 한다. 너무 보편적인 식재료라 라틴아메리카 각 지역이나 나라별로 존재하는 옥수수 음식을 모두 언급할 수는 없지만 대략적인 틀은 제시해 볼 수 있으리라 믿는다. 글의 말미에서는 옥수수가 주식인 이 지역에 1990년대 중반 등장한 GMO(유전자변형농산물) 경작과 GM 옥수수가 어떠한 변화를 초래했고, 이에 대한 대응은 어떠했는지 살펴본다. 또한 대두에 이어 옥수수와 밀까지 GMO 경작을 시도하려는 아르헨티나와 최근 GMO를 전면 금지하며 유전자 자원과 국내 농업을 보호하려는 조치를 내린 멕시코의 경우를 함께 살펴보며 옥수수에 담긴 라틴아메리카의 농업과 식문화, 종다양성의 의미를 생각해 보는 기회를 갖고자 한다.

옥수수의 진화, 테오신테에서 옥수수로

옥수수의 기원은 북미에서 중앙아메리카에 걸쳐 분포하는 야생식물인 테오신테Zea perennis를 그 선조로 해서 오랜 시간 개량되어 약 9000년 전 지금의 모습을 갖게 된 것으로 본다. 유전학자들은 여러 야생종 테오신테 중 지금의 옥수수와 염색체가 가장 유사한 종이 분포하고 있는 곳을 찾는 방식으로 옥수수로 개량된 위치를 좁혀가며 현재 멕시코 남서부 게레로주 발사스Balsas강 근처를 옥수수의 고향으로 지목했다.[1]

파종하면 90일 만에 자라고 복잡한 농법 없이도 잘 자라는 옥수수는 콜럼버스 이전 2000만 명에 달하는 메소아메리카의 인구를 지탱하는 데 기여하고, 그 지역의 문명 발달을 가능하게 한 근원이었다. '메소아메리카'라는 개념은 독일의 인류학자 폴 키르히호프 Paul Kirchhoff가 제시한 것

왼쪽은 테오신테, 오른쪽은 옥수수,
가운데는 두 종의 교잡종.
(사진: John Doebley)

으로, 지리적인 구분이 아니라 문화적·인류학적 구분이다. 그리스어로 중간을 뜻하는 '메소meso'라는 접두어에 대륙의 이름인 '아메리카America'를 결합해서 만든 단어로, 오늘날의 멕시코 중서부에서 중앙아메리카의 과테말라, 엘살바도르, 벨리즈, 온두라스, 니카라과, 코스타리카 지역을 아우른다. 이 지역들은 아메리카 대륙의 '중간부'를 차지하고 농업 발전, 옥수수 재배, 달력 사용, 종교적 의식에 있어서 공통점을 가지고 있다.[2] 올멕, 테오티우아칸, 마야, 톨텍, 아즈텍 문명이 메소아메리카 지역에서 만들어졌으며, 식

1)   https://www.biodiversidad.gob.mx/diversidad/alimentos/maices/teocintles/Zea/Balsas
2)   María Adriana Dander Flores, *Historia de México I*(México: SM de ediciones, 2014), pp.102~103.

문화라는 측면에서 이곳 사람들은 옥수수 외에도 강낭콩, 토마토, 호박, 고추, 카카오, 아마란스 등을 작물화했고, 칠면조를 가축화한 공이 있다.

옥수수는 이토록 중요한 작물이었으므로 메소아메리카를 거쳐간 문명에는 모두 '옥수수 신'이 있었다. 여기서 더 나아가 과테말라의 마야-키체인에게는 인간이 옥수수로 만들어졌다는 신화가 생생히 기록으로 남아 있다. 키체인들의 창세기이자 신화인 『포폴 부 *Popol Vuh*』는 스페인에 정복당한 뒤 익명의 키체인이 마야어를 스페인어 알파벳으로 기록해 둔 것으로, 이후 스페인어로 번역된 책이다. 마야인의 독특한 세계관과 낯선 고유명사들의 홍수 속에서 내용을 온전히 이해하기 쉽지 않지만, 신이 여러 재료를 써가며 인간을 만들다 실패를 거듭한 뒤 마지막으로 옥수수를 사용해 인간을 만들어낸 이야기는 선명하게 읽어낼 수 있다.

『포폴 부』의 인간 창조 부분을 보면 여우, 코요테, 앵무새, 사슴이 신들에게 흰 옥수수와 노란 옥수수가 있는 장소를 알려주자 신들은 먹을 수도 있고 인간을 만드는 재료가 되는 옥수수를 찾아낸다. 신은 물을 사용해 피를 만들었고, 흰 옥수수와 노란 옥수수를 아홉 번 갈아서 음식을 만든 뒤, 물을 넣어 옥수수를 갈자 그 반죽에서 인간의 팔다리가 만들어졌다. 그렇게 만들어진 네 명의 남자, 발람 키체, 발람 아캅, 마후쿠타, 이키 발람이 마야-키체인의 조상이 되었다. 그들은 잘생기고 혜안을 가지고 있어 보이는 것 너머의 것을 볼 수 있는 능력을 갖추었으나, 신은 인간의 뛰어난 능력을 탐탁지 않게 여겼다. 인간들의 지식과 지혜가 늘어났지만 자손을 낳을 생각을 하지 않자 신들은 인간들이 신처럼 위대해질 것을 염려했다. 결국 신은 인간의 눈을 흐리게 하고 지혜를 가져간 뒤 네 남자의 부인이 될 여자들을 창조했다.[3]

---

3) *Popol Wuj*, translated by Sam Colop(Guatemala: F&G Editores, 2012), pp.111~118.

멕시코의 토착 옥수수 홍보 포스터(출저: 멕시코 국립 생물다양성 기구 홈페이지)

　몇 가지 특정 품종의 옥수수만 키우는 한국에서는 옥수수의 모양이나 색이 제한적이지만 『포폴 부』의 인간 창조 신화에 나오는 것처럼 옥수수의 원산지인 멕시코, 과테말라, 페루 등에서는 가장 기본인 흰색이나 노란색 옥수수 외에도 검은색(푸른색), 붉은색, 자색 등으로 다양하고, 한 옥수수에 여러 색이 섞인 것도 흔히 볼 수 있다. 아메리카 대륙 전역에서 자라는 옥수수는 220여 종이 넘으며, 멕시코가 64개 품종으로 가장 많고(그중 59개가 멕시코 영토의 토착종이다),[4] 색깔이나 모양, 크기도 아주 다채롭다. 옥수수는 기원전 3000년경에 멕시코에서 남아메리카의 페루로 전파되었으며,[5] 페루 역시 50개가 넘는 품종이 있어 또 다른 옥수수 중심지로 간주될 만하다. 카

---

4)　https://www.biodiversidad.gob.mx/diversidad/alimentos/maices/razas-de-maiz.

5)　찰스 B. 헤이저 2세, 『문명의 씨앗, 음식의 역사』, 장동현 옮김(가람기획, 2000), 147쪽.

리브해 지역 역시 콜럼버스 이전에 이미 옥수수가 전파되어 활발히 경작되었으며, 콜럼버스는 첫 번째 항해 당시 쿠바에서 옥수수가 심어진 광경을 목격하고 기록으로 남겨두기도 했다. 그는 옥수수를 처음 보았으나 새로운 작물이라고 생각하지 못하고 기장이 심어져 있다고 묘사했다.[6] 그곳의 원주민이었던 타이노인들이 옥수수를 부르던 이름이 '마이스mahis'였고, 이후 이 이름은 옥수수의 학명인 제아 마이스*Zea mays*, 옥수수를 지칭하는 스페인어 '마이스*maíz*'와 영어 '메이즈maize'로 남았다.

닉스타말의 발명과 메소아메리카

메소아메리카가 메소아메리카가 될 수 있었던 것, 즉 많은 인구를 먹여 살리고 수준 높은 여러 문명을 만들 수 있었던 것은 농작물화한 옥수수를 수확해 알칼리 성분으로 처리하는 방법을 발명한 덕분이었다. 옥수수는 기본 주식이 되기에는 영양소가 부족해서 옥수수만 섭취하면 영양결핍이 되고, 심하면 피부가 괴사하는 질병인 펠라그라pellagra에 걸릴 수 있다. 아메리카 대륙에서 들여온 옥수수를 재배해서 단순히 익히거나 가루로 내어 죽으로 먹을 줄만 알았지 알칼리 처리 과정은 꿈에도 몰랐던 유럽인들, 특히 18~19세기 이탈리아 농민들은 옥수수를 주식으로 먹으면서 니아신(비타민 B3) 결핍이 생겨 펠라그라로 고통받았고, 이후 이 병을 연구하면서 그제서야 원주민들의 옥수수 섭취 방식에 다른 점이 있다는 사실이 알려지게 되었다.

---

6)   크리스토퍼 콜럼버스, 『콜럼버스 항해일지』, 바르톨로메 데 라스 카사스 편저, 정승희 옮김(나남, 2022), 67쪽. 콜럼버스는 10월 16일 일지에서 기장이라는 뜻의 '파니소(panizo)'라는 단어를 써서 옥수수에 대해 기록했다. 자세한 묘사나 사진 기록이 없기 때문에 '그가 본 것이 과연 옥수수였을까?' 하는 의문이 들 수도 있지만 많은 학자들은 이것을 옥수수로 확정 짓고 이를 옥수수에 대한 유럽인의 첫 기록으로 간주한다.

알칼리 성분으로 옥수수의 맛과 성분을 변화시키는 방법이 구체적으로 언제 발명되었는지 알 수 없지만 이와 관련된 가장 오래된 유적은 기원전 800년에서 1000년 사이의 것으로, 과테말라 서쪽 라블랑카La Blanca 염전 근처의 마야 유적지에서 발굴된 수많은 항아리와 박의 내벽에 알칼리 성분이 침윤되어 있었다고 한다.[7]

알칼리 처리법은 과거에는 나무 재나 조개껍질을 사용했고, 현재는 석회를 사용한다. 몇 년 전 멕시코 유카탄 지역을 여행했을 때, 석회석으로 지은 수많은 피라미드들이 있었고 피라미드를 찾아가는 비포장도로에는 석회석 조각들이 널려 있어 무수한 피라미드와 석회, 옥수수를 연결 지어 생각해 볼 수 있었다. 물론 현재 옥수수 조리에는 석회석을 그대로 쓰지 않고, 가공하여 식품첨가물 형태로 판매되는 소석회(산화칼슘)를 사용한다.

옥수수를 석회 처리하는 방법을 살펴보면, 우선 말린 옥수수의 낟알을 잘 떼어서 석회수에 불린 뒤 삶아낸다.[8] 삶은 옥수수 낟알을 씻어서 석회 성분을 제거하고, 낟알의 겉껍질을 벗겨내면 부드러운 알곡을 얻을 수 있는데, 이를 '닉스타말nixtamal'이라고 하며, 닉스타말을 곱게 갈아 반죽으로 만든 것을 '마사masa'라고 한다. 마사는 덩어리나 반죽이라는 뜻의 스페인어다. 이렇게 석회수에 끓여낸 닉스타말은 단순히 익히기만 한 옥수수에 비해 단백질, 비타민, 칼슘이 증대되고 맛도 좀 더 복합적으로 변한다. 전통적으로는 페타테petate라는 돌판에 수차례 갈아서 걸리는 덩어리 없이 아주 부드러운 마사를 만든 다음, 이를 일일이 손으로 얇고 둥그렇게 빚어 코말comal

---

7)   Janet Long Towell, "Tecnología Alimentaria prehispánica.", *Estudios De Cultura Náhuatl*, Vol.39(2008), p.132.
8)   과테말라에 사는 친구의 집에서 봤을 때는 밤새 불려둔 옥수수 낟알을 새벽에 끓여서 익힌 뒤 씻어내고 아침 식사를 위해서 조리했는데, 닉스타말법에 대한 여러 글이나 영상을 보면 먼저 석회수에 담가 끓인 뒤 불려두는 경우도 있다. 이때 사용하는 석회의 양은 옥수수 무게의 1% 정도다.

이라고 부르는 흙판에 구워내는데, 이것이 바로 '토르티야tortilla'이다. 원주민들이 이 음식을 부르는 이름은 각 민족마다 달랐지만 스페인어인 토르티야로 불리게 되었고, 이는 의미상으로 스페인의 밀빵 토르타torta보다 '작은 토르타'라는 뜻이다. 토르티야와 토르타는 재료와 질감, 활용이 완전히 다른 음식인데 둥근 형태적 유사성만을 보고 스페인식 이름이 붙게 되었다. 이 토르티야에 강낭콩을 곁들이면 메소아메리카 음식의 가장 기본적인 조합이 만들어지고, 거기에 고추와 토마토로 만든 살사를 더하면 가장 중요한 네 가지 식재료, 즉 옥수수, 강낭콩, 고추, 토마토가 한데 모이는 셈이다.

토르티야를 만드는 과정을 모두 수작업으로 하는 것은 번잡하고 고된 노동이라 매번 집에서 만들기가 녹록치 않다. 지금은 멕시코 어디에나 토르티야를 만들어서 파는 가게인 토르티에리아tortillería가 있고, 밀가루처럼 물만 부어서 반죽하기만 하면 되는 가루 마사harina de masa도 개발되어 여성들의 노동을 획기적으로 덜어주었다.9) 말린 옥수수를 낱알로 떼서 마사로 만들기까지 최소 5~6단계에 드는 시간과 노력이 단지 물을 부어 반죽하는 것으로 축소되었으므로 가루 마사의 발명은 닉스타말의 발명만큼이나 엄청난 변화였다고 할 수 있다. 또한 1947년 파우스토 셀로리오 멘도사Fausto Celorio Mendoza가 토르티야를 만드는 기계를 고안한 것은 가히 혁명적이었으며, 그 덕분에 지금은 슈퍼마켓에서 기계로 만들어 포장한 토르티야가 보편화되었다.

토르티야의 원형은 옥수수로 만드는 것이었으나 스페인인들이 가지고 온 밀로도 만들기 시작했다. 이에 대해서는 16세기 멕시코 북동부에 정착한 스페인계 유대인, 즉 세파르딤이 만들기 시작했다는 설이 있다. 발효하

---

9) 건조시킨 마사를 의미하는 단어인 '마사 세카(masa seca)'를 줄여 만든 브랜드인 '마세카(Maseca)'의 가루 마사가 멕시코에서 1949년에 처음 생산되었다.

멕시코에서 여러 색의 옥수수 마사로 토르티야를 만드는 모습

지 않은 밀빵인 무교병을 먹는 전통이 있던 그들이 본격적으로 만들었을 가
능성이 있지만 밀 토르티야는 사실 재료가 있고(밀), 형식이 갖춰졌으니(토
르티야) 언제, 어떤 방식으로라도 만들어질 수 있었던 음식에 가까워 보인
다. 현재 멕시코 북부 지역을 중심으로 밀 토르티야가 많이 소비되고 있으
며, 옥수수 토르티야와 밀 토르티야의 맛과 쓰임이 다르기는 하지만 서로
배타적일 정도는 아니다. 한국에서 구할 수 있는 토르티야는 대부분 밀로
된 것인데, 이는 멕시코 본토 음식보다는 미국화된 멕시코 음식이나 텍스멕
스Tex-Mex10) 음식이 한국으로 먼저 들어와서 알려졌고, 밀 토르티야와 달리
옥수수 토르티야는 멕시코 음식 외에는 다른 음식을 만들 때 활용될 만한

10)　미국 텍사스주와 미국 남서부 지역에서 만들어지는 멕시코풍 음식으로 멕시코 본토 음식에서
상당히 많이 변형되어 있다.

여지가 거의 없기 때문일 것이다.

토르티야의 중심지는 멕시코와 과테말라이지만 토르티야와 유사하거나 약간 변형된 음식은 중앙아메리카 전체를 거쳐 남아메리카 북부, 베네수엘라와 콜롬비아까지 퍼져 있다. 니카라과, 엘살바도르 역시 석회 처리한 옥수수로 마사를 만들어 토르티야를 만드는 전통이 있고, 엘살바도르의 '푸푸사pupusa'도 토르티야 계통의 음식이라고 할 수 있다. 중앙아메리카의 끝자락인 파나마에서는 석회 처리를 하지 않은 옥수수 가루를 반죽해 토르티야를 만드는 것을 보면 석회 처리 방식의 전파가 이곳 즈음에서 끝났다는 인상을 준다. 하지만 석회 처리는 남아메리카에서 다시 이어져 베네수엘라와 콜롬비아의 주식인 '아레파arepa'라는 음식으로 명맥이 이어진다.

콜롬비아보다 남쪽으로 더 내려오거나 내륙 쪽으로 들어가면 더 이상 닉스타말 토르티야는 찾을 수 없다. 에콰도르에서 토르티야라고 하면 밀가루나 유카로 만든 것을 말하고, 페루만 해도 옥수수 품종이 매우 다양하고 옥수수 발효주인 치차도 중요한 식문화이지만 토르티야와 한 계통으로 볼 수 있는 음식은 찾기 어렵다. 칠레나 아르헨티나는 옥수수에서 더욱 멀어져 두 나라 모두 주로 밀을 생산하고 밀빵이나 파스타를 소비하지, 옥수수는 주식의 범주에 넣기가 힘들다. 여기서 한 가지 흥미로운 것은 안데스 지역에서 먹는 '모테mote'라고 불리는 옥수수 알갱이다. 모테는 멕시코나 중앙아메리카의 닉스타말처럼 옥수수 낱알을 석회수에 불린 뒤 삶아서 껍질을 벗겨 알갱이 형태로 요리에 사용하는 것인데, 페루나 에콰도르에서는 낱알이 아주 큰 흰색 모테를 여러 종류의 수프나 음식에 활용한다. 칠레로 오면 옥수수 모테는 없지만 밀알을 석회수에 끓인 것을 모테라고 하며, 몇몇 음식에 활용된다. 이처럼 에콰도르, 페루, 칠레 등 안데스 지역에서는 마사를 활용한 음식을 만드는 것은 아니지만 옥수수나 밀, 즉 곡물의 석회 처리가 이루어지는 것을 볼 수 있다. 그 외에도 안데스 지역 원주민들은 코카coca 잎을 알칼리 성분의 물질과 함께 입에 넣고 씹어서 그 즙을 섭취하는 방식을 지금까지도 유지하고 있어 알칼리 성분의 작용을 경험적으로 잘 알고 있었던 듯하다.[11]

멕시코 북쪽으로 올라가 보면, 미국의 많은 원주민들 역시 석회 처리한 옥수수를 먹는 식문화가 있다. 과거에는 잿물을 만들어 사용했고, 현재는 석회수를 사용해 옥수수 알갱이를 끓여서 사용하는데, 이렇게 조리해 부드럽게 부풀어 오른 옥수수 알갱이를 영어로 '호미니hominy'라고 한다. 미국 애리조나주의 원주민인 호피족은 푸른 옥수수의 알갱이를 말린 후 곱게 갈아 나무 재를 넣어 묽게 반죽하고 이것을 평평한 돌판에 아주 얇게 구워낸 피키 브레드piki bread를 먹는다.[12] 이처럼 오늘날 미국 원주민들의 전통 식단을 보면 닉스타말법, 타말 등 메소아메리카의 옥수수 음식을 원형으로 하는 음식들이 적지 않은데, 그 정확한 시기를 단언하기 어렵지만 메소아메리카의 옥수수 활용법이 전파되어 그곳의 전통으로 변용되어 자리 잡은 것으로 보인다.

메소아메리카의 발명품인 옥수수 닉스타말법이 언제, 어떠한 경로로 북쪽과 남쪽 방향으로 전파되었고, 그 전파의 한계는 어디까지였는지, 안데스 지역에서 보편적인 모테는 닉스타말과 연관이 있는지, 만일 모테가 독자적인 것이라면 안데스 지역에서 식품을 알칼리 처리하는 방법은 언제, 어디서 시작되었는지 등의 문제는 매우 흥미로운 주제이다. 국경으로 나뉜 아메리카의 여러 원주민 문화를 옥수수를 중심에 두고 읽어낼 수 있는 주제여서 언젠가 조금 더 조사하고 보충할 수 있는 기회를 갖기를 바라며 여백을 남겨둔다.

---

11)   볼리비아에서 코카 잎을 씹어서 그 성분을 섭취하는 방식을 '아쿠이코(acullico)'라고 한다.
12)   게리 폴 나브한, 『지상의 모든 음식은 어디에서 오는가』, 강경이 옮김(아카이브, 2010), 188쪽.

옥수수로 만든 음식

토르티야와 아레파

닉스타말을 곱게 간 반죽인 마사로 만드는 대표적인 음식으로 토르티야와 타말tamal을 들 수 있다. 어떤 종류, 어떤 색의 옥수수라 하더라도 닉스타말법으로 토르티야를 만들 수 있지만 멕시코에서는 흰 옥수수로 만든 토르티야를 선호한다. 일단 흰색과 노란색이 가장 기본적인 옥수수의 색이나, 노란 옥수수는 가축용이라는 통념이 생겨났기 때문이다. 미국에서 20세기 초반부터 노란색 마치종馬齒種 옥수수를 사료용으로 널리 경작하기 시작했고, 1996년 이후 생산되기 시작한 GMO 옥수수 역시 이 품종의 옥수수여서 미국에서 이 사료용 옥수수를 수입하는 멕시코에서는 노란색은 가축용, 흰색은 식용이라는 구분이 더 강화되었던 것이다.13) 반면, 과테말라에서는 지역별로 선호하는 옥수수가 달라서 서부 지역 원주민 인구 비율이 높은 곳은 노란 옥수수를 선호하고, 남쪽과 동쪽에서는 흰 옥수수를 선호하며, 검은 옥수수는 특별한 경우에만 사용하고 붉은 옥수수는 사용 빈도가 가장 낮다고 한다.14)

토르티야를 활용한 음식 중 가장 널리 알려진 것이 바로 '타코taco'이다. 그래서 토르티야의 크기는 보통 타코를 만들기 좋은 크기로 손바닥 만하거나 그보다 좀 더 작은 것이 흔한데, 멕시코 오아하카 지역에는 마치 피자 도우처럼 크고 약간 두꺼운 토르티야인 틀라유다tlayuda도 있다. 타코는 토르

---

13)   각 나라나 지역, 종족마다 특정 음식에는 어떤 옥수수를 사용할지, 각 옥수수의 특징과 맛은 어떠한지에 대해 여러 경험적인 지식들이 쌓여 있을 것이다. 노란 옥수수가 20세기에 사료용으로 사용되기 시작한 것은 계란 노른자를 더욱 노랗게 하기 위해서였다고 한다. 노란색은 사료용이라는 통념이 굳어졌지만 미국에서 개발한 노란색 마치종 옥수수 외에도 노란색을 띠는 여러 종류의 옥수수들이 있다.
14)   Luis M. Villar Anléu, *La cocina popular guatemalteca: mitos, hechos y anécdotas*, Editorial Universitaria de la Universidad de San Carlos de Guatemala(2012), p.113.

티야에 고기와 아보카도 등 여러 재료를 얹고, 토마토와 여러 종류의 고추를 다양한 방식으로 조합해서 만든 살사를 곁들여 손으로 먹는다. 타코 외에 토르티야를 활용한 음식은 기본적으로 토르티야 안에 속재료를 넣어서 말거나 감싼 형식이 가장 많다. 토르티야에 치즈, 버섯, 호박꽃 등을 얹어서 구운 케사디야quesadilla, 토르티야에 고기 속을 넣어서 싼 뒤 살사를 얹고 쌀과 강낭콩 요리를 곁들여 먹는 엔칠라다enchilada도 있다. 토르티야에 닭고기와 치즈 등으로 속을 채우고 돌돌 말아서 튀겨낸 타키토taquito(작은 타코) 등도 만들기 쉽고 맛도 좋은데, 닉스타말화를 거친 토르티야는 기름에 튀겨냈을 때 그 감칠맛이 배가되는 듯하다. 토르티야를 활용한 여러 요리에는 강낭콩 요리를 곁들이는 경우가 많다.

그렇다면, 오늘 먹고 남은 토르티야는 다음 날 어떻게 조리할까? 하루 이틀 지난 빵을 활용하여 만드는 음식이나 식은 밥을 활용하는 방법이 있는 것처럼 남은 토르티야도 다시 활용하여 꽤 괜찮은 음식을 만들 수 있다. 가장 쉬운 방법은 오븐에 굽거나 튀겨서 간식으로 만드는 것이다. 멕시코에서는 이를 '토토포totopo'라고 하는데, 흔히 '나쵸 칩', '토르티야 칩'이라는 이름으로 시판되는 바로 그 과자이다. 닉스타말 옥수수를 사용하므로 맛을 자세히 음미해 보면 보통 옥수수 스낵과는 맛이 다르고 '중독성'이 있다. 이러한 가벼운 간식 외에도 멕시코에서 가장 쉽게 접할 수 있는 음식 중 하나인 칠라킬레스chilaquiles도 있다. 토르티야를 적당한 크기로 잘라서 기름에 튀겨낸 뒤 토마토 살사를 부어서 촉촉하게 하고 그 위에 치즈, 달걀, 아보카도, 양파 등 각종 채소들을 곁들여 프리홀frijol(강낭콩)과 같이 먹는다.

중앙아메리카 대부분의 나라에서 토르티야는 주식이며, 엘살바도르와 온두라스에는 또 다른 토르티야 계통의 음식이라 할 수 있는 '푸푸사pupusa'가 있다. 가루 마사를 잘 반죽해 고기와 채소로 속을 넣거나 혹은 간단히 치즈만으로 속을 넣어 납작하게 만든 뒤 기름에 구워내면 된다(외양은 마치 호떡 같다). 남아메리카로 오면 베네수엘라와 콜롬비아에서는 '아레파 arepa'를 먹는다. 아레파는 대부분 닉스타말 마사가 아닌 보통 옥수수 가루로 반죽하며, 1.5cm 정도로 두껍게 구워낸 뒤 반으로 갈라 마치 햄버거처럼 그 안에 여러 가지 내용물을 넣어서 먹는 음식이다. 흔하지는 않지만 이 두 나라에는 닉스타말 옥수수로 만든 아레파가 존재한다. 잿물을 만들어서 옥수수를 삶고 석회 닉스타말과 똑같은 방식으로 씻고 껍질을 제거해 부드러운 알곡만을 사용해 마사를 만드는데, 이를 '아레파 데 마이스 펠라도 arepa de maíz pelado'라고 한다.[15) 껍질 벗긴 옥수수로 만든 아레파라는 뜻이다. 쉽게 살 수 있는 식용 석회가 아니라 재를 사용한다는 점에서 오래전에 전파된 방식이 유지되고 있는 것은 아닐까 짐작해 보게 된다. 또한 석회나 알칼리 처리의 목적이 옥수수 낱알의 겉껍질을 쉽게 벗기기 위한 것이므로 이는 닉스타말의 핵심을 잘 담은 이름이기도 하다.

타말과 우미타

토르티야 외에 마사를 이용한 대표적인 음식으로 타말 tamal을 꼽을 수 있다. 토르티야가 일상에서 다양한 방식으로 활용된다면, 타말은 조리법이 좀 더 복잡하고 음식에 담긴 의례성도 더 많이 남아 있는 듯하다. 만드는 방법은 닉스타말 마사나 가루 마사로 만든 반죽에 여러 향신료를 넣고, 반죽 안을 채울 속을 만들어 잘 넣은 뒤 옥수수 껍질이나 바나나 잎으로 싼다. 익히는 도중에 흐트러지지 않도록 실 등으로 단단히 고정한 뒤 쪄서 익혀내면 된다. 타말을 조리할 때 옥수수 낱알을 마사로 만들고 속을 넣은 뒤 다시 옥수수 껍질로 감싸는 모습에는 어느 정도 옥수수의 모습을 재현해 내는 의미가 담겨 있다고 보인다. 수확한 옥수수를 복잡한 과정을 거쳐 다시 옥수수 껍

---

15) http://www.eltoquecolombiano.com/2015/01/arepa-de-maiz-pelado.html.

질로 감싸서 조리하는 것은 많은 정성과 노동력이 필요한 과정이므로 아직도 종교나 농업적인 의례, 마을의 축제일 등 특별한 날에는 타말을 만드는 관례가 사라지지 않고 있다.

타말을 만드는 방식을 보면 큰 틀은 비슷하지만 세부적인 것은 나라마다, 또 집집마다 다르다고 할 정도로 조금씩 차이를 보인다. 우선 멕시코에서는 매년 2월 2일 칸델라리아 성모 Virgen de la Candelaria의 날에 타말을 먹는다. 칸델라리아 성모는 카나리아 제도의 수호 성모였는데, 스페인인들이 식민지로 들여와 멕시코를 포함해 아메리카 곳곳에 뿌리내렸다. 성탄절부터 시작되는 가톨릭 종교 축일 주기는 1월 6일 동방박사의 날을 거쳐 칸델라리아 성모의 날에 마무리되는데, 동방박사의 날에 먹는 길고 둥근 로스카 rosca 빵에 작은 아기 예수 상을 넣어 그 상이 든 빵 조각을 받는 이가 칸델라리아 성모의 날에 타말을 만들거나 혹은 사서 가족들에게 대접해야 한다는 풍습이 있다.

과테말라도 타말이 다양한데 대표적인 것으로 붉은 타말과 검은 타말을 꼽을 수 있다. 붉은 타말, 즉 '타말 콜로라도tamal colorado'(colorado는 스페인어로 '붉다'는 뜻이다)는 토마토 소스를 써서 붉은 색이 도는 것이 특징이다. 멕시코식보다 옥수수 반죽을 좀 더 묽게 만들어 바나나 잎에 얹고, 여러 향신료와 재료로 만든 토마토 소스를 뿌려 잎으로 잘 감싼 뒤 다시 쪄낸다. 크기가 상당히 크고 바나나 잎 외에도 '마샨maxa'n'이라고 불리는 식물의 잎을 사용하기도 한다.16) 타말 콜로라도와 달리 작은 크기로 만드는 타말은 보통

---

16) Luis M. Villar Anléu, *La cocina popular guatemalteca: mitos, hechos y anécdotas*, Editorial Universitaria de la Universidad de San Carlos de Guatemala(2012), p.101. 마샨(*Calathea lutea*)은 카리브해, 중앙아메리카의 열대기후에서 자라며, 잎이 길고 매우 크다. 과테말라에서는 옥수수 껍질이나 바나나 잎 외에도 마샨, 코스(cox, *Canna tuerckheimii*) 등 토착 식물의 잎으로 감싸서 타말을 만드는 전통이 있다. 오래된 음식인 만큼 지역별로 이러한 다양한 식물의 잎을 활용하는 지식과 전통이 살아 있을 것이다.

'타말리토tamalito'라고 하며 그 종류가 다양하다. 크리스마스에는 마사에 설탕을 넣어 달게 하고 토마토, 고추, 카카오를 넣은 살사를 곁들인 '단 타말tamal dulce'을 주로 먹는데, 카카오가 내는 짙은 색 때문에 '검은 타말'이라고도 한다. 중앙아메리카의 대부분의 나라에서 타말은 보편적이다.

남아메리카로 내려가면 타말에 준하는 음식으로 '우미타humita'가 있다. 우미타라는 스페인어는 케추아어 '우민타humint'a'를 어원으로 하며, 닉스타말 과정이 빠졌을 뿐 기본적인 조리법이나 음식의 개념은 타말과 거의 동일하다고 할 수 있다. 에콰도르, 페루, 볼리비아, 칠레, 아르헨티나 북부 등 남아메리카 안데스 지역의 대부분의 나라에서 만든다. 주로 생옥수수 알갱이를 갈아서 여러 향신료나 허브로 맛을 내고, 양파 등을 다져 볶은 것을 더해 반죽을 만든 뒤 옥수수 잎을 펼쳐 적당한 크기로 반죽을 올려 흐트러지지 않게 잘 싸서 쪄내거나 물에 끓여서 익혀낸다.

타말과 우미타는 이름만 다를 뿐 놀라울 정도로 유사한 음식이다. 닉스타말 마사로 만드는 전통 타말은 우미타와 차이가 있지만, 오늘날 타말은 대부분 가루 마사를 사용하거나 생옥수수를 갈아서 반죽을 만들고 여기에 설탕을 넣은 디저트용 타말도 많이 만들어지므로 우미타와 거의 차이가 없다고 생각된다. 이렇게 보면 굽거나 찌는 것처럼 지구상 어디에서나 가능한 옥수수 조리법 외에 라틴아메리카의 고유한 옥수수 음식 중 가장 널리 퍼져 있는 것은 멕시코와 중앙아메리카에서 끝나는 옥수수 토르티야가 아니라 타말과 우미타라고 말할 수 있을 것이다.

음료와 술

한 지역이나 국가의 주곡은 그 곡식으로 주식, 음료, 간식까지 다 만들 정도로 그곳에서 넓고 다양하게 활용된다는 의미가 있다. 쌀이 주곡인 한국에서 밥과 반찬으로 이루어진 식사 형식이 유지되고, 쌀로 밥을 짓고 떡을 만들며, 숭늉이나 식혜, 소주 등의 마실 것과 유과 등의 과자까지 만드는 것을 생각해 보면 될 것이다. 옥수수 역시 라틴아메리카의 주곡으로서 매일의 주식과 특별한 의례용 음식, 여러 종류의 음료와 간식 등에 광범위하게 활용되어 왔다.

옥수수 음료로는 우선 과테말라의 간단하고 원형적인 옥수수 음료 두 가지를 언급할 만하다. '프레스코 데 마사^{fresco de masa}'는 마사에 물을 타서 희석해서 마시는 것으로 '마사 음료수' 정도로 번역할 수 있을 것이다. 설탕을 넣어 달게 먹을 수도 있다.[17] '피놀^{pinol}' 역시 옥수수만을 사용한 음료로 옥수수 낱알을 잘 볶아서 곱게 빻은 뒤 물을 타서 연하게 마시는 것이다. 멕시코는 옥수수의 중심지답게 옥수수 음료가 가장 다양하게 발달했다. 대표적인 것으로 '아톨^{atol}'이 있다(지역에 따라 '아톨레^{atole}'라고도 한다). 스페인 정복 이전에는 마사에 물을 넣고 뭉근히 끓여 걸쭉하게 만들어 꿀이나 향신료를 가미했고, 지금은 설탕과 계피 등 향신료로 단맛과 풍미를 더해 따뜻하게 마신다. 아톨은 과테말라 등 중앙아메리카 여러 나라에서도 흔하다. 멕시코에는 아톨에 카카오를 가미한 '참푸라도^{champurrado}'가 있다. 남아메리카에도 아톨처럼 걸쭉하고 단 옥수수 음료가 있다. 볼리비아나 페루 등 안데스 지역에서 맛볼 수 있는 '아피^{api}'이다. 말린 자색 옥수수를 가루로 내어 물에 끓이고 설탕과 계피 등의 향신료를 가미한 음료이다. 오래전 볼리비아를 여행하며 아피를 한 번 맛보았는데, 아톨이 주로 흰색이나 노란색 옥수수로 만든 데 비해 아피는 자색 옥수수로 만들어 보랏빛이 나고 질감은 걸쭉하며 설탕의 단맛이 강했다. 노점에서 간단한 밀가루 반죽 튀김과 아피를 같이 팔면 행인들이 간단한 아침 식사로 이를 사 먹는 풍경이었다.

---

17)   Luis M. Villar Anléu, *La cocina popular guatemalteca: mitos, hechos y anécdotas*, Editorial Universitaria de la Universidad de San Carlos de Guatemala(2012), p.159.

참푸라도처럼 멕시코에서 옥수수 마사는 카카오와 결합해 지역별로 다양한 특색의 마실 거리를 만들어낸다. 이 음료들은 어디에 방점을 두는가에 따라 옥수수 음료로도, 카카오 음료로도 볼 수 있을 것이다. 카카오는 남아메리카 아마존 원산의 작물로 멕시코와 중앙아메리카에서 널리 경작되었으며, 올멕 문명에서 카카오 씨앗을 활용해 음료수로 만들기 시작해 지금까지도 다양한 종족적·지역적 전통의 카카오 음료들이 만들어지고 있다. 이 이 음료들에는 대부분 옥수수가 들어간다. 오아하카에는 사포텍인들의 음료로 '테하테 tejate'가 유명하다. 옥수수 마사와 카카오 씨앗을 볶고 간 것에 마메이 mamey라는 과일의 씨앗 등을 넣어 반죽으로 만든 뒤 이를 물로 희석하고 거품을 많이 내서 마신다. 보통 카카오 음료는 몰리니요라는 거품기로 거품을 내는데, 테하테는 그릇으로 계속 음료를 떠 올리면서 거품을 만드는 방식이 매우 독특하다. '포솔 pozol'은 치아파스, 캄페체, 타바스코 지역에서

거품을 잘 낸 테하테(사진: Secretaría de Cultura Ciudad de México)

마시는 마야인들의 음료이다. 닉스타말 마사로 만들며, 카카오 씨앗 역시 볶아서 껍질을 벗긴 뒤 옥수수와 동일한 방식으로 갈아서 반죽을 만들어 이 둘을 잘 치대서 섞는다. 이 단단한 반죽에 물을 부어 천천히 희석시키면 카카오를 넣은 포솔이 되며, 카카오 없이 옥수수 마사만 물에 희석시키면 옥수수 포솔, 즉 '포솔 블랑코pozol blanco'가 된다. 포솔은 얼음을 넣어 주로 차게 마신다.

옥수수와 결합한 카카오(초콜릿) 음료는 대서양 너머 스페인에서도 그 흔적을 찾을 수 있다. 초콜릿 음료는 멕시코에 정착한 스페인인들에게 매우 큰 인기를 끌었고 재료와 그릇, 만드는 방식까지 그대로 스페인으로 수입되어 프랑스 등 유럽으로 퍼져나갔다. 초콜릿 음료를 담은 히카라jícara 잔을 두기 위해 페루에서 고안된 만세리나mancerina18) 받침대까지 엄청나게 유행해서 스페인에서 많이 제작되었다. 스페인에서 추로churo(추로스)는 주로 걸쭉한 초콜릿 음료와 함께 먹는데, 이 음료가 걸쭉한 이유는 옥수수 전분을 포함하고 있기 때문이다. 멕시코의 카카오 음료에 옥수수가 들어간다는 사실을 알고 있다면 추로와 함께 나오는 걸쭉한 스페인식 '초콜라테chocolate'의 기원이 멕시코에 닿아 있음을 유추해 볼 수 있을 것이다.

스페인 발렌시아 도자기 박물관에 전시된 만세리나 받침대

18)　17세기 페루의 부왕이자 1대 만세라(Mancera) 후작이었던 페드로 톨레도가 만들어서 그 이름이 만세리나가 되었다. 원주민들은 카카오 음료를 마시기 위해 박그릇인 히카라를 사용했으나 그릇을 바닥에 둘 때 지탱이 되지 않아 이를 지탱할 수 있는 받침대이자 접시인 만세리나가 고안된 것이다. 히카라와 만세리나는 은이나 도기로 제작되었고, 만세리나의 가운데에는 히카라를 놓고 주변에는 음료에 곁들일 빵을 두었다.

옥수수는 전분이 풍부해서 술을 만드는 좋은 원료가 된다. 멕시코와 페루에는 옥수수의 싹을 틔워서 만드는 술이 있는데 그 주조법이 매우 유사하다. '테스귀노tesgüino'는 멕시코 서부 치와와주의 마드레 옥시덴탈 산맥의 라라무리rarámuri 원주민들이 만드는 것으로, 옥수수 낱알을 발아시킨 후 이를 갈아서 발효를 돕는 토착 식물들을 넣어 물에 끓이고 식힌 뒤 발효가 되도록 항아리에 둔다. 여러 미세 생물과 효모가 작용해 음료 윗부분에 막을 이루며 발효가 활발히 이루어진다. 테스귀노가 약간 변형된 형태인 '테휘노tejuino'는 치와와주와 할리스코주에서 찾아볼 수 있다. 테스귀노가 여전히 라라무리인들의 전통과 생활, 축제 속에서 상당히 원형적으로 유지되고 있다면, 테휘노는 설탕, 타마린드, 소금, 라임즙 등 스페인이 가지고 온 요소들이 결합되면서 변용되어 새로운 형태로 살아남았다. 테휘노를 만드는 방법은 비정제 흑설탕인 필론시요piloncillo를 물에 끓여두고 마사를 물에 풀어 걸쭉하게 만든 뒤, 필론시요 설탕물에 넣어 잘 섞고 다시 끓여내 이틀 정도 발효시키면 된다. 이 발효된 '원액'을 물로 희석하고 소금, 라임즙, 타마린드 등을 더해 복합적인 맛을 내고, 얼음을 더해 시원하게 마신다.

남아메리카의 대표적인 발효주로는 '치차chicha'가 있다. 스페인 왕립학술원RAE 온라인 사전에 따르면 치차라는 단어는 옥수수를 뜻하는 파나마 쿠나kuna 원주민의 어휘인 '칩차chibcha'에서 온 것으로 본다. 에콰도르에는 유카로 만든 치차가 있고, 칠레에는 포도나 사과로 만든 약한 발효주를 치차라고 부르는 것을 보면, 치차가 원래는 옥수수 음료나 술을 의미하는 단어였지만 음료나 발효주를 뜻하는 보통명사로 확장된 듯하다.

페루는 옥수수 치차로 유명하다. 전통적인 방식으로 치차를 만드는 기본 방식은 잘 말린 옥수수를 낱알로 분리해 볶은 뒤 곱게 갈아서 물에 끓이고 큰 토기 항아리에 넣어 발효시키는 것이며, 끓일 때 약용 풀이나 향이 좋은 열대 과일, 계피, 설탕을 넣기도 한다. 과거 원주민들은 옥수수 낱알의 일부를 입으로 씹어서 발효 과정을 촉진시키기도 했는데, 16세기 이탈리아의 항해가 지롤라모 벤조니Girolamo Benzoni는 『신대륙 이야기 History of the New World』(1565)에서 옥수수를 씹고 뱉는 모습을 그림으로 남겨두었다.

우선, '치차 모라다chicha morada'는 발효하지 않은 옥수수 음료수로 안데스 지역에서만 자라는 자색 옥수수를 쓰기 때문에 언뜻 보면 마치 적포도주 같다(morada는 스페인어

씹어서 치차를 만드는 모습을 그린 삽화
(출처: Girolamo Benzoni, *History of the New World*)

로 '자색'이라는 뜻이다). 말린 자색 옥수수 알갱이에 파인애플, 계피, 설탕 등을 넣고 함께 끓여서 걸러내면 된다. '치차 데 호라chicha de jora'는 옥수수 알갱이를 땅에 묻어서 싹을 틔운 뒤 만들어 알코올 도수를 높인 것이다. 싹을 틔운 옥수수로 알코올 도수를 높인다는 점에서 멕시코의 테스귀노와 매우 유사하다. 이 두 술을 보고 있으면 멀리 떨어진 두 곳에서 같은 재료로 이토록 유사한 방식을 고안했다는 사실이 놀라우며, 인간의 상상력이 작동하는 방식이 독창적이면서도 참으로 보편적이라는 생각에 가닿는다.

위틀라코체

안데스 지역에서 옥수수수염을 끓여서 차로 마시거나 우미타를 찔 때 풍미를 더하기 위해 옥수수 껍질을 바닥에 깔고 쪄내는 모습을 보면 옥수수를 활용하는 모습은 지구 어디서나 비슷하다 싶다. 하지만 멕시코에서 곰팡이가 생겨서 거뭇하고 모양이 일그러진 옥수수를 식재료로 쓰는 것을 보면 먹을 수 있는 것과 없는 것에 대한 상식을 뛰어넘고, 이 지역이 옥수수와 함께 지내온 시간이 긴 만큼 작물에 대한 이해도가 높다는 생각이 든다. 곰팡이가 핀 이 옥수수는 '위틀라코체huitlacoche'라고 하며 한국에서는 '옥수수 깜부

위틀라코체의 모습(오른쪽 사진: Jamain)

기'라고 한다. 라틴아메리카에서도 유일하게 멕시코만 식용으로 쓰는데, 우기에 특정 곰팡이균(우스틸라고 마이디스 *Ustilago maydis*)이 옥수수에서 자라면서 알곡이 기형적으로 부풀어 오르고 회색이나 검은색으로 변한 것을 수확한 것이다. 멕시코에서 주로 식민지 시기 가난한 원주민들과 농민들을 중심으로 소비되었으며, 엘리트의 식단에는 좀처럼 포함되지 않다가 외국인들이 즐기기 시작하면서 점차 다른 계층들도 소비하게 된 것으로 보인다. 20세기 중반에는 고급 식당이나 연회에서도 사용하는 식재료가 되었으며,[19] 지금은 꽤 선호되는 재료라 시장에서 어렵지 않게 구할 수 있다. 언젠가 멕시코를 방문했을 때, 마침 6월 우기여서 작은 마을 시장 어디에서나 흔히 위틀라코체를 팔고 있었다. 위틀라코체의 맛은 조리 방법에 따라 매우 달라진다고 하는데, 쌉쌀한 버섯의 맛과 식감 정도였던 것으로 기억한다. 이 재료를 요리할 때는 종종 '에파소테 epazote'라는 채소를 곁들여 풍미를 살리며, 주로 수프에 넣거나 토르티야 위에 치즈와 함께 올려서 케사디야 quesadilla를 만

19)   https://www.mexicodesconocido.com.mx/huitlacoche-hongo-de-maiz.html?
fbclid=IwAR2B7bVj-mQrlcmejjISWzdK6LEUG-UhZh8RA6mwhbog53TU7dIDeELX5ME.

들면 간단한 요리가 된다. 위틀라코체를 사용해 조금은 특별한 음식을 만들기도 하는데, 치아파스에서는 '에스몰록 esmoloc'이라는 음료수를 제조하고, 틀락스칼라에서는 망자의 날[20]에 검정 몰레mole negro를 만들 때 위틀라코체를 수개월간 정성껏 말린 뒤 가루로 낸 것을 넣는다고 한다.[21]

이 곰팡이 핀 옥수수는 닉스타말처럼 그냥 옥수수에는 없는 라이신, 철분 등의 영양소를 더 많이 함유하고 있으며, 멕시코 현지에서는 비싼 식재료는 아니지만 미식으로 알려져 살짝 익혀서 통조림으로 가공해 수출하기도 한다. 우기에 자연적으로 생기는 위틀라코체만으로는 공급이 부족해 인위적으로 곰팡이를 주입해서 수확하는 기술을 발전시켜 일 년 내내 생산이 가능한 식재료가 되었다.

GMO와 옥수수에 대해

메소아메리카 지역은 야생풀이었던 테오신테를 알곡이 크고 많은 옥수수로 개량해서 농업화하고, 옥수수를 알칼리 처리해 영양 성분을 보강하는 방법을 발명해 냄으로써 옥수수를 근간으로 하는 여러 문명을 만들어냈다. 닉스타말법은 북미와 남아메리카 일부로 전파되었고, 스페인을 통해 밀과 쌀이 들어온 이후에도 여전히 아메리카 대륙에서는 옥수수가 없는 식생활을 상상하기 힘들다. 대략적으로 살펴본 것처럼 서로 비슷하기도 하고 또 지역별로 특색 있는 여러 옥수수 음식들은 라틴아메리카 많은 나라들의 일상에

---

20)   멕시코 원주민들이 고인과 조상에게 지내던 제사 의식이 가톨릭의 만성절 의례와 결합한 것으로 10월 31일에서 11월 2일까지 치러진다. 다양한 음식과 장식, 해골 코스튬과 같은 치장 등 매우 독특하고 화려한 축제 양식을 갖추고 있다.

21)   몰레는 카카오, 견과, 말린 과일, 씨앗, 향신료 등 수십 가지 이상의 재료를 으깨고 갈아 오랜 시간 끓인 요리로 맛과 색이 다양하다. 이 자체로 하나의 요리이기도 하고, 소스로서 주로 닭이나 칠면조 고기에 곁들여 먹는다.

촘촘히 자리하고 있다.

이처럼 옥수수를 주식으로 삼는 라틴아메리카에 1990년대 중반부터 본격화된 GMO Genetically Modified Organism(유전자변형농산물) 농업은 큰 도전을 던졌다. 밀과 쌀은 주로 인간의 식량으로 사용되다 보니 GMO 종자로 재배하는 데 거부감이 커서 경작과 판매로 이어지기 어려웠는데, 대두와 옥수수는 가축 사료로 사용되다 보니 이렇다 할 논의를 거칠 새도 없이 GM 대두 먼저 미국, 아르헨티나를 시작으로 브라질, 파라과이, 볼리비아 등 남아메리카의 많은 나라로 확산되었다. GMO 종자에 대한 논란은 차치하고서라도 다른 문제도 더 있었다. GMO 경작에 사용되는 제초제 글리포세이트가 집중적으로 살포되면서 해당 지역의 환경과 거주민들에게 큰 피해가 간 것이다. 아르헨티나는 대두 경작지가 급증해 늘 부족하지 않게 먹어오던 소고기, 우유 등의 기본 식량 수급에 불균형이 생길 정도였으나 지금은 정부 주도하에 가장 적극적으로 GMO 작물을 경작하고 수출하는 나라가 되었다.

GM 옥수수의 경우는 미국이 시작한 것을 아르헨티나가 뒤따라 현재 아르헨티나에서 생산되는 옥수수의 97%가 GMO 종자이며 대두에 이어 GM 옥수수 판매로 엄청난 외화를 벌어들이고 있다. 대부분의 라틴아메리카 나라는 적어도 사료용 노란 옥수수는 이 두 나라로부터 수입하고 있으며 아르헨티나 외에도 브라질, 파라과이, 콜롬비아 등 GM 옥수수의 경작이 허용된 나라도 적지 않다. 옥수수는 아무래도 많은 중남미 나라가 원산지인 데다가 주식으로 삼고 있는 나라가 많아서 더 신중했어야 된다고 보는데, 미국과 다국적 종자-화학 회사들이 주도하여 눈 깜짝할 사이 상황이 전개된 것이다.

가장 적극적으로 GMO를 받아들인 아르헨티나는 2020년에 GM 밀 생산까지도 허가했으며, 2022년 11월, 가뭄에 잘 견디도록 만든 HB4 종자로 생산한 밀가루 2500kg을 브라질로 수출했다. 아직 식용으로 시판되는 것은 아니며 일련의 테스트를 위한 것이라고 한다.[22] 아르헨티나는 드넓은 땅을 기반으로 GM 작물에 적합한 기업식 농법을 적용해 생산하고 수출하는 것을 정책적으로 추진하고 있어서 토종 종자를 보호한다는 대의가 강하고 원주민이나 농민의 GM 작물 반대 목소리가 높은 나라들과는 완전히 대척점에 서 있다. 전 세계 GMO 경작의 99%가 대두, 옥수수, 면화, 카놀라이므로 20여 년 사이 아르헨티나는 GMO 작물 중 실질적으로 인간이 직접 소비하는 두 곡물, 즉 대두와 옥수수 생산의 중심지가 되었다.

전 세계적으로 GM 작물을 직접 소비하는 데 대한 거부감은 여전히 남아 있지만, 그간 가공식품의 원료로서 옥수수나 대두는 일일이 피하기 힘들 정도로 널리 사용되고 있고, 2010년대에 격렬했던 GMO 논쟁이나 반대도 최근에는 상당히 줄어든 듯한 인상을 받는다.[23] 결국 GMO를 둘러싼 결정은 각 나라의 정책과 법에 의해서 효력을 가질 수밖에 없다. GM 작물에 대해 유보적이거나 반대하는 목소리가 강하고 이를 바탕으로 어느 정도 기준을 마련하여 실질적인 규제가 이루어지고 있는 곳은 페루, 에콰도르, 멕시코 정도이다. 페루는 '유전자변형작물 유예법 la ley de moratoria de transgénicos'으로 2011년에서 2021년까지 GMO 경작과 수입을 유예했고, 2021년에는 2035년 말까지 이 법의 적용을 연장했다. 페루는 옥수수 품종만도 50개가 넘고 수천 종이 넘는 감자와 수십 가지의 고추 등 생물다양성이 높은 나라 중 하나이기 때문에 이에 대한 연구와 보존책을 좀 더 강화하는 조치를 취하며 시간을 버는 것이 훨씬 유리한 결정일 것이다. 에콰도르도 원주민들의

22)   https://www.lanacion.com.ar/economia/campo/agricultura/llego-a-brasil-la-primera-exportacion-de-harina-del-trigo-transgenico-argentino-nid02112022/?fbclid=IwAR3QAtIEhaVaC8ZHFWcF3TcMNGu56WZmo0xijQcHu1MBxAltFIITGZpCJOA
23)   수많은 논란의 대상이 되었던 대표적인 GMO 종자와 생화학 기업 몬산토가 독일의 생명과학 기업 바이엘에 합병되면서 비난의 표적이 갑자기 사라졌고, 아르헨티나 같은 후발 주자가 자국 GMO 종자 개발에 성공하면서 GMO가 농업과 식량 문제에서 거부하기 힘든 현실이 되었기 때문일 것이다. 현재 쿠바도 식량 문제 해법의 하나로 적극적으로 GMO 종자와 기술을 연구하고 있다.

토착종 보호와 GMO 반대 움직임이 강한 나라였으나, 2008년 유전자조작 씨앗과 재배를 금하되 대통령령을 통해서 연구 목적의 도입은 가능하도록 법령을 바꾸었다. 하지만 2022년 3월, 에콰도르 헌법재판소는 이 법률 개정을 위헌으로 판결하고 에콰도르에서 어떠한 목적으로도 GMO를 경작·생산·유통하지 못하도록 했다.[24] 멕시코는 옥수수의 중심지로서 옥수수가 지닌 여러 사회경제적·문화적·역사적 무게로 인해 GMO에 대한 지속적인 논쟁과 사회적 대응이 존재했던 나라이다. 그러나 논쟁의 촉발은 옥수수가 아니라 대두로부터 왔다. 멕시코는 세계 꿀 수출의 10%를 차지하며, 특히 유카탄반도 지역은 양봉이 활발하고 질 좋은 꿀을 생산하고 수출하기로 유명하다. 그런데 2012년 칼데론 정부가 성급하게 GM 대두 경작을 승인했다. 유럽연합은 GMO 화분이 들어간 꿀에 대해서 그 정보를 명시하도록 했는데, 유카탄 지역의 꿀에서 GMO 화분이 검출되는 일이 생기자 멕시코는 수출에 큰 차질을 빚게 되었다. 이에 유카탄 꿀 생산자들과 마야 원주민들, 여러 NGO와 꿀 수출업계까지 함께 여론을 만들어 2015년에는 GM 대두 경작이 캄페체와 유카탄 지역에서 한시적으로 금지되기에 이르렀다. 외래 작물인 대두로 인한 피해나 영향이 이 정도였는데, 60여 품종이 넘는 옥수수를 보유하고 있는 멕시코로서는 GM 옥수수 종자와 글리포세이트로 인한 피해 등 경작에 따른 여러 문제를 재고할 수밖에 없었다. 이런 와중에 페냐 니에토 대통령(2012~2018년 재임)이 GM 작물을 심는 것을 허용했으나, 후임 로페스 오브라도르 대통령이 2018년 취임 연설에서 약속한 대로 2020년 12월 31일 대통령령을 통해 GMO 금지와 GM 옥수수 경작을 금지해 2024년 말까지 멕시코에서 GM 옥수수 수입과 제초제 글리포세이트 사용을 순차적

---

24)   https://agenciatierraviva.com.ar/la-corte-constitucional-ratifico-que-ecuador-es-un-pais-libre-de-transgenicos/

으로 없애나가도록 했다.[25]

　테오신테를 개량해 옥수수로 만들고, 또 그 옥수수도 수십~수백 가지 품종으로 만들어낸 이들이 바로 라틴아메리카의 원주민과 농민들이다. 산악지대에 사는 라라무리인(타라우마라인)들은 지금도 야생풀로 남은 테오신테와 옥수수의 교잡종을 이용하고 환경 변화에 잘 살아남는 품종을 만들어내며 옥수수 생산과 수확을 중심으로 삶을 조율해 나간다. 옥수수를 중심에 두고 살아가는 사람들이 비단 이들뿐만은 아닐 것이다. 이처럼 많은 원주민이나 농민들이 환경을 완벽하게 이해하여 활용하는 지식과 풍부한 옥수수의 유전자원이 훼손된다면 우선은 옥수수를 근간으로 생활하고 있는 이들에게 가장 큰 위협이겠지만, 원주민 세계로부터 무상으로 받은 최고의 식량자원인 옥수수를 기반으로 살아가고 있는 오늘날의 라틴아메리카와 전 세계에도 궁극적으로는 좋을 것이 없다. 이런 방식의 농업은 몇몇 다국적기업과 기업농 등 소수의 이윤을 위해 유지되고 토양과 인간, 동식물에 너무 많은 해를 끼치며 결국에는 종과 유전자원의 다양성이 침식되는 결과를 낳기 때문이다.

　2000년대 이후 남아메리카에서 놀라운 기세로 확산되는 GM 대두 농업을 관찰하면서, 같은 회사에서 동일한 씨앗과 제초제를 사고 매년 이를 반복해야 하는 경작 방식이 너무 파괴적일 뿐 아니라, 대두 없이 식생활이 불가능한 동아시아 지역에 결국 GM 대두가 무차별적으로 들어올 것이라 예상했다. 대두를 식용유와 가축 사료 정도로 사용할 뿐 간장, 된장, 두부를 먹는 식문화가 없는 지역(미국)이 주도해 또 다른 지역(라틴아메리카)에 이 작물을 이식한 결과, 생산지는 생산지대로 글리포세이트로 인한 오염을 감

25)　https://www.rfi.fr/es/am%C3%A9ricas/20210107-m%C3%A9xico-cierra-las-puertas-al-ma%C3%ADz-transg%C3%A9nico-y-al-glifosato

수해야 했고, 대두 없이 식생활이 불가능한 지역에서는 어떤 대두를 먹을 것인가 하는 결정권을 실질적으로 잃어버리게 되었다. GM 옥수수를 생각해 보면, 라틴아메리카 지역에서는 옥수수가 주곡이기 때문에 매우 중요한 문제인 반면, 한국에서는 아직도 GMO 생산과 소비가 가축 사료나 가공식품 정도에만 영향을 미친다고 여기므로 옥수수가 큰 논쟁거리가 되지 못한다. 국내에 라틴아메리카 음식문화가 잘 알려지지 않았고 지리적·문화적으로 먼 지역의 농업이나 식생활은 한국의 정책이나 여론과 동떨어진 사안이라고 여기기 때문이다. 하지만 한국에서 유전자변형 쌀로 지은 밥을 매일 먹어야 한다거나 쌀의 유전자 오염 가능성을 항상 염두에 두어야 하는 상황이 발생한다면 그 누구도 쉽사리 이를 받아들이기 힘들 것이다. 성분분석표상으로 GM 쌀과 일반 쌀에 아무런 차이가 없다고 해도 한 지역의 주식이 지금의 주식이 되기까지 쌓인 시간, 공간, 노동, 문화가 엄연히 존재하는데, 이를 경솔하게 바꿀 이유가 없기 때문이다.

남아메리카의 GM 대두 경작은 식민지 시대의 단일경작과 상당히 닮았다. 수출용 사탕수수와 커피를 재배하느라 토착 농업과 필수 식량의 생산을 포기하고 환금작물을 재배했던 일이 유사하게 반복되고 있다. 물론 지금은 수익이 세수로 남고, 자국의 식량 수급을 위험에 빠트리는 선택지는 아니어서 남아메리카의 많은 나라들도 처음에는 주저하다가 이 길을 선택했다. 옥수수의 경우는 많은 라틴아메리카 나라에서 신중한 태도를 보이고 있지만 옥수수 생산의 많은 부분을 담당하는 원주민과 소농의 생산 방식은 기후변동이나 가격 등 외부 요소에 취약하므로 부족분이 발생하면 언제든 GM 옥수수든 아니든 수입으로 충당하지 않을 수 없는 상황이다. 테오신테를 옥수수로 만들고, 이를 다양한 품종으로 만들어내어 지금까지 유지해 온 것은 사람의 손과 지혜였다. 아직도 야생에서 자라는 테오신테와 옥수수를 교잡해 더 건강한 옥수수를 만들어낼 줄 알고, 그 옥수수를 기반으로 삶을 꾸리는 토착 농업적 지혜가 살아 있다는 것은 경이로운 일이다. 고려할 사안들이 많겠지만 장기적으로 무엇이, 누구에게, 어떤 이익으로 남을지 생각해 이러한 농업의 지식과 유산이 사라지지 않도록 많은 라틴아메리카 나라의 농업과 식량 정책이 다양성 안에서 지속가능성을 추구해 나가는 방향으로 유지되어 가기를 바랄 뿐이다.

참고문헌

나브한, 게리 폴. 2010. 『지상의 모든 음식은 어디에서 오는가: 15개 언어를 구사하며 세계를 누빈 위대한 식량학자 바빌로프의 숭고한 이야기』. 강경이 옮김. 아카이브.
콜럼버스, 크리스토퍼. 2022. 『콜럼버스 항해일지』. 바르톨로메 데 라스 카사스 편저. 정승희 옮김. 나남.
헤이저 2세, 찰스 B. 2000. 『문명의 씨앗, 음식의 역사』. 장동현 옮김. 가람기획.

Benzoni, Girolamo. 2009[1565]. *History of the New World*. New York: Cambridge University Press.
Dander Flores, María Adriana. 2014. *Historia de México I*. México: SM de ediciones.
Long Towell, Janet. 2008. "Tecnología Alimentaria prehispánica." *Estudios De Cultura Náhuatl*, Vol.39, pp.127~136.
Popol Wuj. 2012. translated by Sam Colop. Guatemala: F&G Editores.
Villar Anleu, Luis M. 2012. *La cocina popular guatemalteca: mitos, hechos y anécdotas*. in Universitaria, Universidad de San Carlos de Guatemala(ed.).

웹사이트

http://www.eltoquecolombiano.com/2015/01/arepa-de-maiz-pelado.html
https://agenciatierraviva.com.ar/la-corte-constitucional-ratifico-que-ecuador-es-un-pais-libre-de-transgenicos/
https://commons.wikimedia.org/wiki/File:Ustilago_maydis_J1b.jpg
https://en.wikipedia.org/wiki/Tejate
https://en.wikipedia.org/wiki/Tejate#/media/File:MX_MR_MUESTRA_ALIMENTARIA_IND%C3%8DGENA_(28372824688).jpg
https://en.wikipedia.org/wiki/Zea_(plant)#/media/File:Maize-teosinte.jpg

https://www.biodiversidad.gob.mx/diversidad/alimentos/maices/razas-de-maiz

https://www.biodiversidad.gob.mx/diversidad/alimentos/maices/teocintles/Zea/Balsas.

https://www.biodiversidad.gob.mx/diversidad/proyectoMaices

https://www.lanacion.com.ar/economia/campo/agricultura/llego-a-brasil-la-primera
　　　-exportacion-de-harina-del-trigo-transgenico-argentino-nid02112022/?fbcli
　　　d=IwAR3QAtIEhaVaC8ZHFWcF3TcMNGu56WZmo0xijQcHu1MBxAItFlITGZpCJ
　　　OA

https://www.mexicodesconocido.com.mx/huitlacoche-hongo-de-maiz.html?fbclid=Iw
　　　AR2B7bVj-mQrlcmejjISWzdK6LEUG-UhZh8RA6mwhbog53TU7dIDeELX5ME.

https://www.rfi.fr/es/am%C3%A9ricas/20210107-m%C3%A9xico-cierra-las-puertas
　　　-al-ma%C3%ADz-transg%C3%A9nico-y-al-glifosato

https://www.youtube.com/watch?v=mBuYUb_mFXA

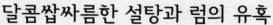

☆ *Sugar and Rum* ☆

달콤쌉싸름한 설탕과 럼의 유혹

조구호

신의 선물, 설탕

"설탕은 신의 선물이다."

"설탕은 두 개의 극단, 곧 주인과 노예, 프롤레타리아와 부자를 창출한다."

– 페르난도 오르티스^{Fernando Otriz}

"설탕의 소비량은 문명의 척도"라는 말이 있다. 이는 문명이 발달할수록, 국민소득이 올라갈수록 설탕 소비량이 많아진다고 믿은 데서 비롯된 말인데, 현재 설탕이 유발하는 건강상의 문제 때문에 문명국에서는 설탕 소비를 줄이려는 경향이 있다. 설탕이 대량으로 생산되기 전인 16세기까지 유럽에서 설탕은 귀한 의약품이나 향신료로 여겨지는 '사치품'이었다. 왕들은 식탁에 설탕 사발을 올려놓음으로써 자신의 부와 권력을 과시했다. 영국에서는 4파운드(1.5kg)의 설탕으로 송아지 한 마리를 살 수 있을 정도였다. 현재도 설탕은 중요한 식량자원이기 때문에 대부분의 나라는 완제품을 수입하기보다 자국의 제당공장에서 설탕을 생산한다. 설탕은 과당과 포도당의 결합체인 다당류 탄수화물이다. 소화 흡수가 잘되어 과도하게 섭취하면 몸에 지방으로 축적되기 때문에 마냥 좋다고 할 수는 없지만, 만병의 근원이라 치부할 정도로 해롭지도 않다. 어찌 되었든, 설탕은 지금까지 인류가 발견한 당류 중 최고의 식품이라고 할 수 있을 것이다.

설탕의 주요 원료는 사탕수수와 사탕무다. 설탕은 '원당'과 '정제당'으로 구분되는데, 정제당은 가공 형태에 따라 정백당(하얀 설탕), 황백당, 흑설탕으로 나뉜다. 즉, 원당을 다시 녹인 뒤에 불순물과 당밀을 제거해 설탕을 만들어내는데, 자당 99.8% 이상의 순수한 설탕은 하얀색을 띤다. 하얀 설탕을 생산하는 과정의 마지막 단계인 결정 공정에서 당액을 오랫동안 가열하면 갈변 현상이 일어나 황백당과 흑설탕이 나온다. 정확히 말해 황백당과 흑설탕은 순도가 떨어지는 부산물이라고 할 수 있다. 사탕무 설탕은 반제품인 '원당' 단계를 거치지 않고 사탕무에서 곧바로 생산한 것이다. 사탕무 설탕인 첨채당甛菜糖, beet sugar은 사탕수수 설탕인 자당蔗糖, cane sugar에 비해 부드러운 맛이 나는데, 일반적으로 사탕무 설탕이 사탕수수 설탕보다 가치가 낮은 상품으로 취급되고 있다. 전 세계 설탕의 약 80%는 사탕수수에서, 나머지 대부분은 사탕무에서 생산된다.

사탕수수Saccharum officinarum는 개사탕수수속에 속하는 여러해살이풀을 일컫는다. 'Saccharum'은 달콤한 주스를 뜻하는 그리스어 'sakcharon'에서 유래한 것이다. 키가 3~8m까지 자라고, 줄기 색깔은 흰색, 노란색, 짙은 녹색, 자주색, 붉은색, 보라색 등으로 다양하다. 열대 및 아열대 지역, 즉 연평균 기온이 20도 이상이고,

사탕수수

연평균 강수량이 1500ml 정도 되거나 관개시설이 있어 물이 충분히 공급되는 따뜻하고 습한 환경에서 잘 자란다. 전 세계 90개국 이상의 약 2600만 헥타르의 농지에서 연간 약 19억 톤이 생산된다. 브라질(약 7억 7000만 톤)과 인도(약 3억 5000만 톤)에서 생산된 것이 세계 생산량의 약 60%를 차지한다. 이 외에도 중국, 태국, 파키스탄, 멕시코, 콜롬비아, 오스트레일리아, 과테말라 등이 주요 생산국이다. 2018년 전 세계 사탕수수 평균 수확량은 헥타르당 73톤이었는데, 이론적으로는 헥타르당 약 280톤을 생산할 수 있다고 추정되었다. 당시 브라질에서 실시한 실험에서는 헥타르당 236~280톤이 생산되었다.

사탕무Beta vulgaris subsp. vulgaris Altissima Group는 당근처럼 생긴 뿌리식물로, 유럽이나 미국 북부 같은 냉·온대 기후에서 생산된다. 러시아가 세계 최대 사탕무 생산국이며, 미국, 중국, 프랑스, 독일, 우크라이나 등지에서도 생산된다. '달콤한 디저트Turkish delight의 천국'이라 불리는 튀르키예의 경우, 자국의 사탕무 재배와 제당산업을 보호·육성하기 위해 설탕 수입을 금지하고 있기 때문에 대부분의 설탕을 자국산 사탕무에서 뽑아낸 것으로 충당한다. 사탕무는 식량안보

사탕무

를 위해 재배하는 종목이라 EU에서는 수출을 제한한다.

사탕수수의 원산지와 설탕 정제에 관한 역사는 다양하다. 사탕수수는 기원전 8000년경에 동남아시아 지역에서 재배되기 시작했다고 한다. 인도인들은 사탕수수즙에 함유된 자당을 5000년 전부터 이용했으며, 약 4000년 전부터는 사탕수수즙으로 설탕을 만들었다고 전해진다. 인도의 고대 경전 『아타르바-베다Atharva-Veda』에는 사탕수수의 달콤함을 칭송하는 구절이 실

려 있다. "당신의 머리에 사탕수수 순으로 만든 관을 씌워드리오니, 나를 버리지 마소서." 기원전 1500년에서 기원전 500년 사이에 쓰인 인도의 산스크리트 문학에는 벵골 지역에서 사탕수수를 재배하고 설탕을 제조한 최초의 기록이 등장한다(혹자는 약 2000년 전 인도에서 사탕수수즙으로 설탕 알갱이 만드는 법을 발명했다고 주장한다). '설탕 sugar'이라는 단어는 산스크리트어 'sharkara'(또는 sakkara)에서 유래한 것으로 추정된다('자그마한 조각'이라는 뜻의 산스크리트어 'khanda'가 언어상의 변천을 겪은 뒤에 'candy'로 변했다고도 한다). 힌두교 관련 문헌에는 5세기에 설탕을 제조하는 과정이 기록되어 있는데, 수액을 끓여 당밀을 만들고 설탕 덩어리를 굴린다는 표현이 있다. 인도 요리에 여전히 사용되는 짙은 갈색의 덩어리 설탕 '구르Gur'가 설탕의 초기 형태라고 할 수 있다.

설탕이 유럽에 알려진 것은 그리스의 알렉산드로스 대왕(BC 355~BC 322) 때다. 당시 대왕이 인도에 원정군을 파견했을 때 사령관 네아르쿠스 장군은 인도 사람들이 갈대와 유사한 식물의 줄기에서 단맛이 나는 즙을 짜는 장면을 보았다. 벌의 도움 없이도 갈대 줄기로 꿀을 만들 수 있다는 사실에 놀란 그는 사탕수수를 가리켜 '꿀벌 없이 꿀을 만드는 갈대'라고 했는데, 서양에 그런 식으로 소개되면서 숭배와 탐욕의 대상이 되었다.

페르시아에서는 서기 500년경부터 사탕수수를 재배했는데, 정복지 페르시아에서 사탕수수를 발견한 무함마드 군대가 '페르시아 갈대'에 매료되어 다른 정복지에 사탕수수를 가져감으로써 사탕수수의 재배 지역이 더욱 넓어졌다. 710년에 정복된 이집트에도 군대와 함께 사탕수수가 들어갔고, 이집트인들은 사탕수수 재배와 제당 기술을 더욱 발전시켰다. 사탕수수는 이집트에서 북아프리카를 가로질러 모로코에 이르렀고, 이슬람 세력이 이베리아반도를 침략한 711년 이후 지중해를 넘어 스페인 남부 안달루시아 지방으로 이동한 뒤에 카나리아 제도에서 재배되었다.

10세기 무렵에는 사탕수수 농업이 주변 나라들로 확산되어 메소포타미아 인근에서 사탕수수를 재배하지 않는 지역이 드물 정도였다. 십자군 전쟁 (1095~1291)은 설탕 전파의 획기적인 계기가 되었다. 십자군 전쟁의 원인 중에는 술탄의 광활한 사탕수수밭을 빼앗아 한몫 챙기려는 유럽 제후들의 욕심도 숨어 있었다.

에두아르도 갈레아노는 『거울 너머의 역사*Los espejos: Una historia casi universal*』에서 사탕수수와 설탕에 관해 다음과 같이 이야기한다.

다리오 왕은 페르시아에서 '꿀벌이 없는데도 꿀을 주는 이 수수'를 찬양한 적이 있었는데, 훨씬 이전부터 인도 사람들과 중국 사람들이 이 수수를 알고 있었다. 하지만 유럽 기독교도들은 아랍 사람들 덕분에 설탕을 발견했다. 십자군 병사들이 트리폴리 평야에서 사탕수수를 보았고, 엘바리에, 마라, 아르카에서 포위당한 주민들을 굶주림으로부터 구해준 그 달콤한 즙을 맛보았다.

십자군 병사들은, 장사에 밝은 자신들의 눈이 신비주의적 열정 때문에 멀어지지는 않았기 때문에 예루살렘 왕국에서부터 시작해, 아-수카르*A-Sukkar*라 불리는 예리코 근교 어느 지역을 통과해 아크레, 티로, 크레타, 키프로스까지, 자신들이 정복해 가고 있던 땅의 사탕수수와 압착기를 착취했다.

그때부터 설탕은 유럽 잡화점에서 그램 단위로 팔리는 '백색 금'이 되었다.

시칠리아인들은 아랍으로부터 사탕수수뿐만 아니라 설탕 제조 기술까지 받아들였고, 베네치아 상인들은 설탕의 정제 기술까지 가지고 있었다. 이로 인한 부의 축적은 르네상스 개화의 발판이 되었다.

6세기 무렵 유럽의 설탕 값은 금보다 비싸다는 후추를 능가했고, 14세기에도 설탕 1kg을 사려면 소 열 마리가 필요했다고 한다. 설탕이 소금, 면

직물과 더불어 세계 3대 상품으로 자리 잡게 된 이유다. 이렇듯 설탕은 후추와 함께 중세 유럽의 중요한 교역 품목이었다. 1453년, 오스만튀르크가 콘스탄티노플을 함락하면서 설탕 교역에 큰 변화가 일어났다. 가와기타 미노루川北稔 의『설탕의 세계사砂糖の世界史』(1996)에 따르면 르네상스를 촉발한 요인으로 작용한 이탈리아 도시국가들의 경제적 풍요와 13세기 이후 저지대 지역(오늘날의 벨기에, 네덜란드, 룩셈부르크)의 성장도 설탕 상권을 장악한 덕분이었다.

설탕이 역사에 본격적으로 편입된 시기는 유럽이 아메리카와 아프리카, 아시아로 항로를 개척하던 대항해시대다. 이후 포르투갈과 스페인을 필두로 영국과 프랑스까지 해양 진출에 가담해 신대륙을 발견하고 식민지를 개척했다.

1492년 콜럼버스Cristóbal Colón의 신대륙 방문 이후 사탕수수는 포르투갈과 스페인 대항해를 통해 아프리카와 아메리카로 퍼져나갔다. 1493년 9월 25일, 콜럼버스는 17척의 선박에 1500여 명의 군인, 노동자, 선교사 등과 동식물을 싣고 스페인을 출발해 11월 27일, 제1차 항해 당시 선원들을 잔류시켰던 지역에 도착했다. 그들이 싣고 간 식물 중에는 사탕수수 묘목도 있었다. 1521년에 아스테카 문명을 멸망시킨 에르난 코르테스 역시 중남미에 사탕수수를 전파했다.

설탕의 대중화는 유럽 국가들이 서인도제도, 브라질, 인도양의 식민지에 대규모 사탕수수 농장을 건설하고 아프리카에서 들어온 노예의 값싼 노동력을 착취해 설탕을 대량생산하면서 시작되었다.

포르투갈에서 추방되어 네덜란드로 이주한 유대인들 중 다수가 브라질로 가서 1630년에 헤시피Recife 등 세 개 도시를 거점으로 사탕수수를 재배했지만, 그리 오래가지는 못했다. 포르투갈이 다시 브라질 식민지의 주도권을 잡자 1654년에 네덜란드가 브라질의 헤시피를 포르투갈에 양도한 것이다. 이로 인해 헤시피에 거주하던 유대인 1500여 명이 서인도제도로 옮겨갔고, 그곳에 대규모 사탕수수 농장들이 만들어졌다. 설탕 무역을 둘러싼 경쟁으로 전쟁도 벌어졌다. 당시 사탕수수 경작지였던 바베이도스섬은 영국령이었지만, 설탕 교역은 네덜란드의 서인도회사가 주도하고 있었다. 바베이도스섬의 유대인들과 교역하던 네덜란드 상선 13척이 영국 함대에 나포되자, 1652년에 영국과 네덜란드 사이에 전쟁이 일어난 것이다. 영국이 전쟁에서 승리하면서 1655년부터 설탕 무역의 주도권을 행사하게 되었다.

사탕무의 재배 역사는 사탕수수에 비해 짧다. 초기에는 가축 사료로 쓰거나 러시아 및 동유럽 지역의 수프 '보르시'에 넣어 먹는 정도였다. 그런데 1747년, 독일의 화학자 안드레아스 지기스문트 마르그라프 Andreas Sigismund Marggraf(1709~1782)가 현미경으로 사탕무 조각을 관찰하다가 당 성분 sucrose (수크로스)을 발견하고서 사탕무로 설탕을 만들 수 있을 있을 것이라고 생각했는데, 실질적인 효과를 거두지 못했다. 이어서 그의 제자 프란츠 칼 아하르트 Franz Karl Achard(1753~1821)가 다양한 사탕무를 키우면서 스승의 이론을 현실화하려고 애썼지만 농장이 불타는 등 악재가 겹쳐 진척이 없었다. 그러던 중 그는 1801년에 프리드리히 빌헬름 3세의 후원으로 프로이센의 실레지아 Silesia의 슈타이나우 Steinau 근처에 사탕무 정제소를 만들어 1802년에 설탕을 뽑아내는 데 성공했다. 400톤의 사탕무를 가공해 4톤의 설탕을 얻을 수 있었다. 정제소가 1806년에 나폴레옹 군대의 침입으로 전소되어 1810년에 재건했으나 1816년에 파산했다.

사탕무를 이용한 제당 사업에 본격적으로 뛰어든 사람은 나폴레옹 보나파르트였다. 프랑스의 설탕 공급지였던 생도맹그(현재의 아이티)가 1804년에 독립을 한 데다 제해권마저 영국에게 빼앗겼기 때문이다. 영국의 봉쇄로 카리브의 상품을 수입할 수 없게 된 나폴레옹은 1813년에 설탕의 수입을 금지했다. 실레지아의 사탕무가 프랑스에 소개되자, 나폴레옹은 사탕무를 연구하기 위해 특별학교를 세우고, 토지 2800헥타르에 사탕무를 재배하도록 했다. 그는 아하르트에게 과학자들을 보내 설탕 제조법을 알아 오게 했는데, 아하르트는 제조법을 알려주고는 대가를 받지 않았다. 자신이 제당법을 개발한 이유가 인류에게 설탕의 달콤함을 향유할 수 있는 기회를 주기 위해서였기 때문이다. 실제로 영국의 사탕수수 농장주들이 그를 찾아가 막대한 돈을 주며 제조법을 파기해 달라고 부탁했으나 그는 거절했고, 결국 파산해 빈곤한 생활을 하다가 사망했다.

어찌 되었든, 유럽에서 설탕이 많이 소비되고 있던 당시 상황에서, 나폴레옹이 사탕무 산업을 적극적으로 후원한 덕분에 유럽의 사탕무 산업이 급성장했다. 1840년에는 전 세계 설탕의 약 5%가 사탕무에서 생산됐고, 1880년에는 생산량이 약 10배 정도 증가해 전 세계 설탕의 50% 정도를 차지했다.

사탕무 설탕의 등장은 유럽의 왕가, 그리고 노예제도를 반대하던 운동가 모두를 고무시켰다. 일부 국가는 자국의 사탕무 농장에서 설탕을 충분히 확보할 수 있었고, 따라서 노예를 수입할 필요가 없었기 때문이다.

설탕의 달콤한 유혹과 검은 노예의 고통

설탕이 유럽에 소개되었을 때 설탕은 왕족과 귀족만이 누릴 수 있었던 일종의 사치품이었다. 하지만 스페인과 포르투갈 등이 아메리카 식민지를 개척하면서 대량생산이 이루어졌다. 생산량이 늘어 가격이 내려갔지만 대중의 필수품으로 자리 잡아 수요가 급증하면서 사탕수수 농장과 제당산업이 최고의 부가가치 산업으로 부상하며 호황을 누렸다

페르난도 오르티스는 『담배와 설탕의 쿠바적 대위법 Contrapunteo cubano del tabaco y el azúcar』(2002)에서 "설탕은 항상 노예노동을 선호했다. 설탕은 흑인들을 강제로 끌고 왔다"라고 말한다. 비극은 부를 축적하기 위해 사탕수수

를 경쟁적으로 재배하면서 생겨났다. 사탕수수는 지력地力을 약화시키는 성질이 있는데, 기술 발전에 따른 생산성 증가가 거의 이루어지지 않은 상태에서 급증한 설탕 수요에 대처하기 위해서는 생산 규모를 확대할 필요가 있었고, 수확하기까지 엄청난 노동력이 요구되기 때문에 대규모의 집약적 노동력을 필요로 했다. 이는 노예무역의 증가로 귀결되었다. 노예, 담배, 설탕의 삼각무역을 통해 유럽으로 유입되는 설탕이 폭증하고, 유럽은 설탕의 단맛에 빠져들었다. 유럽 국가들은 아메리카에서 재배한 사탕수수와 설탕을 수입하고, 자신들이 생산한 공산품을 아프리카로 수출하면서 아프리카 노예들도 실어 날랐다. 설탕 무역을 통해 노예무역이 발전한 것이다. 16세기 중엽에는 150~200명의 노예를 소유한 농장들이 등장했는데, 노예 수가 500명에 달한 곳도 있었다.

1494년에 체결한 '토르데시야스 조약Tratado de Tordesillas'을 통해 피 한 방울 흘리지 않고 브라질을 차지한 포르투갈은 사탕수수를 재배하고 당糖을 생산할 값싼 인력을 구하기 위해 검은 대륙(아프리카)으로 눈을 돌렸다. 마구잡이로 포획된 흑인 노예들이 아메리카로 이송되기 시작했고, "사탕수수 있는 곳에 노예가 있다"라는 말이 생겨났다. 포르투갈인들이 상아와 금을 사기 위해 아프리카 서해안에 거점을 만들었지만, 물량이 고갈되자 인간을 거래하기 시작한 것이다. 1444년에 처음으로 '검은 황금Black gold', 즉 흑인 노예가 리스본에서 거래되었다. 일찍부터 사탕수수 재배에 관심을 가진 포르투갈의 '항해왕' 엔리케 왕자가 235명의 흑인을 잡아와 노예로 판 것이다. 대규모 흑인 노예무역은 이렇게 시작되었다.

노예무역에 가장 적극적인 국가는 영국이었다. 1562년에 서인도제도의 산토도밍고에 아프리카 출신 노예 300여 명을 보낸 영국은 1713년에 서인도제도의 농장주, 상인, 노예상이 설탕과 럼주로 수익을 창출하게 되자 노예 매매를 선도했다. 상인들은 아프리카의 노예를 서인도제도로 보내고 나

설탕을 만드는 흑인 노예들(출처: 미상)

서 빈 배에 설탕, 럼, 향신료, 열대작물 등을 실어 영국으로 돌아왔다. 노예
선의 상태는 참혹했다. 남자, 여자, 아이가 모두 쇠사슬로 연결되어 묶여 있
었고, 뱃멀미로 토하거나 배설을 해도 그대로 방치했다. 몸이 아파서 쓸모
가 없거나 죽은 노예는 바다로 내던져졌다. 당시 영국의 문학자, 철학자, 성
직자 등 지식인들이 노예 매매를 반대했지만 자국이 노예무역을 통해 국가
수입의 3분의 1을 얻고 막강한 해군력을 확보할 수 있었기 때문에 정면으로
나서는 것은 쉽지 않은 일이었다.

　　바베이도스의 경우, 1660년대까지만 해도 유럽 출신 노동자가 다수였
으나 이후부터는 아프리카 출신 노예들이 더 큰 몫을 차지하게 되었다. 서
아프리카의 볼타Volta강 동쪽부터 나이지리아의 라고스에 이르는 지역에서
수많은 노예를 차출해 배에 실어 보냈다. 포르투갈인들은 이곳을 '미나Mina
해안'이라고 불렀는데, 영어로는 '노예 해안 Slave Coast'이라 불렀다. 설탕의
생산성을 높이기 위해 강제 노동, 가혹한 매질과 처벌 등 흑인 노예에 대한

인권유린이 자행되었다. 절대왕정 시대에서 시민사회로 넘어가는 시기에 활동한 계몽주의 사상가 볼테르는 풍자소설 『캉디드 Candide』(1759)를 통해 설탕으로 인한 흑인 노예의 고통과 인권유린을 고발했다. 이 책은 출간되자 마자 금서가 되었다.

사탕수수가 다 자라면 농장이 정글처럼 변한다. 설탕을 얻기 위해서는 사람 키보다 큰 사탕수수를 베어 제당공장으로 운반한 뒤에 롤러로 압착해 즙을 짜야 한다. 롤러에 사탕수수를 밀어 넣는 사람들은 과로하거나 졸음을 이기지 못한 상태에서 작업해 롤러에 손이 끼여 팔 전체가 딸려 들어가는 경우에 즉시 팔을 절단할 수 있도록 손도끼를 준비해 놓기도 했다. 스페인의 소설가 피오 바로하 Pio Baroja(1872~1956)는 『과학의 나무 El árbol de la ciencia』 (1911)에서 이들이 처한 상황을 이렇게 표현했다.

"몇 년 전 쿠바 섬에 있는 어느 제당공장에 가 본 적이 있다." 이투리오스가 말을 이었다. "수많은 중국인과 흑인이 사탕수수 다발을 운반해 커다란 실린더들로 이루어진 사탕수수 압착기에 넣고 있었지. 우리는 기계가 작동하는 모습을 구경하고 있었는데, 갑자기 중국인 하나가 기계 속으로 끌려 들어가 발버둥을 치는 것이 보이더구나. 백인 십장이 기계를 멈추라고 소리를 질러댔지. 기계를 다루는 사람은 명령대로 조치하지 못했고, 그 중국인은 결국 기계 속으로 사라져 버렸어. 이내 뼈가 가루가 되고, 그는 피범벅이 된 천처럼 변해 나오더라. 그 장면을 목격한 우리 백인들은 그의 죽음을 슬퍼했는데, 정작 중국인들과 흑인들은 낄낄거리고 있더구나. 이건 그들이 노예 정신을 갖고 있었기 때문이야."

사탕수수 즙을 정제하기 위해서는 큰 솥에 오랫동안 끓여야 하는데, 즙을 끓일 때는 몇 시간 동안 돌이나 단단한 땅에 선 채 일을 하고, 또 쉬는 시간에도 앉을 의자가 없었기 때문에 이 일을 하는 사람들은 다리에 병이 났다. 또한 사탕수수 즙을 끓이는 데는 엄청나게 많은 연료가 필요했기 때문에 주변 지역에서 땔나무를 베어 오는 노동까지 해야 했다.

농장주들은 노예들에게 쉼 없이 일을 시키기 위해 가혹한 처벌을 일삼았다. 혹독하게 매질하고, 쇠로 만든 테를 목에 끼워서 며칠 동안 제대로 누워 자지도 못하게 만들거나, 때로는 펄펄 끓는 보일러 앞에 며칠 동안 묶어놓아 진을 빼놓기도 했다.

시드니 민츠Sidney Wilfred Mintz(1922~2015)는 『설탕과 권력Sweetness and Power』(1985)에서 설탕이라는 재화의 역사를 추적하면서 설탕과 권력의 연관성을 찾는다. 그에 따르면, 카리브 지역의 삶의 방식은 독자적으로 형성된 것이 아니라 메트로폴리스, 즉 경제 중심부와 식민지 사이에 특정한 생산·유통·소비 체제가 구축되면서 만들어진 것이다. 카리브 지역에서 사탕수수 대량 생산에 동원되어 아메리카에 강제로 끌려온 노예의 수는 약 1300만 명에 달했는데, 바베이도스의 경우 1701~1810년 사이에 25만 2500여 명이, 같은 시기에 자메이카에는 66만 2400여 명이 수입되었다고 한다. 사탕수수를 베어 운반하고 설탕을 생산하는 과정에서 약 400만 명의 노예가 사망했다. 나중에는 아프리카로부터 노예를 수입하는 것이 여의치 않게 되자 인도와 중국으로부터 계약노동자를 들여와 노예의 후예들과 경쟁시켰는데, 이들은 제도적으로 토지를 소유할 수 없었다.

노예들의 반란은 당연한 것이었다. 대표적인 경우는 '설탕 섬'이라 불리던 생도맹그(현재 아이티)의 흑인 노예들이 1791년에 일으킨 폭동이다. 흑인 노예들이 중남미 최초로 독립혁명을 일으켜 아프리카 바깥에서 최초의 정권(1804년 독립 선언)을 세운 것이다.

1740년대까지 생도맹그는 자메이카와 함께 세계 최대의 설탕 공급원이었다. 1700년도 후반에 전 세계 설탕의 40%를 생산하던 생도맹그는 카리

아이티 흑인 노예들의 반란
(출처: http://www.worldgallery.co.uk, engraved in 1845 by french anonymous)

브해의 노예 식민지 가운데 가장 부유하고 발전된 곳이었다. 이곳 흑인 노예의 수는 백인과 자유인의 여덟 배에 달했다. 당시 카리브 지역의 노예는 약 100만 명이었는데, 이 생도맹그에 전체 노예의 절반 정도가 살고 있었다. 노예의 사망률이 출산율보다 높았기 때문에 아프리카 노예들을 지속적으로 수입해야 했다. 노예의 수는 과로, 영양부족, 의식주 결핍, 의료 혜택 부재 등을 비롯해 남성이 여성보다 많은 성비의 불균형 때문에 매년 2~5%가 줄어들었다.

설탕 생산은 엄격히 통제된 흑인 노예들의 혹독한 육체노동을 필요로 했다. 설탕 수출로 부를 쌓은 백인 농장주들은 압도적으로 많은 흑인 노예들에게 둘러싸여 있었기 때문에 노예들의 반란에 늘 신경을 곤두세워야 했다. 1758년에 백인 농장주들은 유색인종의 권리를 제한해 엄격한 계급제도를 구축하기 위해 법률을 제정하기 시작했다. 이 과정에서 백인 식민자들과 흑인 노예들 사이에 몇 차례 폭력적인 분쟁이 발생했다. '마룬Maroon'이라 불리던 노예 집단이 농장에서 도망쳐 숲속에 숨어 살면서 설탕과 커피농장을 습격해 폭력을 행사했다. 이 같은 공격이 성공하자 흑인 노예들은 자신들의 정치적 목적을 달성하기 위해서는 폭력을 비롯해 잔인한 방법을 사용할 수 있다는 사실을 깨달았다. 마룬의 숫자는 크게 늘어났지만 목표를 실행하기 위한 리더십과 전략을 갖추지는 못했다. 마룬의 최초의 실질적인 지도자는 카리스마 있는 부두교 주술사 프랑수아 마캉달François Mackandal(1730~1758)이었다. 그는 아프리카의 전통과 종교를 이용해 흑인 저항 세력을 하나로 모으고, 비밀 조직망을 결성해 1751년부터 1757년까지 반란을 이끌었다. 1758년에 프랑스군에 잡혀 화형에 처해졌지만, 그의 사후에도 마룬은 무력 투쟁을 계속했다. 그 후 가장 뛰어난 흑인 지도자들 가운데 한 명인 투생 루베르튀르Toussaint Louverture(1743~1803)의 지도하에 반란을 일으킨 노예들은 프랑스에 대해 우위를 점하며 생도맹그의 대부분을 장악했다. 투생은 프랑

투생 루베르튀르

스에 굴복하지 않고 자치 정권을 수립해 섬을 효율적으로 지배했다. 1788년에는 영국 원정대를 물리치고 산토도밍고까지 침략해서 1801년에 그곳의 노예를 해방시켰다. 그는 생도맹그 헌법 제정과 더불어 자치 정부를 만들고 자신이 종신총독이 되고자 했다. 그러나 1802년, 나폴레옹의 동생 샤를르 르클레르가 이끄는 원정군이 생도맹그를 재점령하려고 시도했고, 이때 투생은 프랑스군에 체포되어 1803년에 사망했다. 온갖 우여곡절을 겪은 뒤 장 자크 데살린Jean-Jacques Dessalines(1758~1806)이 이끄

는 반군이 베르티에르 전투에서 프랑스에 승리했다. 데살린은 1804년 1월 1일, 독립을 선언하고 아이티 자유공화국을 세웠고, 아이티는 미국에 이어 신대륙에서 두 번째 독립국이 되었다. 세계 역사에서 유일하게 노예 반란이 성공한 경우였다. 아이티 혁명의 종결은 이 섬에 대한 식민주의의 종식을 뜻하는 것이었지만 노예제도하에서 커진 사회적 갈등은 대중에게 큰 영향을 미쳤다. 프랑스는 아이티에 자유를 부여했지만 마르티니크와 과달루프에서는 노예제도를 계속 유지했다. 영국은 1807년에 노예무역을 폐지하고, 1833년에는 영국령 서인도제도에서 노예제도를 완전히 폐지했다.

이렇듯 달콤한 설탕의 유혹 이면에는 탐욕에 눈이 먼 제국주의, 잔인한 노예제도와 이를 폐지하기 위해 투쟁한 눈물겨운 역사가 있다. 프랑스의 소설가이자 박물학자인 베르나르댕 드 생 피에르^{Bernardin de Saint-Pierre}(1737~1814)는 설탕 생산과 노예제도의 문제에 관해 다음과 같이 비판한다.

커피나 설탕이 유럽의 행복을 위해 꼭 필요한 것인지는 잘 모르겠다. 그러나 이것들이 지구상의 거대한 두 지역에 불행을 초래했다는 사실은 잘 알고 있다. 아메리카는 이들 작물의 경작지를 대느라 인구가 줄고, 아프리카는 그것들을 재배할 인력을 대느라 허덕였다.

설탕의 역사는 달콤하기보다 아주 쓰고 맵기까지 하다. 앞서 언급한 독일의 약제사 겸 화학자, 생물학자, 물리학인 프란츠 칼 아하르트가 유럽의 추운 기후에서도 잘 자라는 사탕무에서 설탕을 추출하는 정제법을 개발한 뒤부터 설탕의 검은 잔혹사는 일단 멈췄고, 달콤한 맛에 드리워진 노예무역의 검은 그림자도 어느 정도 희미해졌다. 물론, 노예노동의 비인간적인 면모가 유럽에 알려지면서 설탕 불매운동이 일어나기도 했으며, 현재도 사탕수수 농장의 열악한 노동환경과 저임금 등 여러 가지 문제가 존재한다.

설탕은 공정무역 대상이기도 하다.

한민족의 설탕과 사탕수수

우리나라 사람들은 언제부터 설탕을 먹었을까? 최초의 기록은 고려 명종 때의 문인 이인로가 쓴 『파한집破閑集』(1260)에 실려 있다. 고려시대, 설탕은 중국 송나라에서 들여오는 값비싼 수입품이었다. 중국에서는 기원전 2세기경부터 사탕수수를 재배했다고 한다. 열대작물인 사탕수수가 한국에서는 재배되지 않았고, 사탕무도 전파되지 않은 상황이었기 때문에 설탕은 중국이나 유럽, 일본 등에서 수입했다. 수입이 되었어도 여전히 비쌌기 때문에 비교적 구하기 쉽고 저렴한 벌꿀로 대체할 정도였다. 『조선왕조실록』에는 세종의 비 소헌왕후가 평소에 설탕을 좋아해서 와병 중에도 설탕을 먹고 싶어 했는데, 나중에 장남 문종이 설탕을 구해 울면서 어머니의 영전에 바쳤다는 이야기가 있다. 당시에는 설탕이 왕실에서조차 구하기 쉽지 않은 사치품이었던 것이다. 설탕이 우리나라에서 대중 식품으로 보급된 것은 1950년대 중반 제당 공장이 설립되면서부터다. 1950~1960년대에 한국의 산업을 대표하는 업종은 설탕, 면제품, 밀가루의 '삼백산업三白産業'이었다. 설탕이 우리나라 산업의 초기 성장사에서 빼놓을 수 없는 품목이었던 것이다. 1970년대 초반까지도 설탕은 귀한 대접을 받고 쓰임새도 다양했는데, 무더운 여름에 시원한 설탕물을 마시거나 설탕물에 국수를 말아 먹었으며, 명절에는 설탕을 선물하기도 했다. 이전까지는 한식에 설탕 대신 꿀이나 조청을 사용했는데, 1980년대부터 설탕이 대량생산되어 가격이 저렴해지자 본격적으로 음식에 설탕을 넣어 먹게 되었다.

1905년에 체결된 을사조약으로 우리나라의 운명이 풍전등화와 같은 상태가 되자 가난한 농민, 도시 노동자, 변화를 갈망하던 이들에게 조국은 더

태극기와 멕시코 국기 앞에 선 한인들(출처: https://m.blog.naver.com/hl2xli/221973994449)

이상 희망을 주지 못하는 곳이 되었다. 7000명이 넘는 한국인이 일본인과 영국인 브로커의 감언이설에 속아 정든 고향을 등지고 하와이로 떠났다. 국내에 계속된 가뭄과 흉년으로 농민과 노동자가 극심한 생활고로 허덕이는 상황에서 때마침 하와이 사탕수수 농장에서 일꾼을 모집했던 것이다. 브로커들은 한국과는 달리 1년 내내 기후가 온화하고 상쾌한 하와이로 이주해 일을 하면 매월 15달러의 수입을 보장한다고 선전했다. 1902년, 121명의 한인이 배를 타고 하와이로 떠난 이후, 3년 동안(1903~1905) 총 7226명이 떠났다. 한인들은 매일 열 시간씩 사탕수수밭에서 노동했지만 광고와는 달리 임금은 열악했고, 노예와 다름없이 생활했다. 이를 견디지 못한 한인 1000여 명이 미국의 캘리포니아 등지로 떠났다.

  1905년, 1000여 명의 한인이 '멕시코 드림'을 꿈꾸며 40여 일 동안 배를 타고 멕시코에 도착했다. 그들은 유카탄반도에서 선박용 밧줄을 만드는 에네켄 Henequen 농장으로 끌려가 40도가 넘는 뙤약볕 아래에서 적은 돈을 받으며 고된 노동에 시달렸다. 노예 같은 생활이었다. 이들은 4년이라는 계약

기간을 채웠지만 한일합병으로 조국이 사라졌기 때문에 대부분은 고국으로 돌아오지 못한 채 멕시코에 남거나 미국이나 쿠바로 떠났다. 1921년, 한인 274명이 풍요로운 삶을 찾아 쿠바 마나티 Manati 항에 도착했다. 사탕수수 농장에서 일하게 되리라 예상했던 한인들을 기다린 것은 에네켄 농장이었다. 당시 설탕 공급의 과잉으로 사탕수수 값이 폭락하면서 사탕수수 농장이 문을 닫았기 때문에 한인들은 수도 아바나 부근의 에네켄 농장에서 고된 노동을 하며 버텨야 했다. 그들은 하루하루 먹을 것조차 구하기 힘든 고난과 역경에도 한인의 뿌리와 정체성을 유지하려 노력했다.

사탕수수의 다양한 쓰임새

이슬람의 철학자이자 의사인 이븐 시나 Ibn Sīnā (980~1037)는 설탕을 만병통치약에 비유했다. 실제로 고대 이집트에서 꿀과 설탕을 이용해 상처를 소독하는 효과를 본 이후로 오랫동안 설탕이 살균제 역할을 했다. 대부분이 수분으로 이루어진 세균 주변을 설탕이 감싸면 삼투압 현상이 일어나기 때문에 세균 속의 수분이 밖으로 빠져나가 세균을 말려 죽이는 것이다. 중세 유럽에서는 약품의 맛을 좋게 하는 데 쓰이기도 했다. 비상시에는 설탕과 소금을 이용해 간단하게 제조한 수액을 환자에게 주입하기도 했다.

설탕이 대량으로 생산되기 이전에는 상류층만 소비할 수 있는 사치품이었지만 아메리카에서 대규모로 생산된 이후에는 서민들의 열량 공급원 역할을 했다. 예를 들어 영국의 노동계급은 홍차에 설탕을 타서 마셨는데, 이때 설탕이 저렴한 가격에 비해 높은 칼로리를 제공하는 식품첨가제 역할을 한 것이다. 1900년경에 설탕은 영국인이 섭취한 총칼로리의 약 20%를 차지했다고 한다. 설탕은 자당의 비율이 높을수록 흰색을 띠는데, 백설탕은 자당 그 자체라고 할 수 있다. 당연히 자당의 비율이 높을수록 열량도 높다.

인간이 섭취한 음식은 소화 과정을 통해 자당蔗糖 형태로 전환되는데, 그 자체가 자당이라고 할 수 있는 설탕을 먹는다는 것은 중간 과정 없이 곧바로 열량을 얻는다는 것을 뜻한다. 생물학적으로, 인간이 설탕을 찾는 이유가 여기에 있다. 뇌는 하루에 약 120g의 포도당을 소비하기 때문에 그만큼의 당을 필요로 하는데, 이는 많은 현대인이 스트레스를 해소하기 위해 단맛을 찾는 이유이기도 하다.

설탕은 실제로 폭넓게 쓰이는 조미료다. 단순히 단맛을 내기 위해서만이 아니라 각 식재료가 갖고 있는 신맛, 매운맛, 쓴맛, 감칠맛 등을 한데 어우러지게 하고 맛을 증가시키는 효과가 있기 때문이다. 현대 요식업계는 설탕이 없으면 유지하기가 힘들 정도이며, 단맛과 전혀 상관이 없는 것처럼 보이는 요리에도 대부분 설탕이 들어가 있다고 봐도 무방하다. 설탕은 수분을 흡수하는 성질이 있어서 육류 가공품에 설탕을 쓰면 고기가 촉촉해지고 잡맛을 줄일 수 있다. 바비큐를 위한 고기 양념에도 설탕을 넣는데, 고기를 굽는 중에 설탕이 캐러멜층을 형성하고 수분과 결합해 고기가 건조해지는 것을 막고 풍미를 높여주기 때문이다.

초콜릿의 주성분인 카카오에는 폴리페놀과 식이섬유, 칼슘, 마그네슘, 철, 아연 등 필수 미네랄이 풍부하게 함유되어 있어 영양가가 높다. 하지만 카카오 자체는 씁쓸하고 떫기 때문에 설탕이 들어가야 비로소 기호품으로 즐길 수 있는 달콤한 초콜릿이 된다. 설탕은 화장품에도 쓰인다. 설탕 자체가 보습제 역할을 하며 설탕 알갱이가 피부 표면을 미끄러지면서 각질을 제거하는 역할을 하기 때문이다. 설탕은 살구씨나 아몬드 껍질 가루처럼 거칠지도 않고 또 플라스틱 스크럽scrub과는 달리 물에 녹기 때문에 친환경적이다. 손을 씻거나 설거지를 할 때도 유용하다. 튀김 같은 기름기 많은 음식을 집어 먹고 손에 기름이 묻었을 때 설탕을 비누처럼 문질러 씻으면 기름기가 씻겨나간다. 싱크대나 부엌 벽에 찌든 기름때도 행주나 티슈에 설탕물을 묻혀 문지르면 깨끗이 닦아낼 수 있다.

사탕수수는 생물 전환 효율이 가장 높은 식물 중 하나다. 사탕수수를 발효해 에탄올을 만들기도 한다. 1헥타르의 땅에서 생산된 사탕수수에서 연간 약 4000리터의 에탄올을 생산할 수 있다. 에탄올은 바이오연료로 사용할 수 있는데, 브라질의 경우에는 규정상 자동차용 휘발유에 바이오에탄올이 22% 이상 포함되어야 한다.

설탕이 다른 용도로 전환된 사례로 유리 대용품 '슈가 글라스Sugar glass'가 있다. 정제 기술을 통해 규사처럼 투명하게 만든 것으로, 처음에는 진귀한 사치품으로 여겨졌으나 요즘에는 유리 대용품으로 가끔 쓰인다. 건축에서는 콘크리트의 경화 지연 및 수화열水和熱 감소, 균열 방지를 위해 사용한다.

설탕을 만들 때 100톤의 사탕수수에서 약 32~34톤의 섬유질 찌꺼기가 나오는데, 이를 건조시켜 만든 '바가스Bagasse'는 가축 사료로 사용될 뿐만 아니라 연소될 때 증기와 전기를 생산하기 때문에 훌륭한 바이오매스 에너지원이다. 현재 전 세계에서 연간 약 10억 톤의 사탕수수를 수확하는데, 사탕수수로 인한 글로벌 에너지 잠재력이 10만GWh 이상이라고 한다. 브라질에서 최신 기술을 사용해 생산하는 바가스는 브라질 에너지 소비의 약 20%를 충족할 수 있는 잠재력을 가지고 있다. 과테말라의 경우, 사탕수수 찌꺼기를 재활용한 발전량이 전체 전력 생산의 약 17%를 차지한다. 바가스는 종이 생산을 위한 대체 펄프 공급원으로도 사용할 수 있다.

사탕수수 폐기물로 '녹색' 용기를 만들 수도 있

바가스

다. 사탕수수 용기를 생산할 때 배출되는 이산화탄소는 기존 플라스틱 용기를 제조할 때보다 97%가, 종이 제품과 바이오플라스틱을 제조할 때보다 65%가 적다. 게다가 제작 비용 역시 톤당 2000유로 미만으로, 바이오플라스틱으로 용기를 만들 때 드는 제작 비용의 절반에 불과하다.

바쿠스의 달콤한 유혹

오늘 나는

아름다운 해변에서

거대한 전투를 치르고 싶다

그대와 나는 싸운다

럼 병 하나

흥겨운 살사 음악 한 곡과 더불어

우리 둘은 사랑하는 취객처럼

함께 춤을 출 것이다

– 다비드 페르난데스 피스David Fernández Fis

자유와 창조의 원동력, 럼의 유래

앞서 언급했다시피 동남아시아가 원산일 것으로 추정되는 사탕수수는 아라비아와 북아프리카를 경유해 스페인과 포르투갈에 소개되었다. 그리고 스페인의 신대륙 방문에 따라 자연스럽게 천혜의 경작 조건을 지닌 카리브 지역으로 전파되었다.

사탕수수즙을 농축시켜 설탕 결정을 분리하고 남은 액을 당밀이라 한다. 당밀을 고온에서 발효시키면 알코올로 변하는데, 이것을 증류하면 '럼rum'이 된다. 일반적으로 사탕수수의 당밀이 럼의 원료로 쓰이는 이유는 당밀이

55~66% 정도의 당분을 함유하고 있는 데다 당밀을 자연 발효시킬 때 효모 뿐 아니라 여러 가지 박테리아가 작용해 럼이 지닌 특유의 향이 가미되기 때문이다. 럼도 위스키와 마찬가지로 숙성 공정을 거치는데, 주로 화이트 오크통이 쓰인다.

럼의 기원에 관해서는 다양한 이론이 있지만, 현존하는 자료에 따르면 고대 그리스에서 처음으로 만들었다고 한다. 그 후에 여러 문화권에서 럼이 제조되어 다양한 경로를 통해 말레이시아, 페르시아 등지로 퍼져나갔다.

럼의 본격적인 역사는 아메리카의 사탕수수 농장에서 일하던 흑인 노예들로부터 시작되었다고 하는데, 럼의 탄생에 관해서는 몇 가지 설이 있다. 17세기 초 소앤틸리스제도의 바베이도스섬에 이주한 영국인이 섬에 자라던 사탕수수를 이용해 만들었다는 설과 16세기 초에 푸에르토리코의 초대 총독인 스페인 출신 탐험가 후안 폰세 데 레온 Juan Ponce de León의 부하들 가운데 주조 기술을 가진 이가 사탕수수를 원료로 럼을 빚었다는 설이 그것이다.

19세기에 접어들어 사탕수수와 설탕의 대량생산체제가 자리 잡으면서 럼이 본격적으로 만들어져 판매되기 시작했다. 설탕 생산량이 대폭 증가하면서 늘어난 부산물인 당밀을 처분해야 했으므로, 처음에는 주로 흑인들이 남아도는 당밀을 가지고 밀주 형태로 만들었다. 이 때문에 럼의 질이 매우 낮았다. 17세기 중반, 럼이 막 유통되었을 때 그 독한 맛을 본 백인들이 '킬데빌 Kill Devil'이라고 부를 정도였다. 럼의 상품화를 위해서는 많은 개선이 필요했는데, 당밀의 품질을 높일 방책이 마련되자 날개 돋친 듯 팔리기 시작했다.

특이한 럼 이야기

교역이 증대하고 럼의 독특한 빛깔과 풍미가 알려지면서 유럽인들에게 럼이 대중화되었다. 특히 강한 알코올 성분 때문에 한때 전장에서 수술 시 임시 마취제나 해열제로 사용되는 등 200여 년 동안 영국 해군의 상비약 구실을 했다.

영국의 정규 해군이 럼과 맺은 인연은 1655년 영국군이 자메이카를 점령하면서 럼의 대량 공급이 가능해지자 승무원들에게 그때까지 지급되던 프랑스 브랜디 대신 럼을 지급하면서부터 시작되었다. 초기에는 럼 자체를 보급했는데, 너무 독해서 승무원들이 쉽게 취하는 문제가 생기자 럼에 적당량의 물과 설탕, 레몬즙, 라임즙을 섞어 보급했다. 여기서 유래한 칵테일이 '그로그 Grog'인데, 이 명칭은 당시 물에 럼을 섞으라고 명령한 제독이 입었던 망토의 재질 '그로그램 grogram'에서 비롯되었다고 한다. 실제로 라임을 섭취하면 괴혈병의 예방 및 치료가 가능하다는 사실이 밝혀졌고, 럼, 라임, 설탕 베이스에 박하 등 다양한 재료를 더한 칵테일이 등장하게 되었다. 당시 영국 해군은 오랜 기간의 항해를 위해 큰 통에 식수를 담아 싣고 다녔다. 물은 흐르지 않고 담아두면 조류藻類가 생기고 변질되어 악취가 나는데, 바다 한가운데서 소중한 식수를 버릴 수 없었기 때문에 물이 상하는 것을 막기 위해 물에 럼을 섞기도 하고, 승무원들 사이에 유행하던 괴혈병을 막기 위해 레몬이나 라임을 넣기도 했다. 1805년, 영국 해군과 프랑스 및 스페인 연합함대가 벌인 트라팔가르 해전에서 전사한 영국 해군 제독 넬슨의 사체가 부패하는 것을 막기 위해 럼이 들어 있는 통에 시신을 담아 본국까지 운반한 일화도 있다. 이때 피가 번져서 럼의 색깔이 붉게 변했는데, 그래서 붉은 빛의 럼을 '블러디 럼 Bloody rum'이라고 부르게 되었다고 한다. 이 일화 때문에 럼을 '넬슨의 피 Nelson's Blood'라고도 부른다.

이런 럼이 어쩌다 해적의 상징이 되었을까? 이는 16~17세기에 성행했던 사략선私掠船 제도와 관련이 있다. 승무원은 민간인이지만 적선을 공격해 나포할 권리를 정부로부터 승인받은 무장 선박 사략선 제도는 부족한 해군력을 보충하기 위해 유럽에서 운용되었다. 특히 카리브 지역에서는 영국과 스페인이 식민지 확보 경쟁을 벌이면서 상대국의 배를 약탈해도 좋다는 국왕의 사략 특허장을 이용해 해적행위가 공공연하게 행해졌다. 카리브 지역에는 스페인의 영토가 많았기 때문에 스페인 선박들이 주된 약탈 대상이었는데, 기동력을 갖춘 영국계 해적선에 당하기 일쑤였다. 이때 이들 해적 승무원들이 즐겨 마시던 술이 럼이었다. 다른 가설에 따르면 서인도제도에 럼이 풍부해 해적들이 쉽게 구할 수 있는 럼을 자연스럽게 자주 마시게 되었기 때문이라고 한다.

럼의 명칭과 종류

'럼'이라는 명칭의 기원은 불분명하다. 먼저, 사탕수수 줄기를 끓여서 만든 음료 '럼불리온Rumbullion'과 관련이 있다는 설이 있는데, 이 어휘는 '대혼란 또는 대소동'이라는 뜻이다. 럼을 처음 마셔본 원주민들이 취해서 '럼불리온' 상태에 있었기 때문에 이런 이름이 붙었다는 설이다. 일부는 네덜란드의 선원들이 사용하던 커다란 술잔 '러머rummer'에서 유래했다 믿는다. 한편, 설탕을 의미하는 라틴어 '사카럼Saccharum', 향기를 의미하는 프랑스어 '아롬arôme'에서 유래했다고 보는 이도 있다.

현재 세계인들이 마시는 럼은 'Rum', 'Ron', 'Rhum'으로 불리고, 이 셋은 제조 방식, 재료, 맛, 향기 등에서 미묘한 차이가 있다. 'Rum'은 자메이카, 바베이도스, 트리니다드토바고, 버진제도, 세인트루시아 등 영국의 식민지에서 생산·제조한 것으로, 사탕수수에서 채취한 당밀을 원료로 사용하고, 버번과 테네시 위스키 제조에 사용되는 방식, 즉 위스키의 일관된 품질을 유지하기 위해 먼저 제조된 발효 원액의 일부를 다음번 제조 시에 투입하는

'사워 매시Sour Mash' 방식을 채택한다. 증류에는 스카치 위스키를 제조할 때 사용하는, 주전자처럼 생긴 구리 증류기 팟 스틸Pot Still이 사용된다. 주로 설탕, 캐러멜, 향신료가 첨가되어 달콤하고 향이 강하며 색깔이 짙은 헤비 럼 Heavy Rum이다.

'Ron'은 쿠바, 푸에르토리코, 도미니카공화국, 베네수엘라, 과테말라, 니카라과, 파나마 등 과거 스페인의 식민지에서 생산·제조한 것이다. 원료는 당밀인데, 일부 지역에서는 사탕수수즙을 첨가해 맛이 더 부드럽고 가볍지만 향은 더 복합적이다. 증류에는 브랜디와 동일한 증류기를 사용하고, 흔히 아메리카식 오크통이나 캐러멜 처리를 한 오크통에 숙성하는데, 경우에 따라 설탕을 첨가할 수도 있다.

'Rhum'은 프랑스의 식민지인 마르티니크, 과달루프, 아이티 등에서 생산·제조한 것이다. 원료는 당밀이 아니라 프랑스어로 '브주Vesou'라고 부르는 사탕수수 원액을 사용하고, 증류에는 코냑 제조용 증류기가 사용된다. 발효 과정에서 생성되는 천연 효모의 작용으로 발효가 이루어지는데, 미리 선별된 효모를 주입하기도 한다. Rhum은 앞서 언급한 두 럼보다 더 드라이하고 독하다.

이처럼 럼은 많은 국가에서 생산되는데, 나라마다 알코올 재료와 숙성 기간 같은 제조 방식과 기준에 따라 맛과 색상, 명명 방식이 조금씩 다르다. 위스키나 브랜디와 마찬가지로 브랜드에 따라 차이가 생기기도 한다.

'라이트Ligero 럼'은 색깔이 없고 투명해서sin color 일명 '화이트Blanco 럼' 또는 '실버Plata 럼'이라고 한다. 색이 없고 가벼우며 부드럽지만 알코올 도수는 다른 럼과 비슷하다. 연한 호박색琥珀色이 나는 것은 숙성하는 과정에서 색깔이 변했기 때문인데, 상업화를 위해 여과하는 과정에서 색깔을 빼내 투명하게 만든다. 숙성 기간이 짧아 비교적 값이 싸고, 부드러운 향과 드라이한 풍미가 칵테일에도 잘 어울려 대중적인 인기를 끌고 있다. 푸에르토리코가 주산지이고, 쿠바의 대표적인 럼이다.

'헤비 Heavy 럼'은 진한 갈색이어서 일명 '다크 Negro 럼'이라고도 부른다. 오크통에서 몇 년 동안 숙성하기도 한다. 숙성 과정에서 염료를 섞어 짙은 색깔을 띠고, 증류를 함으로써 당밀 향이 깊어져 묵직한 보디감과 강한 풍미를 지닌다. 주로 자메이카, 아이티, 프랑스령 기아나 등지에서 생산·제조된다. 색깔이 가장 어두운, 검정에 가까운 럼은 '블랙 럼 Black Rum'이라고 부른다. 럼 중에서 보디감이 가장 묵직하고 풍부한 풍미를 지니고 있다.

'미디엄 Medium 럼'의 색은 헤비 럼과 라이트 럼의 중간 정도인데, 캐러멜 색소 및 다른 인공색소로 착색해 호박색을 띠기 때문에 '골드 Dorado 럼'이라고 한다. 라이트 럼보다 숙성 기간이 길고, 여과를 덜하기 때문에 색깔이 진하며, 맛이 강하고 풍부한 풍미를 지닌다. 포도당이 많이 함유되어 있어서 다른 럼보다 달다. 주요 생산지는 도미니카공화국, 아이티, 마르티니크 등지다.

'아네호 Añejo'는 오크통에서 적어도 1년 이상 숙성시켜 증류한 것인데 (añejo는 '년'을 의미하는 스페인어 año의 형용사로, 여러 해 동안 숙성되었다는 뜻이다), 최고급 맛을 내기 위해서는 6년 정도 숙성시켜야 한다. 다크 럼처럼 맛이 묵직하다. 7년 이상 숙성시킨 것은 '레세르바 Reserva', '그란 레세르바 Gran Reserva', '엑스트라 아네호 Extra Añejo' 등으로 불린다.

'스파이스드 Especiado 럼'은 향신료나 과일즙을 가미한 럼이다. 흰색이나 어두운색, 황금색을 띠고, 첨가하는 재료에 따라 오렌지, 레몬, 파인애플, 야자열매, 바나나, 사과, 바닐라, 계피 등의 맛을 낼 수 있다. 보통은 많이 정제되지 않은 원액으로 만들고 숙성 기간도 짧다.

'오버프루프 Overproof 럼'은 일반적으로 화이트 럼이다. 일반 럼(40~50도)보다 알코올 도수가 높은데, 보통은 100도에 이른다. 주로 칵테일 등에 소량만 사용된다. 강한 도수의 음료를 선호하는 카리브 지역에서 인기가 높다.

'스위트 Dulce 럼'은 자당의 함량이 높은 럼으로, 1리터에 약 100그램의 자당이나 포도당이 함유되어 있다.

'프리미엄 Premium 럼'은 색상이나 풍미에 따라 구분하는 개념이 아니라, 장기간(5~50년) 다양한 방식으로 숙성되고 혼합된 양질의 럼을 가리킨다. 보통의 럼보다 맛이 다양하고 고급스럽다.

'럼 아그리콜 Rhum agricole'은 프랑스령 서인도제도에서 생산되는 것으로, 당밀이 아닌 사탕수수즙을 증류해 만들기 때문에 사탕수수의 원래 풍미를 강하게 유지하고 있다. 마르티니크가 주생산지다.

'카샤사 cachaça'는 브라질에서 사탕수수 즙을 발효시켜 만든 것으로, 당밀이 주원료인 럼과는 맛과 향에서 차이가 난다. 일부 프리미엄 제품을 제외하면 숙성을 거의 거치지 않는다. 브라질에서 마시는 칵테일 '카이피리냐 Caipirinha'의 베이스다.

'플로르 데 카냐 Flor de Caña'는 니카라과의 프리미엄 국민주酒로, 1890년부터 생산되었다. 2000년 이후 지금까지 국제 주류품평회에서 120개가 넘는 상을 받았다. 참고로 스페인어로 'flor'는 꽃, 'caña'는 사탕수수를 뜻한다.

럼의 향기에 젖은 리듬과 더불어 발산되는 열정과 자유

쿠바인들은 유난히 노래와 춤을 좋아한다. 남녀노소, 사회적 계급과 관계 없이 사회주의의 이념과 가난이라는 굴레를 벗어던지고 노래하고 춤춘다. 음식점, 술집, 거리에서, 사교 모임, 결혼식, 생일 파티에서 흥겨운 노래와 춤사위가 끊이지 않는다. 춤과 노래에는 럼주가 곁들여진다. 럼은 사탕수수가 재배되는 지역에서 거의 예외 없이 생산되지만, 카리브에서 만들어진 것이 으뜸을 차지한다. 역사적·사회적·문화적인 관점에서 보자면 쿠바의 럼이 대표적이다.

한때 쿠바는 사탕수수의 최대 생산지였다. 그 배경에는 미국과 구소련

간의 냉전이 있다. 구소련은 미국과 가까운 곳에서 사회주의혁명을 성공시킨 우방 쿠바를 지원하기 위해 쿠바산 설탕을 국제 시세보다 두 배 정도 비싸게 사들이고, 그 대가를 원유로 지불하는 방식을 오랫동안 유지했다. 그런데 1990년대에 구소련이 붕괴하면서 이 같은 특혜무역이 중단되자 쿠바는 재배 기술이나 생산효율 면에서 경쟁국의 상대가 되지 못해 몰락을 맞게 되었다. 그럼에도 현재 쿠바에서는 여전히 세계 최고 수준의 럼이 생산되고 있다.

쿠바 정부가 공인하는 '아바나 클룹Havana Club'은(아바나 클룹의 병에 정부의 인증서가 붙어 있다) 19세기 중반부터 럼을 주조하던 아레차발라Arechabala 가문에서 생산하기 시작해 1959년의 쿠바혁명 이후에 강제로 국영화되었다. 1993년에 쿠바 정부와 프랑스의 주류 회사 페르노 리카Pernod Ricard의 합작투자로 '쿠바 럼 공사Corporación Cuba Ron'라는 공기업이 탄생해 전 세계에 수출하기 시작했다. 아바나 클룹은 주로 칵테일의 주재료로 쓰이는 실버 드라이Silver Dry와 함께 발효 기간, 색깔, 등급에 따라 화이트Blanco, 아네호 에스페시알Añejo especial, 셀렉시온 데 마에스트로Selección de maestro, 막시모 엑스트라 아네호Máximo Extra Añejo 등으로 나뉜다. 모히토Mojito를 비롯한 감미로운 칵테일을 만들 수 있다. 헤밍웨이가 자주 마신 칵테일 다이키리Daiquirí에는 아네호 트레스 아뇨스Añejo tres años가 자주 사용되었다고 한다. 쿠바의 유적지인 올드 아바나Habana vieja에는 아바나 클룹의 역사를 한눈에 볼 수 있는 박물관이 있다. 내부에서는 럼의 제조 과정을 공정별로 볼 수 있다. 쿠바의 어느 카페에서나 아바나 클룹을 마실 수 있을 정도로 쿠바 럼의 대명사라고 할 수 있다.

'바카르디Bacardi'는 1862년에 쿠바에서 처음으로 선을 보인 이래 현재까지 전 세계적으로 사랑받고 있다. 바카르디라는 이름은 양조장 설립자의 이름인 '파쿤도 바카르디Facundo Bacardí'(1814~1886)에서 유래했다. 현재 영국

아바나 클룹의 다양한 럼
(출처: https://vinalium.com/blog/blog-vinalium/ron-havana-club-historia-y-tipos-de-ron)

령 버뮤다에 본사를 두고 멕시코, 푸에르토리코 등지에서 생산해 전 세계로 수출하고 있는데, 정작 쿠바에서는 그리 흔하지 않다. 독특한 박쥐 문양이 트레이드마크인데, 창업자의 부인 아멜리아^{Amelia}가 증류실 서까래에 진을 치고 있던 박쥐 무리를 보고 사용하게 되었다고 한다. 쿠바에서 박쥐는 행운과 부, 명예의 상징으로 여겨졌을 뿐만 아니라 당시에는 문맹률이 높았기 때문에 글 대신 상표를 보고 제품을 구분할 수 있도록 모든 병에 박쥐 마크를 붙인 것이다. 박쥐 마크는 럼을 비롯해 좋은 술을 상징하는 하나의 '기호'로 인식되기도 한다. 바카르디의 맛은 세련되고 부드럽다. 숙성 과정, 맛, 색깔에 따라 '카르타 블랑카^{Carta Blanca}'(blanca는 '흰색'을 의미한다), '카르타 오로^{Carta Oro}'(oro는 '황금'을 의미한다), '카르타 푸에고^{Carta Fuego}'(fuego는 '불'을 의미한다), '카르타 네그라^{Carta Negra}'(negra는 '검은색'을 의미한다) 등이 있다. 오버프루프 럼인 '바카르디 151'은 알코올 함량이 75.5도인 럼으로, 칵테일 바에서 이루어지는 불 쇼에 쓰이기도 한다. 프리미엄 제품군으로는 4년 동안 숙성한 '아녜호', 8년 동안 숙성한 '레세르바 오초^{Reserva Ocho}', 10년 동안 숙성한 '그란 레세르바 디에스 Gran Reserva Diez'가 있다. 바카르디를 이용한 칵테일로 파인애플 주스와 조각, 코코넛 워터, 설탕 등을 섞어 만들어 카리브의 해변을 연상시키는 '피냐 콜라다 Piña colada'(piña는 '파인애플'을 의미한다)와 스파이스드 럼을 사용해 강렬하고 톡 쏘는 맛과 향을 냄으로써 펀치를 맞는 듯한 짜릿함을 느낄 수 있는 '럼 펀치 Rum punch'가 있다.

이름에서부터 럼의 '전설'임을 자부하는 '레헨다리오 Legendario'(legendario는 '전설'을 의미하는 스페인어 'leyenda'의 형용사다)는 쿠바 럼의 원조라고 평가받는다. 1946년부터 100% 쿠바산 천연 재료와 전통 방식을 적용해 아바나에서 생산하는, 세계 최상의 품질을 자랑하는 정통 프리미엄 럼이다. 바닥이 이중으로 된 저장 탱크, 실리카 모래와 활성 탄소를 이용한 여과 시스템을 통해 최상의 순도와 독특한 향, 부드러운 맛을 지닌 제품이 탄생한다. 쿠바 여성의 아름답고 유연한 곡선 라인에서 착안한 새로운 스타일의 병, 그리고 라벨을 시가cigar의 밴드 형식으로 통합함으로써 고유의 전통과 맛, 품질을 세계인에게 전달한다. 병의 목 아랫부분에는 쿠바 국기가 박혀 있는데, 이는 레헨다리오가 오리지널 쿠바산이라는 것을 나타낸다. 최고급 품질을 자랑하는 '엘리시르 데 쿠바Elixir De Cuba'는 전통적인 공정에 따라 럼의 명인들이 선택한 사탕수수와 건포도, 정화된 물, 알코올을 혼합해 오크통에서 숙성한 호박색 술이다. 이 밖에도 그란 레세르바Gran reserva와 화이트 럼인 '아녜호 블랑코Añejo Blanco'를 비롯해 황금색을 띠는 '론 도라도Ron Dorado'와 '카르타 블랑카 수페리오르 Carta Blanca Superior', '론 아녜호Ron Añejo'

레헨다리오의 다양한 럼
(출처: https://legendario.com/)

등이 있다. 레헨다리오는 상온에서 혹은 차가운 상태에서 스트레이트로 마셔도 좋고, 주스, 콜라, 토닉워터 등 청량음료와 함께 마시면 부드럽고 감미로운 맛이 난다.

칵테일과 함께하는 쿠바의 자유

럼이 세계적인 명성을 얻어 대중화된 데는 설탕을 만들다가 남은 원료로 만들기 때문에 비교적 값이 싸다는 이유 말고도 제2차 세계대전 후 미국에서 칵테일용으로 호응을 받은 것이 큰 몫을 했다. 럼은 알코올 함량이 높고 독특한 향을 품고 있기 때문에 스트레이트로 마시는 것이 정석이라고 하지만 다양한 재료를 섞어 칵테일로 마셔도 좋다. 럼주의 본고장이라 불리는 쿠바는 럼주가 들어가는 칵테일이 100여 종이 넘을 만큼 다양하다. 특히 아바나 클룹으로 만든 모히토, 다이키리, 쿠바 리브레Cuba libre('자유로운 쿠바'라는 의미다) 등이 인기가 있다. 유명한 소설가이자 저널리스트인 어니스트 헤밍웨이는 다음과 같은 글을 남겼다.

"라 보데기타에는 내 모히토가, 엘 플로리디타에는 내 다이키리가 있다(Mi mojito en La Bodeguita, mi daiquirí en El Floridita)".

모히토는 맥주 컵만 한 컵에 설탕과 라임 주스, 탄산을 약간 섞고, '이에르바 부에나Yerba buena'라는 허브 잎을 넣은 후 얼음과 아바나 클룹을 섞어 만든 것이다. 민트의 향기와 라임의 새콤한 맛, 설탕의 달콤한 맛에 럼의 독한 맛이 희석되어 새콤달콤한 맛과 향을 부담 없이 즐길 수 있다. 럼 베이스의 쿠바 칵테일 가운데 가장 유명해서 전 세계에 퍼져 있다. 럼의 종류에 따라 맛과 가격이 달라진다.

다이키리는 삼각형 샴페인 잔에 설탕과 레몬 반 개를 짠 즙, 아바나 클

(상단 왼쪽부터 시계 방향으로)
모히토, 다이키리, 쿠바 리브레

룸 실버 드라이Silver Dry를 넣은 후, 잘게 간 얼음을 섞어 슬러시처럼 만든 것으로, 레몬에 섞인 럼의 향기와 달콤하고 시원한 맛이 매력적이다. 헤밍웨이가 사랑한 칵테일 다이키리는 모히토 다음으로 인기 있는 쿠바의 대표 칵테일이다. 삼각형 잔에 담긴 하얀 다이키리는 쿠바의 더위를 식혀주는 데 일조한다.

현재도 아바나의 엘 보데기타와 엘 플로리디타는 모히토와 다이키리를 마시며 헤밍웨이와 추억을 공유하고 쿠바적 감성에 젖어보려는 사람들로 북적인다. 헤밍웨이는 이 칵테일을 마시며 우리에게 멋진 소설들을 선물했을 뿐 아니라 자신이 즐겨 마시는 칵테일을 소개함으로써 쿠바에 상당한 경제적인 효과까지 안겨주었다.

쿠바 리브레는 바카르디로 만든 것이 유명한데, 럼과 콜라를 1 대 5의 비율로 섞는다. 사회주의국가 쿠바의 대표 럼과 자본주의국가 미국의 대표 음료수가 만나 시원하고 톡 쏘는 칵테일이 된 것이다. 칵테일의 이름은 쿠바가 스페인으로부터 독립할 당시 '쿠바의 자유'를 외치던 시민들의 구호에서 비롯되었다는 설과 미국인들이 쿠바인을 위해 만든 이름이라는 설이 있다.

푸에르토리코에서 처음 만들어져 쿠바에서도 흔히 마시는 피냐 콜라다는 럼에 파인애플과 코코넛을 넣어 만든 달콤하고 시원한 칵테일이다. 럼을 콜라와 섞어 마시는 럼콕^{Rum Coke} 또한 대중의 사랑을 받고 있다.

쿠바를 색깔로 표현하자면 파란색과 빨간색이 될 것이다. 각각 카리브의 바다와 혁명을 상징한다. 아직 파란색 럼은 존재하지 않지만, 럼이 지닌 검붉은 색에는 흑인 노예들의 슬픈 영혼과 불같은 혁명 정신이 스며들어 있는 것 같다.

라틴아메리카와 사탕수수가 우리에게 주는 것

설탕이 전 세계적으로 보급된 것은 서유럽 제국들의 식민지 개척 시대, 아열대 식민지에 플랜테이션 작물로 사탕수수를 재배하면서부터다. 제국주의와 식민주의가 결합해 탄생한 라틴아메리카의 사탕수수 '문화'는 비록 비인도적인 노예노동이라는 역사적 상흔을 남겼지만 설탕과 럼 등을 통해 인간에게 쾌락과 유용함을 선사했고, 더 나아가 현대문명을 떠받치는 에너지와 각종 물질을 제공해 줌으로써 더욱 다채로워지고 있다. 제국주의와 사탕수수, 설탕과 럼은 우리에게 깊은 역사적 교훈과 감미로운 선물을 동시에 안겨준다. 우리는 역사적 교훈을 되새기면서 그 달콤한 유혹에 빠져 라틴아메리카의 사회와 문화, 인간과 삶에 더 가깝게 다가갈 수 있을 것이다.

참고문헌

가와기타 미노루. 2003. 『설탕의 세계사』. 장미화 옮김. 좋은책만들기.

갈레아노, 에두아르도. 2010. 『갈레아노, 거울 너머의 역사: 승자의 맞은편에서 바라본 세상, 아무것
　　　도 아닌 것들의 부활』. 조구호 옮김. 책보세.

민츠, 시드니. 1998. 『설탕과 권력』. 김문호 옮김. 지호.

바로하, 피오. 2007. 『과학의 나무』. 조구호 옮김. 문학과지성사.

염우흥 외. 2005. 『설탕』. 김영사.

Ortiz, Fernando. 2002. *Contrapunteo cubano del tabaco y el azúcar.* Madrid: Cátedra.

웹사이트

이성형. 2002.12.20. "'달콤함에 숨은 쓰디쓴 아픔". ≪한겨레≫, https://www.hani.co.kr/arti/
　　　legacy/legacy_general/L41080.html

이성형. 2002.12.27. "페르난도 오르티스의 설탕 이야기". ≪한겨레≫, http://legacy.www.
　　　hani.co.kr/section-009000000/2002/12/009000000200212272341087.html

주경철. 2008.9.17. "검은노예 희생 부른 사탕수수 플랜테이션". ≪한겨레≫, https://www.hani.
　　　co.kr/arti/society/society_general/290614.html

https://blog.daum.net/han0114/17050812

https://ko.wikipedia.org/wiki/%EC%82%AC%ED%83%95%EB%AC%B4

https://ko.wikipedia.org/wiki/%EC%84%A4%ED%83%95%EC%9D%98_%EC%97%A
　　　D%EC%82%AC

https://m.hani.co.kr/arti/society/society_general/290614.html

https://namu.wiki/w/%EC%84%A4%ED%83%95

https://snail2016.tistory.com/entry/설탕이야기

https://vinalium.com/blog/blog-vinalium/ron-havana-club-historia-y-tipos-de-ron

https://wikipredia.net/ko/Rum

https://www.innaturale.com/es/diferencia-entre-rum-ron-y-rhum/

https://ko.wikipedia.org/wiki/%ED%88%AC%EC%83%9D_%EB%A3%A8%EB%B2%A
　　　0%EB%A5%B4%ED%8A%80%EB%A5%B4

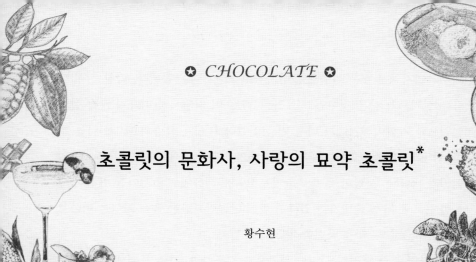

✪ CHOCOLATE ✪

초콜릿의 문화사, 사랑의 묘약 초콜릿*

황수현

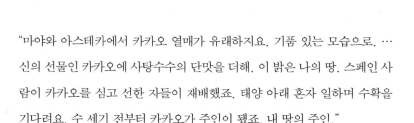

"마야와 아스테카에서 카카오 열매가 유래하지요. 기품 있는 모습으로. …
신의 선물인 카카오에 사탕수수의 단맛을 더해. 이 밝은 나의 땅. 스페인 사
람이 카카오를 심고 선한 자들이 재배했죠. 태양 아래 혼자 일하며 수확을
기다려요. 수 세기 전부터 카카오가 주인이 됐죠. 내 땅의 주인."

— 도미니카공화국의 민요 '카카오의 노래' 중에서

달콤함의 유혹

초콜릿과 카카오

초콜릿은 설렘이었다. 아니, 쓴 약과 같았다. 초등학교 시절 처음 맛본 초콜
릿은 끈적해 손에 묻어났으며 달기보다 써서 인상을 찌푸리며 먹었으나 언

---

*   이 글에 실은 카카오 관련 그림은 모두 삽화가 황시인의 작품이다.

제부터인지 초콜릿은 설렘으로 다가왔고 시詩처럼 달콤했다. 학창 시절 사랑은 신기루와 같은 것이었고 그리움이었으며 미열처럼 떠나지 않는 설렘이었으나 가까이하기에는 너무 먼 것이었다.[1] 이제 사랑의 묘약이라는 초콜릿 이야기를 소환하는 것은 다시 그때의 기억을 초대하는 가슴 설레는 일이리라. 신들이 사랑한 초콜릿을 맛보고 나폴레옹처럼 코코아를 마시며 달콤한 유혹에 빠질 준비가 되었다면 함께 달콤쌉싸름한 음식 기행을 떠나보자. 혹시 '젊음의 샘'을 발견할지도 모르니.

초콜릿은 잘 알려진 것처럼 카카오로 제조한다. 카카오 열매의 씨를 볶고 갈아 만든 가루에 우유, 설탕, 향료 등을 섞어 만든 것이 초콜릿이고, 얇게 간 카카오 분말을 우유 등에 타서 마시는 음료를 영미권에서는 코코아라 부른다. 우연의 일치겠지만 한국의 플랫폼 기업 명칭에도 사용되는 '카카오'라는 이름은 중독성이 있어서 잘 잊히지 않는다. 그 달콤쌉싸름한 맛처럼.

초콜릿의 원료 카카오 이야기는 메소아메리카 지역, 그러니까 지금의 멕시코와 중미 지역에서 시작된다. 오늘의 카카오라는 명칭은 아메리카 대륙의 고대문명 마야 Maya에서 '카카와Kakawa'라 부르고 아스테카Azteca에서 '카카우아틀cacahuatl'이라고 지칭한 데서 유래한다. 카카오를 학명으로 분류한 이는 스웨덴의 과학자로, 종의 학명에 이명법二名法[2]을 채택해 생물학의 분류체계를 정립한 칼 폰 린네Carl von Linne(1707~1778)였다. 그는 헬라어에서

---

1)   초콜릿의 단맛에 빠진 것은 인생의 쓴맛을 알아가던 시절이었다. 학창 시절 사랑은 늘 타인의 것이었다. 봄만 되면 설렘으로 열병을 앓았지만 정작 코트 깃에서 얼굴을 내밀며 하얗게 웃던 소녀를 만나지는 못했다. TV 광고에 등장하는 "난 사랑해요. 이 세상 슬픔까지도, 젊음은 좋은 것 하늘을 보며 살아요"라는 노래는 중독성이 강했으나 세상은 너무 우울했다. 20대 청년에게 "사랑을 느끼며 달콤한 내 사랑을 전할거야"라는 광고는 너무도 잔인했다. 광고 문구에도 불구하고 그 '깊고 진한 사랑의 맛'을 알지 못한 나는 사랑을 꿈꾸기만 했다. 초콜릿의 달콤함이 나를 속인 것이었다.
2)   린네가 창안한 명명법으로 생물의 이름을 표기할 때 속의 이름 다음에 종의 이름을 써서 한 종을 나타내는 방법이다.

'테오브로마'('신들의 음식'이라는 의미)를 차용해 카카오를 '테오브로마 카카오Theobroma Cacao'라 명명했다. '신들의 음식 카카오'라는 뜻이다. 얼마나 귀한 음식이면 신들의 음식이 되었을까. 신화의 주술적 아우라가 사라지고 있는 오늘

날, 카카오를 원료로 만든 초콜릿은 이제 인간의 기호품이 되었다. 아이부터 어른까지 즐기는 초콜릿은 스페인어로 '초코라테chocolate'인데, 어원에 대한 논란은 있으나 일반적으로 멕시코 원주민의 언어 나우아틀어 '소코Xoco' (쓰다)에 '아틀atl'(물)이 결합되어 '맛이 쓴 물'에서 기원했다고 전해진다.3)

카카오의 기원

카카오가 언제부터 음용되기 시작했는지를 밝히기 위해서 고고학자들은 주로 세 가지 측면에서 연구했다. 첫째는 카카오를 음용한 것으로 추정되는 그릇이나 잔에 그려진 그림문자를 해석하려 했고, 둘째는 화학적 분석을 통해 잔과 도기 그릇에 남아 있는 성분을 조사해 카카오 음용 여부를 확인하려고 했으며, 마지막으로 식물고고학의 측면에서 씨앗, 목탄과 같은 대형식물유체plant macro-remains와 꽃가루(화분), 식물규소체처럼 현미경으로 확인할 수 있는 미세식물유체plant micro-remains 연구를 통해 카카오를 식용으로 사용한 시기를 가늠하고자 했다. 이러한 과학적 연구의 결과, 초콜릿 음용 지역과 시기를 가늠할 수 있게 되었는데, 멕시코를 비롯한 중미 지역은 물론 미국의 서남부 뉴멕시코주의 푸에블로 보니토Pueblo Bonito지역에서 11~12세기의 것으로 추정되는 도기에서 카카오를 섭취한 흔적을 발견했다.4) 게다가

---

3) 모두 소개하기에는 장황하여 생략했지만 초콜릿의 어원에 대한 다양한 이설이 있다는 사실을 미리 밝혀둔다.

4) Roberto García Moll and Mario M. Aliphat Fernández, "Almendras de cacao en

과테말라의 북부 지역에서 출토된 8세기 마야의 항아리에서 마야 지도자의 거처에 초콜릿 항아리가 그려져 있는 그림문자를 확인했고, 고전기 스페인 정복자들이 카리브의 섬나라에 도착하기 1000년 전에 이미 초콜릿을 만드는 질그릇을 '카카오'라 불렀다고 하니, 초콜릿 음용의 역사는 더 오래되었을 수도 있다는 추측을 가능케 한다. 실제로 과테말라의 북부, 리오 아술[Rio Azul] 지역의 마야 통치자의 무덤에서 마야 고전기 전기(AD 500년경)의 것으로 추정되는 14개의 도자기 제품이 나왔는데, 그 가운데 여섯 개는 원통형 병이었고, 그중 하나의 뚜껑에 초콜릿 음료가 병입되었음을 알 수 있는 그림문자가 그려져 있었다고 한다. 또한 마야 고전기 후기(AD 750년경)의 항아리에는 거품을 내기 위해 초콜릿을 옮겨 담는 모습을 그린 그림이 '욤 카카오', 즉 초콜릿 거품을 내는 모습을 묘사하고 있어 초콜릿 제조 과정을 담은 최초의 그림으로 간주되고 있다. 이렇듯 초콜릿 음용의 문화는(학자에 따라) 1500년에서 2000년이 넘는 장구한 전통을 지니고 있다.

카카오 화폐

콜럼버스는 1492년 아메리카 대륙에 첫 발걸음을 디딘 이래로 총 4회의 원정을 감행하는데, 마지막인 네 번째 항해(1502~1504)를 하던 도중에 중앙아메리카의 온두라스 해안에서 마야족의 카누와 조우한다. 스쳐 지나갈 수 있는 일이었지만 제독은 그 배를 멈추게 하고 마야의 상선에 해당하는 배에 올랐다. 여러 가지 물품을 실은 배에 별 느낌을 가지지 않았을 수도 있으나 콜럼버스의 아들 에르난도(페르난도라고 하기도 한다)는 아몬드와 비슷하게 생긴 열매가 떨어지자 황급히 주워 담는 원주민의 모습에 주목했다. 그는

tumbas, aldeas y huertos. Estudios arqueobotánicos de macrorrestos de THEOBROMA CACAO L. en el área maya." en *Cacao: producción, consumo y comercio: del período prehispánico a la actualidad en América Latina*(Madrid: Vervuert, 2016), pp.28~30.

"그들은 이 아몬드가 대단한 값어치가 있다고 생각하는 모양이었다. … 한 알이라도 떨어지면 마치 자기 눈이라도 떨어진 양 모두 그것을 줍기에 바빴다."5) 라고 상세히 적었다. 아버지인 콜럼버스가 인지하지 못했던 카카오를 아들은 눈여겨보았던 것이다. 에르난도가 1503년에 쓴 이 기록이 서구인이 카카오의 중요성에 대해 언급한 최초의 문서라고 할 수 있다. 카카오의 중요성을 언급하면서 빠트릴 수 없는 것은 마야와 아스테카 사람들이 카카오 콩을 금 대용품이나 화폐로 사용했던 것이다.6) 이는 화폐경제의 시작을 알리는 사건이었다. 카카오 열매를 화폐로 사용했다는 사실은 화폐 위조 사건이 발생해 골머리를 앓았던 데서도 찾을 수 있다. 과테말라의 수도인 과테말라시티의 남서쪽에 위치한 발베르타에서 발굴된 네 개의 항아리에서 발견된 카카오 원두를 살펴보던 학자들은 크리오요종의 카카오 원두가 아니라 그와 비슷하게 만든 모조임을 알고 놀라게 된다. 빈 카카오 껍질에 흙을 채워 카카오 열매처럼 만든 위조화폐는 진짜와 구별하기 어려울 정도로 유사했던 것이다. 17세기 초 멕시코의 사제이자 연대기 작가였던 프란시스코 카르데나스Francisco Cardenas y Valencia는 촌탈파 지역에서 카카오 콩이 현금처럼 통용되고 물품 구입 대금으로 사용되었음을 기록했으며, 코스타리카에서는 총독이 18세기까지 카카오를 사용해 물품을 실제로 구입했다고 한다. 시기와 지역에 따라 차이는 있지만 아스테카에서는 카카오 원두 10알은 토끼 한 마리, 원두 100알은 노예 한 명에 상응하는 가치로 통용되었다고 하니 21세기 한국의 '카카오페이'보다 먼저 600~700년 전에 '카카오 머니'가

5) 캐럴 오프, 『나쁜 초콜릿: 탐닉과 폭력이 공존하는 초콜릿의 문화·사회사』, 배현 옮김(알마, 2011), 27쪽.

6) 사라 모스·알렉산더 바데녹, 『초콜릿의 지구사』, 강수정 옮김(휴머니스트, 2012), 22쪽.

이미 존재했던 것이다.

카카오의 재배

최초로 카카오를 재배한 사람들은 메소아메리카의 올메카^{Olmeca} 문명(대략 기원전 1500년~기원후 400년)으로 알려져 있다.[7] 하지만 최근에 베라크루스 와 치아파스 지역에서 출토된 토기에서 올메카 이전 시대(기원전 1900년경) 의 초콜릿 음용의 역사를 가늠할 수 있는 유물이 나왔다. 이로써 카카오 재배 의 역사는 더 오래된 것으로 추정된다. 카카오 재배지인 메소아메리카 문명 권은 북쪽으로는 아스테카, 남쪽으로는 마야 문명에 접해 있었는데, 두 문 명은 생활 습관이 유사한 문화권이라 할 수 있다.

열대의 저지대의 고온 다습한 기후에서 자라던 카카오는 저지대와 고원 지대 사이의 교역물이었다. 현재 카카오 재배 지역은 대부분 북위 20도에 서 남위 20도 사이에 위치한다. 카카오는 1년 내내 수분이 필요해 수자원을 고갈시키는 작물이라는 오명을 지니고 있기도 하다. 수확은 1년에 두 차례 이상 가능하고, 특이점은 꽃이 나뭇가지에서 피는 것이 아니라 잎자루가 붙 은 엽침에서 개화한다는 것이다. 필자는 실제로 카카오 농장을 방문해 카카 오 재배 과정과 가공 과정을 살펴본 적이 있다(EBS 세계테마기행 '콜럼버스의 꿈, 도미니카공화국' 편 참조). 카카오 농장은 사탕수수 농장처럼 덥고 습했으 며 무엇보다 카카오를 수확하려면 3m가 넘는 장대에 달린 칼^{cuchilla}로 열매 를 하나하나 따야 해서 노동강도가 상당한 작업임을 체감했다. 고구마나 참 외보다 큰 카카오를 반으로 자르면 안에 달콤한 캐러멜 향이 나는 씨들이 있다. 이 씨를 둘러싼 점액질이 나중에 발효해 카카오 특유의 맛을 낸다. 카

---

7)　메소아메리카 문화권은 오늘날 멕시코의 중남부와 중미의 일부(과테말라, 온두라스 등)를 포함 하는 문화 지역을 지칭한다.

카오 씨는 발효, 건조, 볶기(열 처리), 분쇄의 과
정을 거쳐 초콜릿이 된다. 이때 가루로 만든 것
을 걸쭉하게 끓여 추로스에 찍어 먹을 수도 있
고, 우유 등에 타서 마실 수도 있다. 현재 카카
오는 주로 라틴아메리카와 아프리카에서 생산
된다. 국제카카오기구ICCO는 17개 국가에서 고
급 카카오를 생산하고 있다고 발표했는데, 도미니카공화국, 세인트루시아,
세인트빈센트그레나딘, 그레나다, 자메이카, 트리니다드토바고, 수리남 등
주로 카리브 연안의 산지가 이에 해당한다. 최근에는 유기농 카카오에 대한
수요가 급증하고 있다. 유기농 초콜릿 생산으로 유명한 도미니카공화국에
서 카카오 농장을 방문했을 때, 그곳에 딸린 초콜릿 공장에서 카카오 가루
(전통적인 방법으로 만든)에다 소금을 탄 초콜릿 우유를 맛보았다. 최근에는
카카오 농장 노동자들이 처한 저열한 작업환경을 개선하려는 움직임이 있
다. 소비자로서 적극적으로 참여하는 착한 초콜릿 소비에 대한 공감대가 형
성되어 달콤함에 깃든 노동의 의미를 다시 살펴보는 움직임이 활발하게 전
개되고 있는 것은 고무적인 일이다.

초콜릿의 전파

초콜릿이 라틴아메리카 고대문명에서 기원해서 오랜 역사를 갖고 있는 만
큼 그 안에는 많은 이야기가 담겨 있다. 그중에서도 '신들의 음식 초콜릿',
'사랑의 묘약 초콜릿'과 같은 표현에서 알 수 있듯이 초콜릿에는 다양한 신
화와 민담이 스며들어 있다. 예를 들면, 아스테카의 마지막 황제 몬테수마
가 수많은 여인을 거느리고 살 수 있었던 비법이 초콜릿이었다고 하는데,
실제로 그는 왕비와 여인들이 있는 침실로 가기 전에 여러 잔의 초콜릿 음
료를 마셨다고 한다. 또한 아스테카의 상인과 전사가 초콜릿 덕분에 다른

음식을 전혀 먹지 않고도 며칠씩 강행군을 할 수 있었다고 하니, 초콜릿의 효과는 과연 대단했다고 할 수 있다. 실제로 수험생들이 시험장에 갈 때 꼭 챙겨가는 것이 초콜릿이니 그 효과는 어느 정도 검증된 것이기도 하다. 이런 장구한 초콜릿의 역사를 찾아 거슬러 올라가면 라틴아메리카의 고대문명과 마주하게 된다. 마야문명의 경전 『포폴 부 *Popol vuh*』에도 카카오가 등장한다. 『포폴 부』는 마야-키체의 우주관, 특히 생태학적 세계관이 잘 드러나 있는 작품으로 '옥수수 인간'의 탄생 과정에 대해 말하고 있다. '옥수수 인간'을 통해 인간 세계와 자연 세계를 연결하는 접점을 발견하고, 나아가 인간과 자연이라는 이분법적 구별이 아닌 하나의 몸으로서 일체적 자연의 형태로 공존하는 세계라는 심층생태학적 세계관을 표상하고 있다. 신들은 창조의 과정에서 피조물을 만들기 위해 식량의 산에서 여러 가지 재료를 찾고 있었고, 『포폴 부』3부의 첫 장에서 옥수수로 인간을 만든 이야기를 전하고 있다. 책에서는 식량이 풍부한 산에서 주요 식량자원을 발견한 기쁨을 다음과 같이 묘사한다.

"신들은 아름다운 땅을 발견했는데, 그곳에는 맛있는 식재료가 가득했다. 노란 옥수수, 하얀 옥수수, 파탁스테 pataxte, 카카오가 가득했고, 사포테, 아노나, 호코테, 마타사노, 꿀도 풍부했다."[8]

고전기 마야 항아리에 새겨진 그림, 즉 카카오나무에 옥수수 신의 머리가 달려 있는 그림[9]에서 살펴볼 수 있듯이, 옥수수와 카카오는 근친성을 지

---

8)   *Popol vuh: las antiguas historias del Quiché*, ed. and trans. Adrián Recinos, (México: Fondo de Cultura Económica, 2008), p.104
9)   마야족은 음절을 기호로 표시하는 문자와 의미 단위를 기호로 표시하는 문자 체계를 조합한 그림문자를 사용했다.

닌 작물이었고, 『포폴 부』에 나오는 에피소드들은 선고전기 후기의 이사판 문명의 유적(지금의 치아파스주의 태평양 연안 평야지대에 위치한)에서 찾아볼 수 있다. 여러 그림에서 카카오에 자신의 피를 뿌리는 마야의 신을 묘사하고 있어 초콜릿과 인간의 피가 상징적으로 연결되어 있음을 알 수 있다. 실제로 마야인들은 전쟁의 신이자 카카오의 신인 엑 추아흐^{Ek Chuah}를 기리는 제의에서 초콜릿을 몸에 바르고 카카오 알맹이를 제단에 바치는 의식을 거행했다. 고전기 마야에서 카카오 음용의 흔적을 언급한 문헌은 주로 지금의 과테말라 북부의 페텐 지역에서 수집되었다. 수집된 자료에 의하면 티칼^{Tikal} 유적지를 감싸고 있는 호수 지역인 페텐에서 카카오가 재배되지 않아서 이 지역에서 발견되는 카카오는 귀족이나 왕족들의 소비를 위해 운송된 것이라고 한다. 아스테카와 마야 등 고대문명에서 음용하던 초콜릿 음료를 세상에 소개한 이들은 스페인의 정복자들과 함께 아메리카에 도착한 신부와 연대기 작가들이었다. 특히 예수회와 도미니크회는 스페인을 중심으로 한 유럽에 초콜릿이 확산되는 데 중요한 역할을 했다.

에르난 코르테스의 아스테카 정복 길에 함께했던 신부 헤로니모 데 아길라르^{Gerónimo de Aguilar}는 카카오 원두를 스페인의 사라고사^{Zaragoza}에 있는 피에드라 수도원으로 보낸다. 철새 도래지로 유명한 호수를 지나 호젓한 산속에 자리한 피에드라 수도원은 유럽 최초로 초콜릿을 만든 장소다.[10] 1599년 사제 후안 이스키에르도^{Juan Izquierdo}가 당시 스페인의 황제 펠리페 2세에게 보내는 편지에서 "누에바 에스파냐(멕시코)에서 카카오는 아주 비싼 것으로, 지역 주민들이 카카오 재배지를 늘리기 위해 노력하고 있다"라는 보고를 할

---

[10]   필자는 스페인 유학 시절 운 좋게 피에드라 수도원을 방문할 수 있었다. 당시 경내를 산책하며 왜 수도원에서 초콜릿을 먼저 만들었을까? 초콜릿이 강장제이니 초콜릿을 먹으면 덜 힘들지 않았을까? 쓸데없는 고민을 하며 둘러보았던 기억이 난다. 무엇보다 건과류 위에 설탕을 입히고 초콜릿을 부어 만든 환상적인 맛을 잊지 못한다.

정도로 카카오 재배는 중요한 화두였다. '영혼의 정복' 사업에 주력하던 신부들의 눈에 비친 카카오는 이교도의 불경한 음식이기도 했다. 프란체스코 수도회의 디에고 데 란다 Diego de Landa(1524~1579) 교구장은 유카탄 지역에서 카카오로 거품을 낸 음료를 만들어 축제 때 사용했다고 기록하고 있으며, 예수회 선교사로서 주로 페루 지역에서 선교활동을 펼친 호세 데 아코스타 José de Acosta는 『인디아스의 자연사와 정신사』(1590)라는 책에서 "카카오로 주로 초콜릿이라는 음료를 만드는데, … 이 검은 초콜릿에 스페인의 남자들이 푹 빠졌다. 스페인의 여자들은 더하다."[11]라며 신대륙에서 건너간 음식의 중독성에 대해 언급하고 있다. 실제로 초콜릿 음용에 얽힌 에피소드는 초콜릿 홀릭의 극단을 보여준다. 사제들이 미사를 지내는 동안 초콜릿을 마시지 못하도록 음용을 금지했던 신부를 독살하는 사건이 벌어지고,[12] 초콜릿 때문에 카톨릭 신부와 여신도 사이에 다툼이 벌어지는 사건이 발생한다. 이렇듯 카카오가 뜨거운 관심 사항이 되자 카카오 재배에 관심을 갖고 있던 스페인 정복자들이 16세기 중앙아메리카에 농장을 건설했으며,[13] 그렇게 카카오는 스페인을 거쳐 16세기 후반 무렵 유럽에 상륙한다. 처음 카카오를 접한 순간부터 펠리페 2세의 왕궁에 초콜릿이 등장하기까지 70년이라는 세월이 흘렀던 것이다. 스페인이 초콜릿을 소개했다면 초콜릿을 주로 소비한 곳은 프랑스 왕실이었다. 프랑스 왕궁에 초콜릿이 음용되는 데 기여한 이는 스페인의 펠리페 3세의 장녀 '아나 Ana'였다. 그녀는 1615년 루이 13세와 결혼하며 혼수품으로 초콜릿을 챙겨간 것은 물론, 궁정에 초콜릿의 달콤한 맛을 소개하고 초콜릿으로 만든 음료를 자주 음용해

---

11)   캐럴 오프, 『나쁜 초콜릿』, 배현 옮김(알마, 2011), 21쪽.
12)   사라 모스·알렉산더 바데녹, 『초콜릿의 지구사』, 강수정 옮김(휴머니스트, 2012), 36~37쪽.
13)   18세기 브라질, 19세기 후반 아프리카에서 카카오 재배 시작, 현재는 서부 아프리카에서 50% 가까이 생산하고 있다.

이후 루이 14세, 15세 시기 베르사유가 사랑한 음료가 되도록 하는 데 기여했다. 대표적인 초콜릿 브랜드인 고디바와 길리안의 나라 벨기에가 스위스와 더불어 초콜릿 제조국으로 명성을 얻게 된 것은 벨기에가 속한 플랑드르 지 역이 스페인의 지배하에 있었던 만큼 초콜릿의 전파가 빨랐던 데서 기인한다. 벨기에는 이미 16세기에 카카오 음료를 제작하기 시작해 17세기에는 브뤼셀을 중심으로 초콜릿 제조가 시작되었고 20세기 초반에는 장 뉘하우스가 몰드에 초콜릿을 부어 만드는 프랄랭을 제조해 큰 인기를 끌게 된다. 20세기 후반에는 상업적 마케팅과 더불어 초콜릿이 사랑의 징표가 되고부터 본격적으로 확산된다.

문학의 소재, 초콜릿

초콜릿은 쌉쌀한 첫맛과 달콤한 뒷맛을 동반한다. 카카오 콩을 건조하고 발효해 볶은 후에 껍질을 깐 카카오닙스는 떫고 쓰다. 이 떫은 카카오에 우유와 설탕 등을 첨가해 만든 것이 오늘날 우리가 소비하는 달콤한 초콜릿이다. 초콜릿이 쌉쌀하지만 달콤한 여운을 남기는 것처럼 사랑도 쓰고 달콤하다. 때로는 달다가 쓰기도 하다. 사랑과 초콜릿의 연상 작용은 수많은 문학작품과 영화의 소재로 등장했다. 노벨문학상 수상 작가인 가브리엘 가르시아 마르케스의 소설 『콜레라 시대의 사랑』에도 사랑과 초콜릿이 등장한다. 때는 19세기 후반에서 20세기 초 근대국가 수립의 꿈이 영글어가던 전환기 라틴아메리카의 항구도시 카르타헤나, 외부에서 콜레라가 유입되고 많은 사람들이 전염병으로 고통받던 시기에도 인류 보편의 정서인 사랑은 계속된다. 우체국의 전신 기사로 일하며 시인을 꿈꾸던 청년 플로렌티노는 어느

날 한 소녀를 보고 사랑에 빠진다. 단테가 첫눈에 반해 사랑에 빠진 베아트리체와 같은 여인. 꽃같이 아름다운 소녀 페르미나. 사랑에 빠진 이는 안다. 빗장을 푼 햇살이 쏟아지고 바람이 섬모를 흔들어 깨우며 샘물이 솟는 기분을. 플로렌티노는 글샘이 열리고 그녀를 향해 편지를 쓴다. 서로 사랑을 표현하며 사랑을 키워가지만 가족의 반대에 가로막혀 결혼하지 못한다. 여기까지는 낭만주의의 전형적인 스토리다. 이룰 수 없는 사랑, 하지만 반전이 일어난다. 페르미나의 남편이 사고로 죽자 플로렌티노는 페르미나 앞에 51년 9개월 4일 만에 다시 나타난다. 비록 622명의 여인과 동침했지만 "당신을 위해 동정을 지켜왔다"라고 고백한다. 낭만주의에 대한 오마주이자 낭만주의에 대한 지독한 풍자로 읽힐 이 소설에서 절절한 사랑을 주고받은 편지가 고이 간직된 곳은 다름 아닌 초콜릿 상자였다. 달콤하고도 슬픈 사랑은 이렇듯 달콤쌉싸름한 초콜릿 향이 난다.

말이 나온 김에 멕시코의 작가 라우라 에스키벨 Laura Esquivel의 소설 『달콤쌉싸름한 초콜릿 Como agua para chocolate』(1989)에 대해서도 알아보자. 33개국의 언어로 번역되고 450만 부 이상이 판매된 이 소설은 1992년 알폰소 아라우 Alfonso Arau에 의해 영화로 제작되어 라틴아메리카의 '마술적이고' '환상적인' 모습을 영상 속에 담아냈다는 평을 받았다. 원어 제목의 뜻은 카카오 가루와 설탕 등을 섞어 끓인 초콜릿이 부글부글 끓어오르는 상태, 즉 정점인 상태를 표현한다. 요리를 과학적으로 설명하는 '분자요리학'의 관점에서 살피자면 최적의 온도로 끓여 최고의 초콜릿이 되는 지점이다. 최고의 순간이라는 표현은 사랑의 관계에서도 자주 사용되는 만큼 제목은 사랑의 정점, 즉 클라이맥스를 비유적으로 표현한다. 때는 20세기 초반 멕시코 혁명 시기, 새로운 국가 건설의 희망이 꿈틀거리며 다기한 이해집단을 대표하는 혁명 세력이 군웅할거하던 시기. 주인공 페드로 Pedro는 알고 지내던 집안의 막내딸 티타 Tita에게 반해 사랑을 고백한다. 하지만 청혼은 티타의 어머니

엘레나 부인에 의해 거부된다. 당시 멕시코의 풍습에서 막내딸은 결혼하지 않고 홀로 사는 어머니를 돌보는 풍습이 있었기 때문이다. 엘레나 부인은 페드로에게 맏언니 로사우라^{Rosaura}와 혼인할 것을 제의한다. 페드로는 티타와 같이 지내고 싶은 생각에 결혼을 승낙하고 불편한 동거가 시작된다. 티타는 음식에 슬픔과 아픔 같은 자신의 감정을 투사해 그 음식을 먹은 사람이 같은 감정에 빠지게 하는 신통한 능력이 있다. 페드로와 로사우라의 결혼식 날, 티타의 눈물이 떨어진 케이크를 먹은 하객들은 슬픔이 전염되어 음식을 토하고 슬픔에 빠지게 되고, 메추리에 장미를 올리고 초콜릿을 곁들인 요리를 먹은 이들은 부글부글 끓어오르는 욕정을 참지 못해 남들이 볼 수 없는 은밀한 장소를 찾기에 급급하다. 마초 문화가 지배적인 사회, 어머니의 절대적 권력이 장악한 집안에서 티타에게 음식은 탈출구였고, 부엌은 작지만 해방의 공간이자 경계 없는 상상력의 날개를 펴는 장소였다. 이런 부엌에서 감정을 이입해 만드는 초콜릿에는 금지된 욕망 한 스푼, 집안의 위계를 깨는 욕망 한 스푼, 마초 문화를 부수는 희망 한 스푼이 들어갔을 것이고, 이를 한데 섞어 끓이는 '끓는 솥'에서 진정한 혁명의 정신이 제조되고 있었을 것이다. 결국 조르주 바타유가 『에로스의 눈물』에서 언급한 '결핍된 욕망'은 『달콤쌉싸름한 초콜릿』에서는 마술적으로 승화되었던 것이다. 초콜릿의 원산지이나 정작 초콜릿 소비가 많지 않은 멕시코에 초콜릿 열풍을 일으킨 사랑 이야기는 강장제이자 사랑의 묘약인 초콜릿의 의미를 다시 소환했으니, 이제 사랑의 완성을 위해 성냥개비를 삼키며 티타를 따라 하는 사람들이 더 생기지 않기를 바랄 뿐이다. 인류 보편의 정서인 사랑을 다룬 이야기에 초콜릿이 곁들여져 있으면 금상첨화인 이유가 여기에 있다. 우리는 모두 불타는 사랑, 영원한 사랑을 꿈꾸기 때문이다.[14]

14) 필자에게도 초콜릿은 사랑을 꿈꾸게 하는 것이었다. 긴 생머리의 여인이 옷깃에 숨었다 나오며

어른들의 사랑 이야기만 했지만 사실 초콜릿은 어린아이들이 좋아하는 음식이다. 스페인 어린이들이 게임을 하면서 부르는 "초코 초코 초코 초콜라떼" 노래에서 살펴볼 수 있듯이 초콜릿은 우리 생활에 친근한 요소이며 특히 어린아이들이 선호하는 정겨운 것임을 알게 되었다. 아이들이 얼굴에 바르고 마시고 먹는 초콜릿은 달콤한 꿈의 세계로 인도한다. 영화 〈찰리와 초콜릿 공장〉(2005)에 등장하는 '윌리 웡카 초콜릿 공장'은 아이들이 가장 좋아하는 초콜릿을 생산하는 세계 최고의 공장이다. 생산된 초콜릿을 전 세계에 배송하지만 정작 공장은 베일에 가려 있어 그 누구도 가본 적이 없는 신비스러운 곳이다. 초콜릿 공장의 주인 윌리 웡카는 웡카 초콜릿 포장지에 숨겨놓은 '황금티켓'을 찾은 다섯 어린이에게 초콜릿 생산 공정을 소개하고 직접 맛볼 수 있게 하겠다고 광고한다. 전 세계 어린이들은 초콜릿에 든 황금티켓을 찾기 위해 초콜릿 구입 경쟁에 돌입하고 가난한 찰리에게도 기회가 찾아온다. 눈 덮인 거리에서 돈을 주운 찰리는 웡카 초콜릿을 구입하고 마지막 당첨자가 된다. 세계 각국에서 당첨자들과 함께 웡카의 초콜릿 공장에 들어간 찰리는 신기하고 놀라운 초콜릿 나라를 만난다. 초콜릿 강을 따라가니 사탕이 열린 나무가 있고 달콤한 풀이 자라고 있다. 초콜릿 생산 공장의 일꾼 움파룸파족들이 만드는 초콜릿 나라의 달콤함을 느끼기도 잠시, 욕심 많은 친구들은 공장 견학 도중 욕심을 버리지 못하고 말썽을 부려 쫓겨나게 된다. 욕심 많은 아이들은 지는 게임이니 가난하고 정직한 찰리는 유혹에 넘어가지 않고 게임에 승리한다. 감동한 윌리 웡카는 찰리에게 공장을 물려주겠다고 제안하지만, 찰리는 자신을 기다리는 가족을 선택하고 집

하얀 웃음을 짓던 초콜릿 광고는 달콤한 설렘이기도 했지만 외롭고 씁쓸한 청춘의 자화상이기도 했다. 스무 살의 설렘과 초콜릿. 초콜릿이 활력과 에너지를 선사해 준다면 우리는 초콜릿을 통해 젊음을 되찾을 수 있을까? '젊음의 샘'을 찾기 위해 플로리다 지역을 찾아 헤매던 후안 폰세 데 레온(Juan Ponce de León, 1460~1521) 이 그토록 찾고자 했던 '젊음의 샘'은 초콜릿의 샘이 아니었을까?

으로 돌아간다. 착한 아이들에게 초콜릿이라
는 달콤한 꿈을 주는 이야기, 사탕과 초콜릿
은 치아에 좋지 않다고 했지만 몰래 입 안에
넣고 우물거리던 금단의 열매, 그 초콜릿 이
야기를 하는 것은 덧니가 흔들리던 유년의
추억을 소환하는 일이리라.

　이렇듯 꿈과 희망을 전하는 초콜릿 공장을 아이들에게 보여주면 어떨
까. 필자는 실제 초콜릿 제조 공장을 방문해 보았지만 가끔 '찰리와 초콜릿
공장'에도 가보고 싶다. 어른들은 모르는 신기한 세계가 열릴지 모르니까.

씁쓸한 초콜릿

프랑스의 의사 에르베 로베르에 의하면 초콜릿에 포함되어있는 카페인, 테
오브로민, 세로토닌 등이 강장, 항우울, 항스트레스 작용을 한다고 한다.[15]
그래서 그런지 영화 〈초콜릿〉(2008)에서는 멀어진 부부관계를 회복하게 하
는 처방으로 초콜릿이 사용되었다. 인류 역사에 있어 강장제로 혹은 치료를
위한 약으로 사용되기도 한 초콜릿은 라틴아메리카에서 기원했으나 유럽
에서 주로 소비되었고 이제 전 세계인들이 사랑하는 음식이 되었다. 전 세
계의 연인들의 날 '발렌타이데이'의 단골 선물이 된 초콜릿, 그 상자를 여는
것은 역설적으로 판도라의 상자를 여는 것과 같다. 카카오 재배의 불편한
진실을 마주하게 하는 판도라의 상자. 이 상자 속 초콜릿에는 아프리카 카
카오 산지의 저열한 노동 현장과 흑인 노동자들의 땀과 피가 서려 있다. 그

---

15)　소피 도브잔스키 코·마이클 도브잔스키 코, 『신들의 열매, 초콜릿』, 서성철 옮김(지호, 2000),
34쪽.

래서 초콜릿은 '비터 bitter 초콜릿'이다. 황금을 찾아온 스페인의 정복자들이 도착한 이후 원주민들은 광산이나 사탕수수 카카오 농장으로 내몰렸다. 질병과 고된 노동으로 원주민들이 쓰러지고 목숨을 잃어 소멸의 위기에 이르자 스페인 정복자들은 아프리카에서 흑인 노동력을 수입하는, 이른바 '삼각무역'을 기획하는 단초가 되기도 했다. 라틴아메리카 음식문화 기행의 하나로 살펴본 초콜릿 기행은 설레고 달콤한 유혹이지만 카카오 농장의 민낯을 살피는 불편한 일이기도 했다.

참고문헌

도브잔스키 코, 소피·마이클 도브잔스키 코. 2000. 『신들의 열매, 초콜릿』. 서성철 옮김. 지호.
모스, 사라·알렉산더 바데녹. 2012. 『초콜릿의 지구사』. 강수정 옮김. 휴머니스트.
송병선. 2001. 『영화속의 문학읽기: 영화로 보는 라틴아메리카 사회와 문화』. 책이있는마을.
오프, 캐럴. 2011. 『나쁜 초콜릿: 탐닉과 폭력이 공존하는 초콜릿의 문화·사회사』. 배현 옮김. 알마.
코도롭스키, 카트린·에르베 로베르. 2001. 『초콜릿』. 창해.

Moll, Roberto García and Mario M. Aliphat Fernández. 2016. "Almendras de cacao en tumbas, aldeas y huertos. Estudios arqueobotánicos de macrorrestos de THEOBROMA CACAO L. en el área maya." en *Cacao: producción, consumo y comercio: del período prehispánico a la actualidad en América Latina*. Madrid: Vervuert.
Popol vuh: las antiguas historias del Quiché. 2008. in ed. and trans. Adrián Recinos, México: Fondo de Cultura Económica.

✪ COFFEE ✪

커피 문화사

정욱

비엔나커피

"쾅, 쾅, 쾅!"

오스만제국의 대포가 비엔나에 포탄을 날렸다.

오스만제국의 군인들이 비엔나에 커피를 남겼다.

이렇게 비엔나커피가 만들어졌다.

유럽에 르네상스가 한창 꽃피던 16세기 초, 오늘날 튀르키예의 전신인 오스만제국의 황제 슐레이만은 아나톨리아 반도에 국한된 영토가 아니라 옛 동로마제국의 영토를 훨씬 능가하는 대제국을 다스리고 있었다. 오스만제국의 1차 비엔나 침공은 슐레이만의 제정기였던 1529년, 2차 비엔나 침공은 1683년으로 두 번 모두 실패했는데, 군인들이 회군하면서 방치해 두고 온볶지 않은 커피 씨 또는 이미 볶아놓았던 커피 씨를 비엔나 사람들이 발견했다. 비엔나 사람들은 곡물 같기도 하고 씨처럼 보이기도 하며 독특한 향을 풍기는 원두를 어떻게 먹어야 할지 고민했다. 갈아도 보고 씹어도 보며 마시는 커피로 발전시켰을 것이다.

커피가 비엔나에 전달된 후 비엔나에서 커피를 마시기 시작하던 시기에 커피는 매우 비쌌으며 커피의 쓴맛을 완화하기 위해 커피 잔 옆에 작은 잔을 별도로 두어 크림을 담아 떠먹기도 했다. 비싼 커피지만 귀족들이나 부자들 중에는 자신들이 타는 마차의 마부에게 커피 한 잔을 건네는 경우도 있었는데, 한 손으로 말고삐를 잡아야 하는 마부는 나머지 한 손만으로 커피를 마시기 위해 크림을 커피 위에 얹어서 마셨다고 한다. 이 모습에서 유래한 커피가 '아인슈패너einspänner'인데, 이를 '비엔나커피'라 부르기도 한다.

르네상스와 커피 그리고 산업혁명

두 번의 비엔나 침공을 거치며 오스만제국(현재 튀르키예)의 커피가 비엔나에 전달되었고, 이와는 별도로 르네상스의 끝 무렵인 1615년 오스만제국은 교황청에 커피를 선물로 보냈다. 교황 클레멘테 8세가 커피를 마시자 이는 안전함의 보증으로 인식되어 유럽에 커피가 확산되었고, 여러 도시에 카페가 문을 열게 되었다.

그리스와 로마의 찬란했던 문화·문명으로의 회귀, 그리고 인간성을 회복하자는 르네상스 정신을 바탕으로 유럽인들은 그리스와 로마의 건축물들을 재현했고 미술과 조각품으로 장식했다. 당시 교회가 추구하는 방향과 맞지 않았던 지동설은 당연히 교회에 의해 허락되지도 인정되지도 않았지만 과학자들은 인간성을 앞세워 지동설을 정립하며 과학과 기술의 발전을 이끌어냈다.

강력한 오스만제국 때문에 유럽에서 인도로 가는 육상 무역로가 막혀버리자 15세기 말 용감했던 포르투갈 사람들이 신중하게 아프리카를 돌아 인도로 가는 항로를 개척해 1498년 인도에 도착했다. 스페인 사람들은 당시 여건으로는 무모하게 대서양을 가로질러 1492년 아메리카를 발견했다. 그후, 스페인은 범선으로 인류 최초의 세계 일주를 이루어내며 아메리카를 포함한 네 개 대륙에 대제국을 건설한다. 최초의 해가 지지 않는 나라 스페인이 아메리카로부터 유럽으로 실어 나른 금과 은은 르네상스가 활짝 꽃피는 데 일조했고, 동시에 물가 상승을 유발해 자본주의로 발전하는 계기가 되었다.

"쾅, 쾅, 쾅!"

영국, 프랑스, 네덜란드가 대포를 쏘아대며 경쟁적으로 식민지 개척에 뛰어들었다. 17세기에 이르러 더 이상 뒤질 수 없었던 해적의 나라 영국이, 문화대국으로 일어나고 있었던 프랑스가, 그리고 스페인의 식민 통치로부터 독립한 네덜란드가 식민지를 개척했고, 여러 물자를 실어 나르며 교역을 활발히 하자 무역과 상업이 더욱 발전하게 되었다. 인터넷도 핸드폰도 없던 당시에 정보를 교환하고 공유했을 중요한 장소 중 하나는 아마도 카페였을 것으로 추측된다.

이보다 앞선 1346년, 크림반도의 카파(현재 페오도시야)까지 쳐들어온 몽고 군대가 퍼뜨렸을 것으로 추측되는 흑사병(페스트)으로 1억 5000만 명이었던 당시 유럽 인구가 9000만 명으로 감소해 장원제도하에 신음하던 농노들의 지위가 향상된 것도 르네상스의 정신 중 하나인 인간성 회복에 영향을 주었을 것이다.

흑사병의 피해가 상대적으로 적었던 오스만제국은 르네상스가 빗겨간 반면, 흑사병의 피해가 매우 컸던 유럽은 르네상스를 이뤄내며 오스만제국을 피해 대양으로 나아갔다. 르네상스 양식의 건물에 르네상스 미술과 조각으로 장식된 카페에서 커피를 마시던 유럽 사람들이 무역과 상업, 과학과 기술의 발전을 이끌었고, 이러한 발전이 원동력이 되어 산업 발전으로 이어졌을 것이다.

서구 유럽의 발전이 커피에 기인한다고 단정 지을 수는 없지만, 커피 문화권인 서구 유럽의 국가들이 대부분 선진국으로 발전한 반면 차 문화권인 아시아, 특히 중국이나 동남아시아 국가들이 후진국이었거나 현재도 대부분 후진국에 머물러 있는 것을 부인할 수는 없을 것이다. 물론, 오늘날 커피와 가장 유사한 방법으로 커피를 처음 마신 나라라 할 수 있는 현재의 튀르키예(셀주크제국, 오스만제국)는 동시에 차 문화권이기도 하다.

아라비카와 로부스타

서기 300년경 호기심 많은 아프리카의 한 목동이 앵두와 유사하게 생긴 빨간 커피 체리를 먹는다. 과육은 물론 씨까지 먹어본 후에 그는 커피 체리의 씨를 먹으면 잠을 쫓을 수 있고 활력이 생긴다는 것을 알게 되었을 것이다. 그 후, 인류는 커피를 과일로 섭취하는 것이 아닌 음료로 마시는 방법으로 발전시켜 왔다.

커피는 지구상 북위 20도와 남위 20도 사이에서 재배되며, '아라비카'와 '로부스타'로 크게 분류할 수 있다. 아라비카는 아프리카의 에티오피아가 원산지로 해발 800~900m 이상 고산지대에서 재배되는데, 재배 조건이 까다롭고 병충해에 약하지만 맛과 향이 뛰어나다. 연 1~2회 손으로 열매를 따서 수확한다. 카페인 함량은 약 0.8~1.4%이고, 예전엔 지구상에 재배되는 커피의 30~40%를 차지했으나 오늘날엔 60~70%가 아라비카이다. 로부스타는 아프리카의 콩고가 원산지로 알려져 있으며, 저지대에서 재배되고 병충해에 강하다. 연 1~2회 수확하며 수확 시 기계를 사용하기도 한다. 카페인 함량이 아라비카 대비 약 2~3배인데 카페인 함량이 높아 병충해에 강한 것으로 분석된다. 가격이 저렴해 주로 인스턴트커피나 블렌딩에 사용되며, 예전엔 전체 커피의 60~70%였으나 오늘날엔 30~40%만 로부스타이다.

아라비카와 로부스타라는 두 종류 아래 여러 품종이 있고, 재배 지역이나 방법에 따라 맛과 특징이 다르지만 일반적으로 아라비카는 과일의 산미를, 로부스타는 구수한 맛을 즐기기에 좋다.

라틴아메리카에서 재배되는 커피 품종

10세기 이슬람교 지역인 아라비아반도에 살던 사람들이 에티오피아의 커피를 예멘으로 가져가 조금씩 재배하기 시작했다. 이슬람 교리에 의해 음주가 금지되었기에 당시 사람들에게 커피는 술 대신 즐기는 음료였다. 그래서 커피를 음료로 만들어 마시는 방법을 발전시켰고, 기도하는 사람들 또는 전쟁에 나가는 군인들이 마시기도 했다. 11세기에는 메카, 다마스쿠스, 카이로 등 이슬람 세계의 권세가들이 커피를 즐겼다고도 한다.

15~16세기 예멘에서 재배되기 시작한 티피카종Typica(아라비카종의 원종)을 17세기 네덜란드가 예멘으로부터 동남아시아로 가져갔고, 18세기 초에는 남아메리카의 북부 네덜란드령 기아나(현재 수리남)에서, 그리고 프랑스는 식민지인 아이티에서 재배를 시작했다.

18세기 중반 이후 북미의 멕시코, 중미의 과테말라, 코스타리카, 카리브해의 도미니카공화국, 쿠바, 푸에르토리코 그리고 남미의 콜롬비아, 베네수엘라로 커피 재배가 퍼져나갔다. 19세기에는 에콰도르, 페루, 볼리비아에서도 커피를 재배했으며, 이와는 별개로 18세기 초 파나마를 통해 브라질에도 전달되었다.

이탈리아반도 테베레강 하류 라티움Latium 지방에서 시작된 언어인 라틴어에서 이탈리아어, 스페인어, 포르투갈어가 파생되었기에 스페인어와 포르투갈어를 사용하는 아메리카의 국가들을 총칭해 '라틴아메리카'라고 부르는 것처럼, 커피나무는 아라비카 커피의 원종인 티피카로부터 돌연변이,

교배종을 통해 수십 가지의 품종이 만들어졌기에 일반적으로 '아라비카'라고 부른다. 라틴아메리카에서 재배되는 아라비카의 대표적인 품종은 다음과 같다.

티피카 Typica

스페인어로 '티피카Típica'는 '전형적인', '대표적인'이라는 뜻이다. 아라비카의 원종 또는 고유 품종으로 알려졌으며 최초로 상업화된 품종이다. 신맛과 단맛으로 대표되며 맛이 깔끔하고 향기가 좋지만, 병충해에 약하고 생산성이 낮다는 단점이 있다. 15~16세기 예멘에서 재배되기 시작하여 17세기에 동남아에서, 18세기에는 아메리카에서 재배가 시작되었으며, 20세기에 들어서 유사하지만 조금씩 상이한 여러 품종으로 개발되었다.

버번 Bourbon

프랑스 부르봉Bourbon 왕가의 이름을 딴 섬인 아프리카의 프랑스령 부르봉섬(현재 레위니옹)에서 재배에 성공해 '부르봉' 또는 '버번'이라 부르며 티피카의 돌연변이이다. 레드Red버번과 옐로우Yellow버번이 있으며 단맛이 강하다. 수확량은 티피카보다 약 25% 많지만, 병충해에 약하다는 단점이 있다.

문도노보 Mundo Novo

티피카와 레드버번의 자연 교배 품종으로 병충해에 강해서 버번보다 30%가량 수확량이 많다. 브라질의 주력 재배 품종으로 단맛은 부족하지만 신맛과 쓴맛이 균형을 이룬다. 나무의 키가 커서 가지치기를 자주 해주어야 한다.

카투라 Caturra

레드버번의 변종으로 나무의 키가 작고 커피 열매 안의 씨도 작다. 신맛과 단맛이 좋고 생산성이 비교적 높으나, 병충해에 약하다. 생산성 향상을 위한 품종개량의 모태가 되는 품종이다.

카투아이 Catuai

카투라와 문도노보의 교배종으로 비바람에 강하고 가뭄도 잘 견뎌 수확량이 높지만 다른 품종에 비해 생산 기간이 10년 정도 짧다는 단점이 있다.

비야사르치 Villas Sarchi

1950년대 코스타리카의 사르치 지방에서 개발된 품종이다. 신맛과 단맛에 보디감까지 균형이 잘 잡혀 있다.

라틴아메리카 각국의 커피 특징

커피를 재배하는 나라, 지역, 농장에 따라, 가공 방법에 따라, 블렌딩하는 방법에 따라, 분쇄하는 방법에 따라 그리고 추출 방법에 따라 각기 다른 맛이 나는 것은 당연하지만, 일반적으로 라틴아메리카에서 재배되는 아라비카 커피의 특징은 깨끗하고 맑은 풍미, 과일의 산미, 가볍고 신선한 보디감으로 정의할 수 있다. 보디감은 식감 또는 입에 닿는 밀도감으로 일종의 고체 형태에서 만들어진 느낌을 주는 맛이다. 커피 씨를 볶으면 흔히 표현하는 커피색 원두가 되는데, 원두는 다음과 같이 크게 두 가지 성분으로 이루어진다. 하나는 액상 형태인 에센스로 과일 성분이고, 다른 하나는 고체 형태인 일종의 나뭇가지 성분으로 토양에 따라 조금씩 다른 보디감을 나타낸다. 일반적으로 같은 아라비카 커피라 하더라도 라틴아메리카 것은 보디감보다 과일의 산미가 강한 반면, 아프리카 것은 산미보다 보디감이 더 강하다. 이 내용에 따른 라틴아메리카 각국의 커피 특징은 다음과 같다.

브라질

재배 지역의 해발고도가 비교적 낮은 편이며, 산미는 적지만 부드러운 맛이 난다. 대표적인 품종으로는 버번, 문도노보, 카투아이가 있다.

콜롬비아

우아한 산미에 적절한 보디감으로 마일드 커피의 대명사이다. 카투라가 대표적인 품종이다.

페루

약간 달고 부드러운 산미에 보디감이 강한 편이다.

과테말라

산미와 보디감의 균형이 좋다. 버번을 많이 재배해 왔으나 카투라도 증가하는 추세이다.

엘살바도르

산미와 단맛에 적절한 보디감이 어우러진다. 주요 품종은 버번과 파카마라 이다.

코스타리카

우아한 산미와 좋은 향, 깔끔한 보디감이 조화를 이룬다. 주요 품종으로는 카투라, 카투아이 그리고 코스타리카에서 개발된 비야사르치가 있다. 전통적으로 습식가공법만 고집해 왔고, 유기농 커피, 탄소중립 커피, 스페셜티 커피의 재배가 증가하는 추세이다.

파나마

좋은 산미와 깨끗한 맛이 특징이다. 카투라와 카투아이가 주요 품종이며 최근 재배가 증가하고 있는 품종은 강렬한 신맛이 특징인 게이샤이다.

라틴아메리카 커피 생산국의 커피 문화

숯불 위에 모래가 담긴 판을 올리고, 주둥이가 길고 몸체는 작은 주전자에 원두 가루와 물을 부어 모래 위에 놓으면 모래가 서서히 뜨거워지면서 마찬가지로 주전자도 서서히 뜨거워지므로 커피의 맛과 향이 달아나지 않고 그대로 남게 된다. 유럽 사람들이 커피가 무엇인지도 모르던 수백 년 전 오스만제국 사람들은 이 방법으로 커피를 마셨다. 그리고 오늘날에는 모래 판을 사용하지는 않지만 오스만제국에서 하던 것과 유사하게 원두 가루를 넣어 끓이는 방식으로 커피를 마시는 나라들이 라틴아메리카에 있다.

멕시코

'카페 데 오야^{Café de Olla}'가 유명하다. 냄비에 원두 가루, 계피 가루, 비정제 흑설탕을 함께 넣고 끓인 것으로 단맛이 강렬하다.

콜롬비아

'틴토 ^{Tinto}'는 스페인어로 적포도주를 의미하는데, 스페인어를 국어로 사용하는 콜롬비아에서는 광범위하게 쓰여서 커피를 의미하기도 한다. 특히 원두 가루에 설탕을 넣고 끓인 것을 '틴토'라 부르는 경우가 많다.

브라질

'카페지뉴^{Cafezinho}'는 '작은 커피'라는 뜻으로 물에 설탕을 섞어 끓이면서 동시에 원두 가루를 넣어 우려내고 여과 천을 사용해 걸러낸다.

코스타리카

'카페 네그로 Café Negro'는 검은 커피, 영어로 블랙커피라는 뜻이다. 원두 가루를 천이나 거즈에 담은 채 뜨거운 물을 부으며 아래에 놓은 그릇에 떨어지게 하는 방법으로, 핸드드립 Hand Drip 과 유사하다. 오늘날에는 에스프레소에 뜨거운 물을 섞은 아메리카노는 물론, 가정용 커피메이커로 내린 커피까지 '카페 네그로'라고 부른다. 커피를 매우 많이 소비하는 나라이며, 일반 가정이나 식당에서 흔히 내오는 평범한 커피까지 그 맛이 뛰어나다.

커피 가공

커피꽃

라틴아메리카의 커피 재배 지역에는 대부분 우기와 건기가 존재한다. 하지만 우기 시작부터 끝까지 내내 비가 오는 것은 아니고, 건기 시작부터 끝까지 물 한 방울 떨어지지 않는 것도 아니다. 건기의 절정을 지나면 열흘에 한 번, 좀 더 시간이 경과하면 일주일에 한 번 빗방울이 떨어진다. 우기에 들어서면 3~4일에 한 번, 우기의 절정에 이르면 매일 오후 거의 같은 시간에 비가 오는데, 약 20~30분 동안 요란하게 퍼붓는 이 소나기를 '스콜 squall'이라고 한다.

건기의 절정을 지나 첫비가 내려와 휴식 중인 커피나무의 가지를 빗방울이 촉촉이 적시고 나면 거의 정확히 열흘 후에 커피꽃이 핀다. 나뭇가지마다 눈이 내린 듯 하얀 꽃 수십 송이가 피는데, 한 송이의 크기는 약 2cm이고 꽃잎은 다섯 장이다. 커피꽃은 대부분 하루 만에 떨어져 안타깝지만, 각각의 꽃이 떨어진 곳에 깨알만 한 연두색 열매가 맺히면서 길고 고된 여정

을 시작한다. 열대 고산지대의
뜨거운 낮과 차가운 밤을 지나
며 열매 속엔 두 개의 씨가 자리
를 잡고 빨간 체리로 익어간다.

커피꽃

기계로 수확이 가능한 로부
스타는 나무가 5m 이상 성장해
도 문제없지만, 아라비카는 어
른 키 이상 성장하지 않도록 가

지치기를 하며 관리해야 한다. 첫째는 손으로 수확하는 데에 어려움이 없도
록 하기 위함이고, 둘째는 커피 체리로 가야 할 영양분이 나무가 성장하는
데 사용되는 것을 방지하기 위함인데, 커피 체리가 영양분을 빼앗길 경우
맛과 향이 감소할 수 있기 때문이다.

워시 가공

빨갛게 익은 커피 체리를 손으로 따서 수확하여 대형 수조에 넣고 물 위에
뜨는 불량 체리를 걸러내고 좋은 체리만 다음 공정으로 이동시킨다. 그다음
과육을 제거하고 각 체리마다 두 개씩 있는 씨가 모습을 드러내면 세척 과
정을 거치게 된다. 바로 이것을 워시 가공(습식가공법)이라고 한다. 워시 가
공을 고수해 온 코스타리카의 커피는 전문가들에게 완벽한 커피라고 칭송
을 받는데, 이에 다른 나라들에서도 습식가공법이 많이 사용되고 있다.

황금 커피

과육을 제거하고 씨를 씻어 3~4일 정도 햇볕에 말린 후, 자루에 담아 2~3개
월 동안 창고에 보관하여 숙성시키면 씨에 남아 있는 과일 성분이 말라붙으
면서 누런 색깔을 띤 껍데기가 된다. 이를 스페인어로 '페르가미노Pergamino'라

하는데, 색깔이 누런 황금빛이라 스페인어로 '카페 오로Café Oro', 즉 '황금 커피'라고 부른다(Oro는 '금'을 의미하는 단어다). 페르가미노는 양피지라는 뜻도 있는데 양피지는 오래전 종이가 없던 시절에 양가죽을 펴서 만들어 종이 대신 사용했던 매우 귀한 것이고, 이와 마찬가지로 커피를 얻기 위해 수많은 사람들이 정성과 노력을 기울이는 과정에서 생성되는 황금빛 껍데기인 페르가미노 역시 양피지만큼 귀한 것이라고 할 수 있다.

　　황금빛 페르가미노를 일종의 탈곡기로 벗겨내면 연한 연두색을 띠는데, 이를 생두라 하고, 이 색깔 때문에 영어로는 '그린 빈Green Bean'이라고 한다.

SHB 등급

아라비카는 북위 20도와 남위 20도 사이 열대지방의 해발 800~900m 이상 고산지대에서 까다로운 조건하에 재배된다. 열대지방이지만 고산지대이므로 햇볕은 뜨겁지만 날씨는 그리 덥지 않고 우기와 건기가 존재하는 지역인데, 바로 이러한 지역의 해발 1200m가 넘는 곳에서 재배된 커피를 'SHBStrictly Hard Bean 등급'으로 분류하며, 1100~1200m 지역에서 재배된 커피를 GHBGood Hard Bean 등급, 900~1100m 지역에서 재배된 커피를 HBHard Bean 등급으로 구분한다.

　　해발 1200m가 넘는 고산지대는 낮과 밤의 일교차가 심하다. 낮에는 강한 햇볕과 뜨거워진 흙과 대기에 의해 커피 체리도 뜨거워지고, 밤에는 순식간에 식어버리는 흙과 차가운 대기에 의해 커피 체리도 차가워진다. 이런 기후 조건에서는 커피 체리도 짧은 시간에 열매를 맺지 못하고 깨알만 한 알갱이에서부터 시작해 아주 천천히 그 열매가 자라난다. 커피 체리 안에 있는 씨도 당연히 뜨거워졌다 차가워졌다를 매일 반복한다. 마치 대장간에서 쇠를 담금질할 때처럼 씨가 단단해지고 밀도가 높아진다. 그래서 커피 등급을 분류할 때 단단하다는 의미의 '하드 Hard'라는 단어가 사용되는 것이며, 단단해질수록 맛과 향이 뛰어나다.

저지대에서 재배되는 로부스타는 아라비카와 같은 등급이 책정될 수 없다. 로부스타는 씨가 단단하지 않고 작으며, 과일의 향이라던가 단맛 또는 신맛의 조화가 없어 인스턴트커피 또는 블렌딩 Blending(주로 아라비카 커피와 혼합함)에 사용되는 경우가 많다.

스페셜티 커피

앞서 언급했듯이 해발 1200m 이상의 고산지대에서 재배되는 아라비카 커피를 SHB 등급으로 구분하는데, SHB 등급 중에서도 매우 특별한 고급 커피를 '스페셜티 Specialty 커피'라고 한다. 스페셜티 커피는 전 세계 커피의 약 3%밖에 안 되는 소량으로 일반 시장에서 구입하기는 쉽지 않다. 스페셜티 커피가 되려면 다음과 같은 세 가지 조건을 충족해야 한다.

스페셜티 커피의 제1조건
기본적으로 SHB 등급이다. 즉, 해발 1200m 이상 고산지대에서 재배된다. 중미의 작은 나라인 코스타리카의 스페셜티 커피 농장들은 대부분 해발 1400~1800m에 위치해 있다.

스페셜티 커피의 제2조건
빨갛게 익은 커피 체리만 엄선해 수확한다. 기계로 수확할 수 있는 로부스타와는 달리 아라비카는 수확 시 커피 체리를 손으로 딴다. 그런데 커피나무 가지 하나에 열린 수십 개 체리들을 살펴보면 빨갛게 익은 것도 있지만 아직 미성숙한 주황색이나 노란색 심지어 녹색 체리도 있기 때문에 손으로 가지를 훑어 따거나 또는 움켜쥐듯이 따면 익지 않은 미성숙한 체리가 섞이게 된다. 커피농장에서는 근로자들이 딴 커피 체리의 양에 따라 급여를 지급하므로, 근로 시간과 체리의 양을 고려할 때 익지 않은 체리가 소량 섞이더라도 짧은 시간에 많은 양을 따는 게 농장 측이나 근로자 측 모두에게 유리할 것이다.

그러나 스페셜티 커피는 근로자들이 사랑과 정성으로 빨갛게 익은 커피체리만 골라서 하나하나 손가락으로 따낸 것이다. 한 가지에 열린 수십 개체리들을 한 번에 따는 것이 아니라, 어제 만졌던 가지를 오늘 또 만지고 내일 또 만지며 빨간 체리만 골라서 따내기 때문에 많은 시간이 소요된다. 수확량이 적으므로 근로자들의 임금도 감소하겠지만, 스페셜티 커피 농장은 이를 감안해 근로자들에게 넉넉한 급여를 지급한다. 참고로, 익지 않은 체리가 섞인 채로 가공하여 로스팅하면 좋지 않은 맛과 향이 나는데, 이를 감추기 위해 다크 로스팅 Dark Roasting(진하게 볶는 것)을 하는 경우도 있다. 물론, 로스팅 단계는 무려 여덟 가지로 나누어지며, 단계에 따라 상이한 맛과 향을 주기 위함이므로 무조건 다크 로스팅이 좋지 않다는 뜻은 아니다.

스페셜티 커피의 제3조건

우리나라에서 햇볕에 말린 고추인 태양초를 고급으로 여기듯이 커피 씨도 햇볕에 건조해야 고급이다. 커피 가공 시 체리의 과육을 제거하고 씨를 세척한 후 햇볕에 건조하는데, 비가 오지 않는 건기에 진행한다 해도 예측할 수 없는 자연현상 때문에 어쩌다 흩뿌려진 비를 맞을 수도 있고 햇볕이 충분치 않을 수도 있다. 이 경우 건조기를 이용해 건조하면서 이상적인 함수율(씨가 함유한 수분의 비율)인 10~12%에 맞춘다. 그러나 스페셜티 커피는 무조건 햇볕에만 건조해 함수율에 맞추는 최고급 커피이다.

정리해 보면, 스페셜티 커피는 SHB 등급(해발 1200m 이상), 빨갛게 익은 커피 체리만 손가락으로 따내기, 햇볕에 건조한다는 필수 불가결한 세 가지 조건을 충족해야 한다. 물론, 이 밖에 생두의 색깔, 모양, 크기, 무게 및 청결한 가공 등도 중요한 요소다. 스페셜티 커피에서 무엇보다 두드러지는 특징은 로스팅에 의한 쓴맛, 구수하지만 가볍고 신선한 보디감, 원래 과일인 커피 체리의 신맛과 단맛에 좋은 향이 어우러진다는 것이다.

지속가능 커피와 그늘 재배 방식

21세기 인류에게 주어진 과제는 환경과 지속가능성Sustainability이다. 전 세계 여러 회사와 공장, 단체 등이 경영·관리·생산·개발을 시작 또는 진행할 때 지속가능성을 염두에 두어야 함은 선택이 아니라 의무가 되고 있다.

이에 발맞춰 많은 커피농장들이 '지속가능 커피 Sustainable Coffee'라는 개념을 추구하고 있다. 화학비료를 사용하더라도 자연에 미치는 영향을 최소화한 비료를 사용하고, 살충제와 제초제의 과도한 사용을 억제한다. 또 커피농장에 나무를 함께 심기도 한다. 바로 '그늘 재배 방식 Shade Grown'인데, 커피 체리가 햇볕에만 노출되지 않고 그늘에서 휴식을 취할 수 있게 하는 방식이다. 커피 체리가 천천히 익도록 하고 불량률도 낮추며, 토양 침식 방지 및 토질 개선도 이룰 수 있다. 또한 나무에서 떨어진 낙엽이 썩어 비료가 되어준다.

특히 이 부분에 앞장서 온 코스타리카의 커피농장들을 멀리서 바라보면, 커피나무는 보이지 않고 큰 나무들만 보여 과연 커피농장이 맞는지 의구심이 들기도 하는데, 이는 상대적으로 키가 작은 커피나무들(0.3~1.6m)이 큰 나무들에 가려 보이지 않기 때문이다. 토양에 따라 미모사과의 '구아바 Guaba'라는 나무를 비롯해 바나나를 심기도 하며, 지역, 토양, 기후 조건에 따라 다르겠지만 구름이 많은 화산 지역의 경우 구름에 의해 이미 그늘

코스타리카의 일반적인 커피농장(출처: Café Britt)

이 충분히 만들어지므로 나무를 심지 않는 경우도 있다.

미국에서 커피 소비는 애국

1773년 12월 16일, 반영국 성향의 보스턴 시민들이 인디언으로 분장하여 항구에 정박 중이었던 동인도회사의 선박 두 척을 습격해 300여 개의 차茶 상자를 바다로 던져버렸다. 당시 영국은 전쟁으로 부족해진 재정을 보충하고 동인도회사의 경영난을 해결하고자 동인도회사에 독점권을 부여하는 관세법을 통과시켰고, 이에 동인도회사는 아메리카에서 차를 판매할 독점적인 권리를 갖게 되었다. 하지만 독립 성향이 강했던 보스턴에서 이에 반발해 이른바 '보스턴 차 사건'이 일어났다. 사건 이후 영국산 불매 운동이 전개되어 차를 마시는 행위는 매국으로 간주되었고, 1776년 7월 4일 미국은 독립을 선언하기에 이른다.

　이 사건으로 미국에서 차 대신 커피를 마시기 시작했으며, 커피 소비는 곧 애국으로 여겨졌다. 세월이 흘러 제2차 세계대전이 발발하여 전쟁 때문에 유럽의 커피 소비가 감소하자, 미국은 라틴아메리카의 커피 생산 국가들이 미국의 커피 시장을 적절히 분할하도록 합의해 주었고, 이로써 미국의 커피 소비는 더욱 증가하게 되었다.

코스타리카, 아름다운 친환경 국가

코스타리카 개요 및 세계 최초 또는 1등인 것

코스타리카는 북위 8~11도에 위치한 중미의 작은 나라이다. 면적은 5만 1000km²에 불과하지만 태평양과 대서양에 접한 해안선 길이가 무려 1300km에 달해 스페인어로 '해안'을 의미하는 단어 '코스타 Costa'와 '풍부한'이라는 뜻의 형용사 '리카 Rica'가 합쳐진 '코스타리카'라는 이름이 가장 잘 어울리는 나라이기도 하다.

　1인당 GDP는 약 1만 5000달러이고, 인구는 500만 명인데 인구 구성을 보면, 스페인계 60%, 독일계 10%, 프랑스계 5%, 메스티소 20%, 원주민 2%, 흑인 2%, 중국계 1%이다. 작은 국토이지만 전체 국토의 25%가 국립공원으로 지정되어 국토 면적 대비 국립공원으로 지정된 면적이 세계 1위이고, 단위면적당 생물다양성 세계 1위로 지구상 동식물의 5%가 서식하고 있어 면적이 네 배나 큰 한반도보다 생물다양성이 오히려 네 배가 많다.

　1948년 헌법에 의해 군대를 폐지해 예비군조차 존재하지 않으며, 공립학교에서 무상교육을 실시하고 있다. 2004년에 유전이 발견되었지만 경제적인 이익보다는 친환경을 지향해 유전 개발을 법으로 금지했다. 지구상 여러 나라에서 나비의 개체수가 감소하는 상황에서 나비를 수출하고 있으며

코스타리카 해발 2000m 지역에
서식하는 나무늘보.
나무늘보가 전선에 매달려 있는
것은 정말 놀라운 일이다.

코스타리카의 태평양 근처
타레콜레스강에 서식하는 악어.
몸길이 5.7m에 약 85세로
추정되어 현재 코스타리카에
서식하는 악어 중 가장 크고
나이가 많다.

나비 수출 세계 1위 국가이다. 이런 분위기와 친절하고 명랑한 국민성 덕분인지 2009년과 2012년에 행복지수 1위 국가로 선정되었다.

환경 관련 모범 선진국이며 아름다운 친환경 국가

코스타리카는 2007년 세계 최초로 탄소중립 국가가 되겠다고 전 세계에 발표했다. 대부분의 국가들이 탄소배출권을 얻으려고 노력하며 일부는 불법적인 배출도 일삼지만, 코스타리카는 2016년 화석연료에 의한 전기 생산 비율 0%를 이루었다. 모든 전기를 수력, 풍력, 지열, 태양광에서 생산하는 신재생에너지 사용 1위 국가이며, 이웃한 니카라과, 파나마로 송전도 하고 있다.

산림을 꾸준히 늘려나가면서 배출되는 탄소 대비 이를 흡수하고 중화시키는 산림의 양을 같거나 많게 해 탄소중립을 달성하기 위한 목표를 향해 순항 중이다. 대부분 선진국들이 최근 탄소중립을 위한 목표 연도를 발표한 것과 비교하면 코스타리카는 1인당 GDP와 관계없이 환경 관련 모범 선진국이며, 녹색경제라는 새로운 패러다임을 제시하고 있는 아름다운 친환경 국가이다.

세계 최고 수준의 코스타리카 커피

라틴아메리카의 커피 생산 국가들은 대부분 아메리카 원주민이나 흑인 노예를 동원해 대규모 플랜테이션 형태로 커피농장을 운영했던 반면, 노동력이 부족했던 코스타리카는 대규모 플랜테이션이 아닌 소규모 농장 위주로 커피 재배 산업이 발전했다. 현재는 약 9000여 개 농장에서 연간 9만 5000톤의 생두를 생산하고 있다.

작은 국토지만 여섯 개의 활화산이 있어 미네랄 성분이 풍부한 화산 토양이 전 국토에 분포되어 있고, 국토의 70%가 산악 지형이어서 SHB 등급 기준점인 해발 1200m를 훌쩍 넘어 1400~2000m에 이르는 고산지대가 매우 많다. 브룽카Brunca, 과나카스테 Guanacaste, 오로시 Orosi, 타라수Tarrazú, 트레스 리오스Tres Ríos, 투리알바Turrialba, 바예 센트럴Valle Central, 바예 옥시덴탈Valle Occidental이 대표적인 커피 재배 지역이다.

1780년대 중미 최초의 커피농장이 수도 산호세San José에서 시작되었으며, 법에 의해 로부스타 재배를 엄격히 금지하고 있는 유일한 나라이므로, 코스타리카를 세계 최고 품질의 커피를 생산하는 나라라고 부르지 않을 수 없다. 실제로 뉴욕 선물시장에서 거래되는 커피 가격을 살펴보면 100% 아라비카인 코스타리카의 커피는 로부스타 대비 2~2.3배, 일반적인 아라비카 대비 1.3배, 중미 국가들의 아라비카 대비 1.2배 정도 더 높은 가격으로 책정된다.

코스타리카의 활화산 여섯 개 중 하나인 포아스 화산. 해발 2708m.

코스타리카의 활화산 여섯 개 중 가장 뜨거운 아레날 화산. 해발 1670m.

탄소중립 커피와 유기농 커피

코스타리카의 대표적인 커피 재배 지역인 타라수에 위치한 도타Dota라는 작은 마을의 코페도타Coopedota(도타 협동조합)가 커피농장들뿐만 아니라 전 세계에 많은 기업과 정부가 관심 가질 만한 성과를 만들어냈다. 코페도타는 커피를 재배하고 생산하는 과정에 물 사용량 최소화, 정수를 위한 거름망 사용, 침전조 사용은 물론, 커피 과육을 비료로 만들어 사용하는 등 다양한 노력을 기울인 결과, 2010년 BSI(영국표준협회)로부터 커피 분야에서는 세계 최초로 탄소중립 달성 인증서 PAS2060를 획득했다.

그리고 2012년 11월 카타르 도하에서 개최된 '제18차 세계 기후 변화 총회'에서 코스타리카 대표가 코페도타의 탄소중립 커피를 소개했다. 각국의 참석자들은 신맛과 단맛에 깔끔한 보디감 그리고 꽃 내음까지 어우러진 코스타리카 타라수의 커피를 맛보며 그 우아한 맛에, 또 세계 최초의 탄소중립 커피라는 데에 놀라움을 금치 못했다고 한다.

커피와 건강

커피는 전 세계인의 기호식품이고, 특히 한국인이 꾸준히 선호하는 음료이다. 그렇기에 커피가 우리 몸에 이로운지 또는 해로운지에 대한 논쟁도 끊임없이 이어지고 있는데, 이러한 논쟁에 앞서 커피를 어떻게 마시는가에 대해 지식을 공유하는 것이 바람직할 것이다.

커피의 단점
커피 한 잔에 보통 4mg의 카페스톨 Cafestol이 포함되는데, 이는 체내 콜레스테롤을 약 1% 증가시킬 수도 있다.

커피의 장점
항산화 작용, 암 예방 효과, 호흡기관에 이로움(천식 예방), 편두통 완화, 진통 효과, 엔도르핀 상승, 이뇨 및 이완 작용, 신장 결석 위험 감소, 간경변증 감소, 변비 예방, 신경 보호, 파킨슨씨병 예방에 효과가 있고, 칼로리는 매우 소량이다(에스프레소 또는 아메리카노에는 약 8kcal, 카페라테에는 우유가 포함되어 약 170kcal 정도).

어떻게 마실까?

노르웨이에서 20년 동안 50만 명을 대상으로 사망률을 실험했다.

커피를 전혀 마시지 않은 사람들의 사망률을 1로 가정했을 때, 종이 필터를 사용한 커피를 마신 사람들의 사망률은 0.86, 종이 필터를 사용하지 않은 커피를 마신 사람들의 사망률은 0.96, 두 가지 모두 마신 사람들의 사망률은 0.84라는 결과가 나왔다. 어떤 방법으로 커피를 마시는지와 관계없이 커피를 마신 사람들의 사망률이 그렇지 않은 사람들의 사망률보다 낮다는 결론이다.

종이 필터를 사용하는 경우는 가정용 커피메이커와 요즘 중요한 흐름이 되고 있는 핸드드립Hand Drip이 해당된다. 종이 필터에 카페스톨이 걸러지므로 기름이 감소하고 맛이 드라이해진다. 단, 두 가지 방법 모두 에스프레소와 비교하면 물과 만나는 시간이 긴데, 이 때문에 카페인이 다소 증가할 수 있다. 이는 커피의 특성으로, 커피는 물과 만나는 시간이 길면 길수록 카페인이 증가하기 때문이다.

종이 필터를 사용하지 않는 경우는 에스프레소Espresso 또는 에스프레소를 이용한 아메리카노Americano, 카푸치노Cappuccino, 라테Latte, 판나Panna, 마키아토Macchiato 등이 해당되며, 에스프레소와는 완전히 다른 방식인 프렌치 프레스French Press도 종이 필터를 사용하지 않는다. 두 방식 모두 종이 필터가 없어 카페스톨이 걸러지지 않으므로 기름이 조금 포함되고 구수한 맛도 난다.

참고로 에스프레소 기계는 일종의 보일러 장치로써 물을 수증기로 만들어 순간적인 강한 압력으로 포터필터Porter Filter에 담긴 원두 가루를 통과시키는데, 이때 밖으로 떨어지는 액체가 바로 에스프레소이다. 에스프레소에 무엇을 어떻게 첨가하느냐에 따라 앞에서 열거한 다양한 음료를 만들 수 있다. 에스프레소의 장점은 원두 가루가 물과 만나는 시간이 거의 없고 수증기가 통과하는 것이므로 카페인이 적다는 것이다. 반면에 프렌치 프레스는 원두 가루가 물과 섞여 있는 상태에서 가루만 아래 가라앉히는 것이므로 카페인이 늘어난다.

사망률이 낮아진 것은 분명하지만 종이 필터를 사용하지 않은 경우의 사망률이 0.96이므로 사망률 1에 거의 가까워 실망스러운 숫자로 고려될 수도 있겠으나, 사실 노르웨이에서 20년 동안 진행된 실험에서 사람들이 어떤 커피를 마셨는지는 알 수 없다. 예를 들어, 카페인 함량이 많은 로부스타를 마셨는지 또는 카페인 함량이 적은 아라비카를 마셨는지, 어느 지역의 커피를 마셨는지 그리고 어떻게 로스팅한 커피를 마셨는지 등에 관한 자료는 없다. 어쩌면 실험 중에 이 부분까지는 생각하지 못했을 수도 있고, 생각했다 하더라도 전부 반영하기에는 무리가 있었을 것이다.

특히 로스팅을 지나치게 할 경우 카페스톨과 카웨올^{Kahweol}이 증가한다는 분석도 있는데, 여덟 단계로 나누어지는 로스팅 중 가장 강한 이탤리언 로스팅과 프렌치 로스팅이 유럽에서 선호되었으므로 실험 대상자 50만 명 중 상당수가 강하게 로스팅된 커피를 마셨을 확률도 배제할 수 없다. 즉, 적절히 로스팅된 커피가 실험에 사용되었더라면 종이 필터를 사용하지 않은 커피를 마신 사람들의 사망률이 0.96보다 더 낮아질 수도 있었을 것이다.

앞서 살폈듯이 종이 필터를 사용한 커피와 종이 필터를 사용하지 않은 커피 모두 마신 사람들의 사망률이 0.84로 가장 낮다. 바꿔 말하면, 과학적인 증명이라 단언할 수는 없겠지만, 어느 한쪽만이 아닌 핸드드립 커피와 에스프레소 또는 에스프레소를 이용해 만든 음료 모두를 마시는 것이 사망률을 낮추는 데 도움이 될 수 있다는 가정을 세울 수 있다.

커피 문화사를 마무리하며

지금까지 커피와 관련된 역사, 르네상스와 커피, 커피나무의 종류, 라틴아메리카에서 재배되는 커피 품종, 라틴아메리카 커피 생산국의 커피 문화, 커피 가공, SHB 등급, 스페셜티 커피, 탄소중립 커피에 앞장서는 아름다운 친환경 국가 코스타리카, 그리고 커피와 건강에 대해 필자가 갖고 있는 부족한 지식을 나누며 거듭된 고민 끝에 '커피 문화사'라는 제목을 붙였다.

필자가 장편소설 『커피』를 쓸 때에는 아무 망설임 없이 제목을 처음부터 '커피'로 정했지만, 이번 원고에는 적합한 제목을 찾기가 어려웠고, 그래서 시선을 잡아끄는 제목보다는 내용이 더 중요할 수도 있다는 필자 스스로 만든 변명하에 평범하면서도 포괄적인 단어를 제목에 사용했다.

커피꽃의 꽃말이 '언제나 당신과 함께' 또는 '너의 아픔까지도 사랑해'라고 하는데, 꽃말보다 중요한 것은 우리가 커피를 마시고 즐길 때 커피농장에서 또 커피를 가공하는 곳이나 관련된 분야에서 일하는 모든 사람들에게 잠시나마 고마운 마음을 갖는 것이라 생각한다. 이러한 고마운 마음이 하나의 문화로 정착되면 함께 커피 문화사를 이루어갈 수 있고, 또 좋은 커피를 나누며 커피꽃의 꽃말처럼 '언제나 당신과 함께' 또는 '너의 아픔까지도 사랑해'라고 마음을 건넬 수 있을 것이라 믿는다.

✪ *commúnitas* ✪

페루 음식, 국가 브랜드가 되다

임수진

"팬을 들었다고 요리사가 아니다. 요리사는 사람들의 삶을 변화시키는 데 요리가 가진 힘을 어떻게 쓸 것인지 고민해야 한다. 요리는 사랑이고 포용이며 나누는 것이기 때문이다."

- 아쿠리오 가스통^{Acurio Gastón}

페루와 음식

아쿠리오 가스통은 페루 음식을 세계화함으로써 페루를 미식의 나라로 만든 국민 영웅이다. 그가 오너 셰프로 있는 레스토랑 '아스트리드 이 가스통^{Astrid y Gastón}'은 라틴아메리카 최고의 레스토랑으로 선정되었을 뿐만 아니라 2011년 '월드베스트 레스토랑 50선'에 처음 이름을 올렸고, 2013년에는 1위를 차지하며 페루를 미식 강국으로 이끌었다. 많은 세계인들이 페루 하면 세비체^{Ceviche}를 떠올리고, 그 맛을 보기 위해 페루를 찾게 만든 것이다. 그

셰프 아쿠리오 가스통

러나 가스통이 프랑스에서 요리 유학을 마치고 돌아온 1994년만 하더라도 페루 음식을 아는 외국인은 드물었다. 페루 내에서도 부유층은 프랑스 요리를 선호했고, 자국 음식에는 관심을 두지 않았으니, 외국에 페루 음식이 어떤 모습으로 비쳤을지는 상상하기 어렵지 않다. 외국인들은 페루의 대표적인 음식 하면 혐오스럽게 보이는 기니피그를 떠올렸고, 페루 음식은 원주민 음식이라는 이미지가 강했다. 정치인의 아들로 태어나 부유한 가정에서 자란 가스통도 유럽에서 공부했던 터라 페루의 상류층을 고객으로 하는 프랑스 식당을 열었다. 그러나 그는 곧 생각을 바꾸어 조국의 현실을 변화시키는 데 자신의 팬을 들기로 마음먹게 된다.

당시 페루는 정치적으로나 경제적으로 매우 불안한 시기였다. 관광자원이 풍부함에도 불구하고, 관광객들의 발길은 거의 닿지 않았다. 잃어버린 10년이라고 불리는 1980년의 경제위기가 1990년대까지 이어졌고, 같은 시기에 일어난 내전으로 7만 명이 넘는 민간인이 사망했다. 치솟는 물가와 치안 불안, 야간 통행금지 조치로 시민들이 마음 편히 외식하러 나가는 것은 어려운 일이었다. 반정부단체인 투팍아마루혁명운동 MRTA 게릴라들이 일본 국왕의 생일 축하 파티가 열리고 있던 페루 주재 일본대사관에 진입해 5개월이나 인질극을 벌인 것도 이 시기의 일이다. 또 내전의 희생자들이 주로 원주민이었기에 백인 기득권층과 원주민 사이의 사회적 갈등도 더 깊어졌다. 이렇게 분열되고 불안한 나라 페루를 찾는 외국 관광객은 연간 1만 명이 채 되지 않았다. 그들의 목적지는 마추픽추 Machu Picchu가 유일했으며, 수도 리마는 마추픽추를 가기 위해 항공편을 갈아타려는 경유지에 지나지 않았다.

가스통의 요리들(상단 왼쪽부터 시계 방향으로, 남부식 조개 요리, 기니피그로 알려진 꾸이 구이,
세비체, 오징어 요리)(사진: Asdrid&Gaston 홈페이지)

가스통은 르 코르동 블루 Le Cordon Bleu(프랑스의 요리학교) 동문인 아내 아스트리드 구체 Astrid Guché와 부부의 이름을 따서 문을 연 프랑스 식당 아스트리드 이 가스통을 페루 식당으로 바꾸었다. 가스통은 요리사의 사회적 책임을 잘 알고 있었다. 그는 가난하고 정치가 불안정한 나라로만 여겨지는 페루에 대한 인식을 바꾸고 페루를 세계적인 관광지로 만들기 위해 자신의 레스토랑을 페루 문화를 전파하는 대사관으로 만들기로 한 것이다.

그는 조국의 자연과 공동체 회복에 주목했다. 먼저, 세계 시민 누구라도 주저하지 않고 맛볼 수 있게끔 미개한 음식이라는 페루 요리에 대한 인식을 개선하는 데 앞장섰다. 또한 페루의 전통을 계승하면서도 창의적으로 현대화했다. 맛도 최고였지만, 화려한 색감의 모던한 플레이팅은 새로운 스타일의 페루 요리를 탄생시켰다. 이빨을 드러내고 통째로 구워져 나온 기니피

페루 각 지역에서 생산되는 제철 식재료
(위에서부터, 루쿠마, 카카오, 감자, 치
아씨드)
(사진: 페루 페루수출관광진흥청 SNS)

그를 보고 먹어볼 엄두를 못 내는 외국인들을 위해
서는 레스토랑 앞마당에서 자라는 꽃과 허브를 이
용해 요리하고 플레이팅해 먹음직스러운 전통 음식
으로 소개했다. 잉카의 음식이지만 저렴한 길거리
음식으로 취급받던 소 염통구이 안티쿠초^{Anticucho}를
고급 코스 요리로 선보이기도 했다.

가스통은 계절이 바뀔 때마다 페루의 각 지역에
서 나는 제철 식재료를 활용하여 새로운 메뉴를 개
발하는 데도 힘썼다. 페루는 식재료가 굉장히 다양
한 나라이다. 4000종이 넘는 감자의 원산지이며 태
평양에서는 갖가지 신선한 해산물을 잡을 수 있고,
아마존 정글에서는 진귀한 과일과 민물고기를 얻을
수 있다. 안데스 고원지대 Altiplano와 사막의 다양한
기후대에서 생산되는 퀴노아 quinua, 마카 maca, 카카
오닙스 등의 슈퍼 푸드도 풍부하다. 과일의 종류가
얼마나 많은지 매일 한 잔씩 다른 과일 주스를 마셔
도 페루에서 나는 모든 과일 종류를 다 맛보지 못한
다는 말이 있다. 이처럼 풍부한 지역 특산물을 활용
해 다양한 요리를 개발할 수 있었고, 지역 특색을
담아낼 수 있었다. 그래서 그의 코스 요리에는 페루
의 자연이 살아 있다. 최고의 맛을 선보이는 메뉴
하나하나에 그것이 생산된 지역의 이야기가 담겨
있어 당장이라도 그곳에 달려가고 싶게 만드니 말
이다.

"페루 음식은 전 세계에서 모인 가족의 이야기입니다. 어쩌면 아버지는 이탈리아인이고 어머니는 일본인일지도 모릅니다. 또 아버지는 스페인 사람이고 어머니는 잉카 사람일 수도 있고요. 두 사람이 부부로 만나 자신들의 이야기를 하나의 접시에 담으려고 노력했고, 그 결과는 아름다운 것이었습니다."

가스통의 요리는 페루 전통 요리에 유럽 스타일을 입히는 데서 출발했다. 페루 전통 요리를 만들 때 중국 요리 재료를 사용하기도 하고, 이탈리아 스타일로 요리하기도 한다. 그의 말처럼 페루 음식은 만 년 전부터 이어져 온 전통 음식에 스페인 식민지 시기 유럽의 영향, 노예로 끌려온 아프리카계, 노동 계약으로 들어온 일본계와 중국계, 이탈리아계 등 이민자들의 영향으로 여러 음식문화가 혼합하면서 발전해 왔기 때문이다. 여기에 유럽과 미국에 유학을 다녀온 요리사들과 이민자 출신의 요리사들이 세계인들의 입맛을 사로잡을 수 있도록 페루 현지 식재료에 다양한 조리법을 적용해 퓨전 음식을 만들었다. 아마존에서만 서식하는 생선으로 만든 요리에 동아시아의 양념인 간장으로 맛을 낸다거나, 고기 내장을 갈아 아프리카 스타일로 양념한 후 안데스 고원의 감자와 볶는 등 가장 페루적이면서 세계적인 음식으로 말이다. 여러 요리가 섞였지만 국가의 정체성을 유지하면서도 페루만의 독창적인 음식으로 탄생시켰으니 그야말로 접시 하나에 세계 문화 교류의 역사가 담겨 있는 셈이다. 이처럼 페루 음식의 다채로움은 세계인의 미각을 사로잡기 충분했기에 이제는 음식을 매개로 세계인들의 발걸음을 페루로 향하게 하는 전략이 필요했다.

가스통은 페루 음식의 매력과 레시피를 알리기 위해 여섯 권의 요리책을 저술해 국내외에서 출간했다. 2003년부터는 TV 요리 프로그램 〈미식 탐험 aventura culinaria〉에 출연해 페루 맛집을 소개하고 있다. 〈미식 탐험〉은 요리사를 스튜디오로 초대해 같이 음식을 만드는 프로그램으로 길거리 음식 맛집 셰프가 요리하면 가스통이 요리 보조를 한다. 요리하는 동안은 자신의 말을 아끼지만, 요리가 끝나면 그들의 음식에 찬사와 감사를 아낌없이 보낸다. 오키나와 출신 일본계 이민 3세 청년이 일본 요리를 하고, 어느 주부가 출연해 사랑하는 딸을 위한 자신만의 레시피를 공개하기도 한다. 그때마다 가스통은 그들의 음식을 맛있게 먹고, 레시피를 존중한다. 음식을 매개로 음식을 만드는 공동체의 구성원들과 그것을 즐기는 구성원들이 모두 행복할 수 있고, 그래서 암울했던 페루 공동체의 삶이 긍정적으로 변한다면 페루에 외국인이 들어올 수 있을 것이라고 믿었기 때문이다.

그래서 가스통은 소외받은 사람들이 자립하고 발전할 수 있도록 여러 방식으로 지원하고, 때로는 파트너십을 구축해 함께했다. 리마의 푸드트럭 맛집 선발대회를 열기도 하고, 시장 골목을 누비며 맛집을 찾아내기도 한다. 가스통은 소셜미디어에 자신의 이야기가 아닌 다른 사람들의 이야기를 주로 올린다. 가스통이 소셜미디어에서 맛집을 추천하면 그곳은 손님들로 인산인해를 이루곤 한다. 페루의 자연, 농부, 어부, 시장 상인, 레스토랑 스태프들이 있었기에 자신의 음식이 완성될 수 있다고 믿고, 지역에서 생산되는 식재료를 그 지역의 농어민들로부터 직접 구매하고 있기도 하다. 대형 유통업체가 아니라 지역의 소규모 생산자에게 구매함으로써 공동체 구성원 모두가 상생하고자 하는 것이다. 리마 인근 파차쿠텍 Pachacutec 지역의 황폐한 사막 한가운데 자리 잡은 가난한 마을에는 요리학교를 세웠다. 여기서 저소득층 청년들이 학비 걱정 없이 요리 교육을 받고 있다. 재능은 있지만 기회가 없어 미래를 꿈꾸지 못하는 지역의 젊은이들에게 양질의 요리 교육은 그들의 삶을 변화시키는 가장 강력한 무기가 되었다. 그래서 요리학교를 졸업한 이 지역의 젊은이들은 자신들을 전사라고 부르며, 전 세계에 페루 음식을 알리는 것이 자신들의 사명이라고 말한다.

페루 공동체에 변화의 바람이 일어나는 사이 가스통은 전 세계 곳곳에 페루 레스토랑을 열었다. 세계적으로 알려져 누구나 즐길 수 있게 된 피자, 햄버거, 스시, 타코처럼 페루의 지역 향토 음식도 전 세계로 뻗어나가 사랑받는 그날을 꿈꾸면서 말이다. 그러나 1990년대에만 해도 외국에서 활동하는 페루 요리사는 소수였고, 페루 전통 음식인 세비체를 아는 사람들은 많지 않았다. 물론 지금은 스페인 마드리드에만 500명 이상의 페루 요리사가 활동하고 있고, 세비체도 라틴아메리카 최고의 음식으로 여겨지며 전 세계인들에게 사랑받고 있다. 가스통은 현재 24개 브랜드의 레스토랑을 운영하고 있는데, 라틴아메리카는 물론 뉴욕, 라스베가스, 제네바, 싱가포르, 칠레 산티아고 등 40여 개 도시에 페루 가정식 레스토랑, 중국 스타일 페루 레스토랑, 페루 해산물 레스토랑 등을 운영하며 다채로운 페루 음식을 선보이고 있다. 가스통의 이러한 노력 덕분에 페루 음식은 저렴한 이미지를 개선하고, 세계의 상류층들이 찾는 고급 음식으로 자리매김할 수 있었다.

또한 가스통은 페루의 자연이 주는 축복을 페루 밖에 있는 사람들과 나누기 위해 해외 음식 페스티벌에 참가해 페루 음식을 홍보해 왔고, 2008년부터는 동료 요리사들과 함께 리마에서 미스투라Mistura 축제를 개최하고 있다. 미스투라는 스페인어로 '혼합'이라는 뜻이다. 그 이름답게 매년 10월에 열리는 이 음식 축제에서는 음식점뿐만 아니라 요리 교실, 식재료 판매 등이 동시에 이뤄지는 등 문화 교류를 제대로 즐길 수 있다. 페루의 대표적인 관광 상품으로 자리 잡은 이 축제는 10여 일 동안 열리며, 2019년에 40만 명 이상이 축제를 즐겼을 만큼 세계에서 가장 규모가 큰 음식 축제가 되었다. 'UN 음식 관광 세계 포럼'과 '세계감자대회' 등 다양한 국제 미식 행사도 페루에서 열리고 있다.

이제 페루 관광의 매력 요인은 페루 음식이다. 마추픽추는 관광 수용 인원이 제한되어 있기 때문에 더 많은 관광객을 유치하기 위해서는 마추픽추

안데스 마을에서
미식 투어 중인 고든 램지
(사진: 페루 페루수출관광진흥
청 홍보 자료)

외에 다른 관광 콘텐츠를 개발할 필요가 있었다. 페루 사회가 안정되어 가
는 가운데 가스통이 페루 음식의 세계화를 이끌자 스타 셰프들이 늘었고,
이 셰프들의 음식을 맛보기 위해 페루를 방문하는 외국인 수도 증가하기 시
작했다. 페루에는 가스통의 레스토랑 외에도 일본계 셰프가 니케이^{Nikkei} 스
타일이 가미된 페루 음식을 선보이는 마이도^{Maido}, 페루 18개 지역의 식재
료를 한 접시에 담아내는 센트럴^{Central} 등 월드 베스트 레스토랑 50위권에
매년 오르는 레스토랑이 여럿이다. 이들은 새로운 스타일의 안데스 요리
^{Novo-Andean cuisine} 레스토랑으로 페루의 정체성을 담은 식재료를 활용해 다
양한 메뉴를 재해석해 선보이고 있다. 아마존 정글 분위기를 그대로 옮겨놓
은 인테리어에 아마존에서만 나는 재료로 요리하는 식당이 있는가 하면, 안
데스 고원지대의 슈퍼 푸드로 요리하는 식당도 있다. 안데스에서 태평양 연
안까지 지역별 맛 지도를 그릴 수 있는 곳이 페루이다. 페루에서는 음식을
맛보는 것만으로도 이 나라의 여러 지역을 여행하고 다양한 생태계를 경험
할 수 있다. 이 미식 혁명은 페루를 월드 트래블 어워드^{World Travel Award}가 선
정한 2012 세계 최고의 미식 여행지에 오르게 했으며, 그 이후로도 유럽 국
가들을 제치고 1, 2위 자리를 놓치지 않고 있다. 영국의 《이코노미스트》

도 페루를 세계 최고의 미식 여행지로 극찬한 바 있다.

가스통의 음식에 대한 열정과 요리사로서의 사명, 또 페루에 대한 사랑은 음식이 국가 발전의 플랫폼이 될 수 있음을 보여준다. 미식 혁명은 가스통의 작은 레스토랑에서 시작되었지만, 국가 차원에서 이를 더욱 체계화하고 현대화하여 발전시킴으로써 페루의 많은 것을 바꿨다. '1인 음식 전도사'라고 불리던 가스통의 사회 변혁 노력이 리마 엘리트들의 마음을 움직인 것이다. '다양성'의 인정이었다. 페루 정부는 국가 차원에서 미식을 앞세워 국가 브랜드화한다는 계획을 세우고, 1994년부터 페루수출관광진흥청Promperú이 스타 셰프들과 함께 지역 고유의 역사, 전통, 맛, 문화를 전 세계에 공유하기 시작했다. 페루 음식을 소개하는 책 『위대한 페루 요리La Gran Cocina Peruana』를 출판해 전 세계 도서관과 서점에 보급했고, 음식 영화를 만들어 배급했다. 1997년부터는 세계 음식 축제에 참가해 페루 음식이 유럽 음식에 뒤처지는 것이 아니라 그들과 다른 문화임을 알렸다. 2012년에는 월드 트래블 어워드가 발표한 세계 최고의 미식 여행지에 선정되었다. 그러자 1980년대 30만 명 안팎에 불과했던 외국인 관광객 수가 2000년대 중반부터 늘어나기 시작했고, 2019년에는 360만 명이 넘는 외국인이 페루를 찾았다. 페루 정부는 여기서 그치지 않고 '페루 알리기recordarás Peru' 캠페인을 통해 전 세계에 세비체와 포도 브랜디 피스코Pisco를 알리는 데 노력했다. 독일 하면 기술력이 떠오르고, 프랑스 하면 향수와 와인이 떠오르듯이 페루 하면 세비체와 같은 미식 강국의 이미지를 만들기 위한 전략이었다. 페루의 도시 아레키파Arequipa는 2020년 미식 창조 도시로 선정되었고, 독립 200주년을 기념해 2021년부터는 페루 음식의 유네스코 세계문화유산 등재를 위한 노력을 이어오고 있다.

페루 정부는 2011년 '마르카 페루Marca Perú' 마케팅을 시작했다. '브랜드 페루'라는 뜻의 이 전략은 음식을 매개로 국가 브랜드를 향상시키려는 목적에서 펼친 국가 차원의 캠페인이다. 음식을 문화유산으로 지정하여 국가 이미지 개선뿐만 아니라 정치경제적인 효과도 노렸던 것인데, 페루 정부가 '미식의 나라 페루'를 국가 브랜드화한 것은 내전과 가난으로 얼룩진 페루의 주권을 회복하고, 국가의 통합을 위해서였다. 그뿐만 아니라 1980년대 경제위기에서 벗어나기 위해서는 국제통화기금IMF의 지원을 받아야 했는데, 그러기 위해서는 국가의 문을 개방해야 했다. 앞서 설명했듯이 1980~1990년대 내전으로 사망한 인구가 7만 명이 넘었고, 그들 대부분은 원주민이었다. 찬란했던 잉카의 후예는 스페인으로부터 독립한 후에도 그 땅의 주인이 되지 못했고, 리마의 백인 엘리트가 지배하는 사회에서 불평등한 삶을 살아야 했다. 여자배구 대표 팀이 서울올림픽에서 은메달을 딴 것이 유일한 국가적 경사였을 만큼 암울했던 시기였으니, 국가공동체의 회복과 통합, 또 부정적인 페루의 대외 이미지를 개선하고 경제발전을 이루기 위해서는 페루의 정체성을 재정립하는 것이 중요했던 것이다. 그리하여 페루 국기를 상징하는

마르카 페루의 상징

빨간색과 하얀색으로 브랜드 로고를 디자인했는데, 첫 글자 알파벳 P의 달팽이 모양은 화합과 통합을 의미한다. 페루는 1980년대 경제위기를 기회로 삼아 지역 음식을 문화콘텐츠로 만들어 전 세계에 홍보하는 전략도 세웠다. IMF의 지원을 받는 조건으로 어쩔 수 없이 국가의 문을 개방하는 것이 아니라 관광 및 이와 연계된 수출 증대를 목표로 해 경제위기를 벗어날 계획이었다. 세계 30개국에 페루 수출관광진흥청 사무소를 개소했고, 각국 주재 페루대사관에서도 '미식의 메카 페루'를 앞세워 공공외교를 펼쳤다. 페루 레스토랑이 늘어나면서 페루 출신 요리사의 현지 진출이 증가했고, 각 지역의 맛을 지키면서도 여러 문화가 섞여 누구나 좋아할 수 있는 코스모폴리틱하면서도 인종 친화적인 페루 음식은 세계의 입맛을 사로잡았다. 요리

에 관련된 책이나 영화를 본 사람, 음식을 맛본 사람들이 가정에서 페루 음식을 직접 만들어보기 위해 페루 식자재를 찾기 시작했고, 페루 음식을 맛보기 위해 페루를 찾는 외국인들도 늘어났다.

옆의 사진은 프랑스 주재 페루 수출관광진흥청의 홍보 포스터다. 티티카카 호수의 상징인 갈대로 만든 배를 보여주며, 이곳의 특산물인 키위차Kiwicha에 글루텐이 없다는 점을 강조하고 있다(키위차는 '아마란스'로 알려진 페루의 작물 중 하나다). 이 지역을 방문하면 키위차를 이용한 음식을 맛보고 티티카카 호수에서 전통문화를 체험해 볼 수 있다. 페루

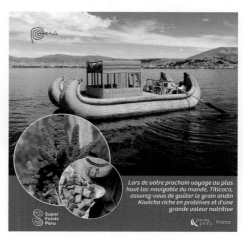

프랑스 주재 페루 수출관광진흥청의 홍보 포스터

정부는 이렇게 각 지역의 고유 문화를 살린 관광상품을 개발하는 데 주력했다. 그 지역에서 생산되는 식재료로 만든 음식을 선보이고, 그 지역에서만 체험할 수 있는 관광상품을 개발했다. 예를 들면, 마추픽추에서 가까운 안데스 마을 차와이Chahuay에 머물며 주민들과 잉카의 생활을 체험하고, 안데스 고원의 재료로 맛을 낸 음식을 먹어보고 요리를 배워보는 것이다. 이런 관광상품 덕분에 페루의 해안 지역, 아마존 정글 지역, 안데스 고원 지역들에 대한 대내외적인 관심이 증가했다. 내국인 관광객이 늘어났고, 마추픽추로만 향하던 외국인 관광객들도 지방을 찾기 시작했다. 식재료 수출은 꾸준히 늘어 2019년에는 페루 국내총생산GDP의 5.4%를 차지했고, 레스토랑과 숙박까지 합치면 관광이 차지하는 비중은 12.2%였다. 과거 배낭여행지로만 알려진 페루였지만, 날이 갈수록 고급 관광지라는 인식이 확산하고 있기 때문이다. 이제 페루인들은 가장 자랑스러운 국가 유산으로 음식을 꼽는다.

영국 주재 페루 대사관과 페루 수출관광진흥청의 미식 주간 홍보 포스터

관광객이 늘면서 지역 경제가 활성화되는 장점도 있었지만 이렇게 마을 공동체가 외국인뿐만 아니라 내국인 관광객들과도 지역문화를 함께 나눔으로써 지역 발전의 차이를 극복하는 기회가 되기도 했다. 수도 리마 중심의 사회에서 벗어나 지역 간 고른 발전을 위한 토대를 마련한 것이다. 또 인종으로 나뉘어 서로 배척했던 국민들이 서로의 문화를 이해하고 존중하게 되었다. 특히 내전으로 희생이 많았던 원주민들이 자신들의 문화에 자부심을 갖게 되었고, 그 문화가 원주민만의 문화가 아니라 페루의 자랑이라는 인식이 확산하는 계기가 되었다. 음식이 도시와 농촌을 이어주고, 남성 요리사와 여성 농부, 전통과 현대, 과거와 현재를 이어준 것이다. 이처럼 인간 존엄성에 바탕을 둔 음식문화는 페루 공동체의 정체성을 회복시켰다.

국가-지역-마을공동체가 유기적으로 협조하는 지속가능한 파트너십을 통해 가치사슬을 구축한 페루. 지구촌 어디에서나 통하는 글로컬 glocal이 성공할 수 있었던 이유는 음식을 매개로 한 지역문화 콘텐츠였고, 그 안에 다양성을 품고 있었기에 지구촌 어느 곳에서도 통하는 보편화에 도달할 수 있었다. 페루는 이제 전 세계 시민이 페루 음식과 사랑에 빠지고, 전 세계 어디에서든 페루 음식 세비체를 맛볼 수 있는 그날을 꿈꾼다. 그렇게 페루의 문화를 수출함으로써 세계 속에서 강한 페루, 강한 라틴아메리카로 우뚝 솟는 그날을 위해 말이다.

스페인 음식의 영향

스페인의 정복 사업이 시작되면서 스페인 음식뿐만 아니라 오랜 기간 아랍의 지배하에 있었던 남쪽 안달루시아 지방의 아랍 스타일 음식, 스페인에 거주하던 유대인들의 음식이 페루에 전해졌다. 이미 중앙아메리카를 정복하고 페루 정복에 나섰던 스페인은 멕시코에서 가장 오래된 음식인 옥수수로 만든 타말Tamal 요리도 페루에 전해주었다. 스페인은 페루에 없었던 밀, 보리, 양파, 마늘, 당근, 후추, 포도, 오렌지, 레몬, 올리브 등을 가져왔고, 그에 영향을 받아 페루에서도 양념을 사용하게 되었다. 전에는 라마나 기니피그를 양념 없이 구웠기 때문에 들짐승 특유의 냄새가 났다고 한다. 또한 스페인은 페루에 없는 가축을 들여왔는데, 덕분에 음식의 종류가 다양해지기도 했다. 또 아랍과 유대인들의 영향을 받은 스페인 음식이 전해지면서 페루의 식재료와 만나 오늘날 페루 음식의 토대가 되었다.

아히 데 가이나Ají de Gallina는 스페인 북동부에 있는 카탈루냐Cataluña 지방의 음식으로, 우유를 캐러멜 상태로 만들어 닭고기나 밥, 빵 위에 얹어 먹는 요리이다. 스페인에서는 원래 우유 빛깔의 소스였는데, 페루로 와서는 페루가 원산지인 노란색 고추를 사용하게 되면서 노란색 소스가 되었다. 아히 데 가이나는 이제 페루를 대표하는 음식으로 손꼽힌다. 으깬 감자 안에 잘게 간 소고기를 넣고 튀겨낸 파파 레예나Papa Rellena도 아랍의 영향을 받은 음식이다. 스페인의 엠파나다Empanada와 비슷한 이 음식은 스페인 침략 이전부터

아히 데 가이나(위)와 세비체(아래)

먹던 원주민 음식이었다. 원주민들은 감자와 고추만 가지고 요리했지만, 스페인의 영향을 받아 다양한 속재료를 채우는 방식으로 발전했다. 단맛을 좋아하는 아랍 사람들의 입맛은 스페인의 부뉴엘로스Buñuelos가 되었고, 페루에 와서 피카로네스Picarones라는 지금의 도넛과 비슷한 간식이 되었다. 초코파이와 비슷한 알파호레스Alfajores도 스페인을 통해 들어와 남아메리카 전체로 퍼졌다.

무엇보다 페루 음식 하면 빼놓을 수 없는 것이 세비체이다. 세비체는 세계 어디에서나 만날 수 있는 페루를 대표하는 음식이다. 식초를 뜻하는 아랍어 에스카베체escabeche에서 그 기원을 찾을 수 있다. 스페인 식민 시기, 스페인 군인들이 데려온 모로족 여성들이 페르시아식 요리를 만들어 먹었는데, 그중 하나가 세비체이다. 아랍의 영향을 받은 스페인 음식을 페루의 재료로 만들어 본래의 맛을 표현한 것이다. 태평양에서 올라오는 흰살 생선이나 새우, 오징어, 조개를 깍둑썰기를 해서 라임즙에 재운 뒤 안데스 옥수수, 잘게 다진 채소와 함께 차게 먹는 음식이 페루식 세비체이다. 스페인에서는 생선에 포도 식초를 첨가해 만들었지만, 페루에서는 너무 비싸고 구하기도 어려워 저렴하면서도 현지에서 쉽게 구할 수 있는 시트러스류의 과일을 넣어 신맛을 더했다. 레몬이나 라임도 많이 썼지만, 스페인에서 많이 쓰는 오렌지를 들여와 기르고, 그것을 이용해 신맛을 내기도 했다. 소스를 만들 때 흰살생선을 같이 넣고 가는데, 우윳빛이 난다고 해서 '타이거 밀크Tiger Milk'라고도 부른다. 당시 원주민들이 많이 먹던 미역을 넣기도 한다.

중국 음식의 영향

1821년 페루는 스페인으로부터 완전히 독립한다. 노예제가 폐지되자 페루에는 아프리카에서 온 노예를 대신할 노동력이 필요했다. 1849년 '쿨리Culi'라고 불리는 계약 노동자들을 받아들였는데, 이때 들어온 중국인들이 노동계약이 끝난 후에도 중국으로 돌아가지 않고 상업에 종사해 지역 상권을 장악했다. 1849년에서 1876년 사이에 페루에 들어온 중국인 쿨리 수가 6만 명이 넘었다. 1900년대 초반 유입된 노동 이민까지 합치면 약 10만 명의 중국인들이 페루로 이주하면서 이민 사회의 규모는 점점 커졌다. 길모퉁이마다 중국인 상점이 있다고 해서 중국 상인을 '길모퉁이의 중국인chinos de esquina'이라고 불렀다. 중국 전통 식생활을 상당 부분 유지했던 중국인들은 수도 리마에 중국 음식점을 열며 차이나타운을 형성하기도 했다. 페루에서는 중식당을 '치파Chifa'라고 하는데, '밥을 먹는다'는 뜻의 스페인어 '코메르 아로스comer arroz'를 광둥식 중국어로 발음하면 치파가 된다. 마카오와 홍콩에 거주하던 광둥 사람들이 주로 이주했기 때문이다. 이들의 후손들이 페루 전체 인구에서 차지하는 비중이 3% 이상이고, 중국 음식점의 수는 1만 개가 넘는다. 중국 음식점은 처음에는 저렴하면서도 배부르게 먹을 수 있는 서민 식당이라는 이미지가 강했지만, 지금은 중산층 이상에게도 굉장히 인기가 좋다.

치파 음식은 차이나타운의 중국 식당에서 만들어내는 음식이 아니라 중국 스타일의 페루 음식으로 발전했다. '로모 살타도Lomo saltado'는 페루는 물론 외국에 있는 페루 식당의 메뉴에서 빠지지 않는 페루를 대표하는 음

로모 살타도

중국식 볶음밥

식이다. 로모 살타도는 웍에 채소와 고기를 넣고 간장, 식초로 양념을 해 센 불에 빠르게 볶아내 흰쌀밥과 감자튀김을 곁들여 내는 퓨전 음식이다. 고기와 같이 볶아내는 붉은 양파와 대파, 마늘, 간장은 중국에서 들여온 식재료이고, 웍에 기름을 두르고 센 불에 빠르게 볶아내는 방식은 중국식 조리법이다.

중국 음식이 페루 음식문화 발전에 가장 큰 영향을 미친 것은 분명하다. 일반 가정에서도 중국 음식을 요리하고, 슈퍼에서도 중국 음식 재료를 쉽게 구할 수 있다. 중국인들의 영향으로 페루에서도 쌀을 재배할 뿐 아니라 미국 캘리포니아에서 쌀을 수입하고 있어 쌀을 구하기도 어렵지 않다. 그만큼 페루 음식에도 흰쌀밥이 자주 오른다. 중국식 양념과 조리법은 현지 식재료와 결합해 페루만의 독창적인 맛을 내고 있다.

일본 음식의 영향

1899년 사쿠라 마루Sakura Maru호를 타고 832명의 일본인이 카야오Callao항에 도착했다. 라틴아메리카 최초의 일본인 이민이었다. 대부분 오키나와 출신이었고, 사탕수수 농장의 계약 노동자로 들어왔다. 현재는 10만 명 정도의 일본인이 거주하고 있다. 일본인 이민 사회의 규모는 크지 않지만, 일본계인 알베르토 후지모리 Alberto Fujimori가 대통령에 당선되었을 만큼 일본 이민이 페루 사회에 미친 영향력은 크다. 1900년대 초반 노동계약이 끝나자 일본인들은 리마를 비롯한 도시로 이주해 서비스업에 주로 종사했다. 미용실, 커피숍을 운영하기도 했고, 폰다fonda라고 하는 작은 식당을 열어 저렴한 일본 가정식을 판매하며 인기를 끌었다. 일본 이민보다 50년이나 빠른 중국 이민자들의 영향으로 생강, 간장, 양파, 배추 등 일본 요리에서 많이 쓰는 재료도 쉽게 구할 수 있었기에 본토 스타일의 일본 음식을 재현하기는 어렵지 않았다.

일본은 다른 이민 사회보다 늦은 19세기 말에 페루에 도착했기 때문에 일본 음식문화가 페루 음식에 섞이게 된 것은 비교적 최근의 일이다. 일본 이민자들은 처음에는 정통 일본 음식을 요리했으나, 이민 2세대로 넘어가면서 퓨전 음식으로 발전했다. '니케이 Nikkei'라고 하는 페루의 일본 음식은 화려한 플레이팅과 창의적인 레시피를 만들어냄으로써 페루 음식의 화려함을 더욱 업그레이드시켰다. 2017년부터 일본계 셰프가 운영하는 레스토랑인 마이도Maido와 센트럴Central 등이 라틴아메리카 레스토랑 베스트 50 및 월드베스트 8위에 올랐는데, 현재까지 그 지위를 유지하고 있다. 세비체가 화려해지고 다양해진 것도, 육류를 사용하던 안데스의 음식에 참치 요리 카우사 아툰causa atún처럼 해산물을 사용하게 된 것도 일본 음식의 영향이다. 다음 사진의 왼쪽에 있는 카우사도 새우로 만든 카우사 데 카마로네스Causa

일본식 페루 음식 카우사 데 카마로네스(왼쪽)와 교자(오른쪽)

de Camarones다. 오른쪽 사진은 양고기를 넣어 만든 일본식 만두인 교자이다. 페루의 전통 옥수수 소스를 곁들이고, 화려하고 섬세한 장식을 얹었다.

아프리카 음식의 영향

아프리카계 페루인의 기원은 16세기 초로 거슬러 올라간다. 스페인 정복자들은 잉카의 황제 투팍 유팡키Tupác Yupanqui의 통치 시기 아프리카에서 노예를 들여와 정복 사업에 필요한 군인이나 노동력으로 활용했다. 아프리카인들은 주로 사하라사막 이남에서 건너왔으며 페루가 스페인으로부터 독립한 이후인 1850년에 마지막 노예선이 도착했다는 기록이 있다. 흑인은 페루에서 규모가 큰 이민자 집단 중 하나로 2017년 인구조사에서는 약 275만 명으로 집계되었다. 그들이 인종적으로 섞였듯이 페루 음식 또한 아프리카 음식과 섞였다. 잉카와 아프리카가 만나 탄생한 음식으로 안티쿠초Anticucho, 카라풀크라 Carapulcra, 찬파니타 Chanfainita 등이 있다. 페루는 매년 6월 4일을

아프로페루 Afro-perú 문화의 날로
지정해 기념하고 있다.

스페인 식민지 시기 이전에
잉카의 안티쿠초는 라마 고기를
구운 것이었다. 스페인 사람들이
당시 아메리카 대륙에 없던 소, 말,
양, 염소, 닭을 들여왔고, 이때부
터 소고기를 주재료로 해서 마늘
이나 허브, 고추, 포도주를 넣고
요리하기 시작했다. 그러나 늘 먹
을 것이 부족했던 아프리카 출신
노예들은 살아남기 위해서 뭐든
먹어야 했기에, 스페인 출신 주인
들이 먹지 않거나 버리는 소의 염
통 부위를 이용해 아프리카 조리
법으로 안티쿠초를 만들었다. 현

안티쿠초(위)와 카라풀크라(아래)

재는 육류의 다양한 부위를 활용해 요리하고 있다.

카라풀크라는 아이마라 Aimara 원주민들이 스페인 식민지 시기 이전부터
먹었던 음식으로 라마나 알파카 고기에 전통 방식으로 건조한 감자 추뇨
Chuño를 넣고 뜨겁게 달군 돌에 익혀 먹었다고 한다. 17세기 이카 Ica 지역의
흑인들이 돼지고기 혹은 닭고기, 견과류, 토마토, 피망 등을 넣고 국물이 자
작한 음식으로 만들어 먹던 것이 지금까지 전해지고 있다. 흰쌀밥 혹은 중
국 국수를 곁들이기도 한다.

이탈리아(Italo-Peruana) 음식의 영향

지중해 음식은 스페인을 통해서 전해졌지만, 이탈리아의 영향도 빼놓을 수 없다. 태평양과 지중해의 만남은 1840년에서 1880년 사이에 이탈리아 제노바에서 이민자들이 유입되면서 시작되었다. 당시 유럽에서는 농업 생산량 증대가 필요했고, 구아노 guano를 비료로 사용했다. 구아노는 바닷새의 배설물이 굳어서 퇴적된 것으로 페루의 해안가에는 구아노가 거대한 퇴적 더미를 이루고 있었다. 유럽에서 그야말로 구아노 붐이 일자 매장량이 많았던 페루는 유럽으로 수출을 크게 늘리게 된다. 이때 부족한 노동력을 이민으로 대신했는데, 이번에는 이탈리아인들이 들어왔다. 그러나 화학비료의 개발로 천연비료인 구아노의 수출이 막히자 일자리를 잃은 이탈리아 노동자들은 페루에 남는 것을 택했다. 그들은 주로 해변의 도시로 이동해 베이커리, 카페, 생선가게, 저렴한 가정식 식당, 선술집 등을 운영하거나 유럽에서 들여온 상추, 주키니호박, 콜리플라워, 브로콜리, 가지, 시금치, 박하, 근대 등을 재배했다. 농장에서는 햄, 치즈, 포도주, 피스코를 생산하기도 했다. 파스타를 페루에 소개했고, 세비체를 얹은 파스타나 쌀밥을 곁들인 파

이탈리아에서 온 파네톤

스타도 만들었다. 이탈리아에서 크리스마스에 먹는 빵인 파네토네 Panettone는 페루에서 나는 치아씨드나 브라질너트를 넣고 굽기 시작하면서 페루의 파네톤 Panetón이 되었다. 페루가 원산지인 토마토는 스페인 식민 시기에 유럽에 전해졌고, 이탈리아인들은 토마토소스를 얹은 파스타를 페루에 소개했다. 이처럼 페루 음식은 전세계의 식재료와 요리법이 오랜 기간 지

중국식
해산물 스파게티

속적으로 섞이면서 세계인의 입맛을 사로잡은 독창적이면서도 세계적인 국가 브랜드가 된 것이다.

참고문헌

김기현. 2017. 『라틴아메리카의 아시아계: 라틴아메리카로 이주한 아시아계 종족 이야기』. 한울엠플러스.

Alanoca, Vicente, Jorge Apaza, Alfredo Calderon, Cesario Ticona and Yuselino Maquera. 2020. "Gastronomy and Industrialized Food in the Aymara Communities of the Pilcuyo District, El Collao Province-Ilave-Puno-Peru." *American Academic Scientific Research Journal for Engineering, Technology, and Sciences*, Vol.71, No.1.

Garcia, Guevara and David Esteban. 2019. "El crecimiento de la gastronomía peruana con una palabra llamada "Boom"." Universidad de Santo Tomás.

Hernandez, Daza and Brayan Julian. 2019. "La gastronomía como estrategia de marketing turístico en Perú." Tesis de Universidad Santo Tomás.

Huaytalla Aldana, Jimmy Omar. 2018. "Plan de implementación de Políticas públicas para el fortalecimiento de la marca Perú: Estudio de caso de la promoción de la Gastronomía peruana." Tesis de Universidad de Chile.

Lasater-Willei, Amy. 2018. "The presentation of the chef in everyday life: socializing chefs in Lima, Peru." *Revista de Administração de Empresas*, Vol.58, No.3, pp.233~243.

Matta, Raúl. 2021. "Food for social change in Peru: Narrative and performance of the culinary nation." *The Sociological Review*, Vol.69, No.3.

Palma, Patricia and José Ragas. 2019. "Chinese Fondas and the culinary making of national identity in Peru." in Jenny Banh and Haiming Liu(eds.). *American Chinese Restaurants: Society, Culture and Consumption*. London Routledge.

Takenaka, Ayumi. 2017. "Immigrant integration through food: Nikkei cuisine in Peru." *Contemporary Japan*, Vol.29, No.2, pp.117~131.

웹사이트

https://www.dropbox.com/sh/ai3q1ld0yaov329/AAB6xuPBKZekJ_cgcV7csNPQa/Fotos/Carta%20Astrid%26Gast%C3%B3n%20En%20Casa?dl=0&subfolder_nav_tracking=1

https://www.dropbox.com/sh/ai3q1ld0yaov329/AADeqRdPCeA9AgrOMUpNtG7xa/Fotos/retratos?dl=0&preview=Gaston+Acurio+2+-+Luis+Alejandro+Delgado+.jpg&subfolder_nav_tracking=1

https://www.facebook.com/AstridyGastonLima/photos/2282904955089621

https://www.facebook.com/AstridyGastonLima/photos/3266481960065244

https://www.facebook.com/AstridyGastonLima/photos/4099203170126448

https://www.peru.travel/en/news/peruvian-triumph-cebiche-is-the-most-popular-dish-in-south-america

https://www.peru.travel/es/masperu/carapulcra-delicia-peruana-que-nacio-en-el-imperio-incaico

https://www.peru.travel/pe/masperu/aji-de-gallina-conoce-la-historia-de-este-delicioso-platillo

https://www.peru.travel/pe/masperu/cocina-nikkei-la-fusion-de-la-gastronomia-peruana-y-japonesa

https://www.promperu.gob.pe/

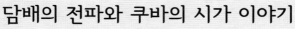

담배의 전파와 쿠바의 시가 이야기

이경민

삶은 담배와 같다.

연기, 재, 그리고 불…

누군가는 급하게 피우고

누군가는 그 맛을 음미한다.

– 마누엘 마차도Manuel Machado

담배의 전파, 아메리카에서 한국까지

담배의 원산지는 중앙아메리카로 알려져 있다. 멕시코 남부에 위치한 팔렝케Palenque에 새겨진 부조나 마야의 코덱스에 그려진 내용으로 볼 때 마야인과 아스테카인이 제의적 행위를 위해 담배를 피웠던 것으로 추정되지만 그 시기가 언제부터인지는 명확하지 않다. 서구인으로 담배를 처음 기록한 사람은 크리스토퍼 콜럼버스Christopher Columbus(1451~1506)였다. 1492년에 첫

멕시코 팔렝케에 있는 담배 피우는 마야인의 부조.
아메리카 원주민 사회에는 "평화의 담배 파이프를 피우다"라는 표현이 있었는데, 이는 부족의 회의나
부족 간 혹은 개인 간의 협의를 마치고 담배를 피웠음을 의미한다(사진: Cordon Press)

항해에 나선 그는 『항해일지』에 이렇게 기록하고 있다. "두 명의 부하(로드
리고 데 헤레스Rodrigo de Jerez와 루이스 데 토레스Luis de Torres)가 길을 가던 중에
한 무리의 사람들이 마을을 지나는 걸 봤는데, 남자와 여자들이 작은 불씨
와 향을 들이마실 약초를 손에 들고 있었다." 이것이 서구인이 처음으로 담
배를 확인하고 기록한 내용이다. 그렇게 1510년 담배가 최초로 스페인에
전해졌다. 로드리고 데 헤레스가 세비야에서 담배를 피우고 다녔다는 기록
을 보면 아마도 그가 유럽 최초의 흡연가였던 것 같다. 하지만 당시에 그들
이 마주한 담배의 명칭에 대해서는 명확한 기록이 없다.

　오늘날에는 담배tabaco(타바코)로 통칭되지만 콜럼버스의 부하들이 목격
한 카리브 원주민은 담배를 만드는 식물을 코비바Coviva, 코히바 Cojiva 혹은
코이바Cohiba라 칭했고, 북미 원주민은 페툼Petum, 페루에서는 사이리Sayri,
마르티니크에서는 마쿠바 Macuba라고 했으며 브라질 북부에서는 예틀Yetl,

과라니족은 페티 ^{Pety}라고 부를 정도로 담배의 이름은 지역마다 달랐다. 우리가 알고 있는 타바코라는 말은 애초에는 담뱃잎을 가리키는 말이 아니라 담배를 피우는 데 쓰인 Y자 형태의 담배 파이프를 가리키는 것이었다. 정복자이자 연대기 작가였던 곤살로 페르난데스 데 오비에도 ^{Gonzalo Fernández de Oviedo}(1478~1557)는 1492년에서 1549년까지 아메리카에서 경험한 내용을 다룬 저서 『인디아의 자연과 일반 역사 ^{Historia general y natural de las Indias}』에 이렇게 기록한다.

> 비난받아 마땅한 그들의 관습 중에는 특별히 해로운 관습이 있는데, 그것은 특정 종류의 연기를 흡입해 혼미한 상태를 유발하는 타바코라는 것이다. 사람들은 속이 빈 갈대를 이용해서 연기를 흡입하는데, 약초가 아니라 그 갈대를 타바코라고 한다.

그의 기록에 따르면 아메리카 원주민들이 Y자 형태의 담뱃대를 이용해 흡연을 했는데, 아래쪽에 불을 붙이고 갈라진 부분을 양쪽 코에 넣어 연기를 흡입했다.

담배의 효과에 대해 진지하게 관찰한 최초의 서구인은 콜럼버스의 『항해일지』를 요약했으며, 원주민 옹호론자로 알려진 바르톨로메 데 라스카사스 ^{Bartolomé de las Casas}(1484~1566) 신부였다. 1498년과 1502년에 콜럼버스와 항해를 함께한 바 있는 그는 에스파뇰라섬(현재의 도미니카공화국과 아이티)에 머물던 1527년에 『인디아의 역사 ^{Historia de las Indias}』라는 책을 집필하기 시작하는데, 그는 이 작품에서 이렇게 말한다.

> 그것은 어떤 잎사귀로 싸여 있는 마른 풀잎이다. 물론 그것을 싸고 있는 잎사귀도 역시 마른 풀잎이다. 이것들은 마치 오순절에 아이들이 만들어서 노

는 종이 폭죽처럼 생겼다. 한쪽 끝에 불을 붙이고, 다른 쪽 끝을 빨아댄다. 그들은 그것을 들이마시거나 호흡과 동시에 배 속에 집어넣는다. 이 연기는 그들의 육체를 잠재우고 취하게 만들기도 한다. 그렇기 때문에 그들은 피로를 느끼지 않는다고 한다. 이 폭죽 같은 것을 그들은 타바코라 부른다. 에스파뇰라에 있는 스페인 사람들을 알고 있는데 그들은 타바코에 익숙해져 있다. 내가 그들을 나무란 후에야 비로소 그들은 타바코가 사악한 것인지 알았다고 했다. 하지만 자기들로서는 도저히 끊지 못하겠다고 말했다. 나는 타바코가 무슨 맛이 있기에 그들이 그렇게 피워대는지 도무지 알 수 없다.

도덕주의적이고 종교적인 입장에서 담배를 악마적이며 반기독교적인 것으로 평가하고 있는 그의 기록을 통해 우리는 원주민이 담뱃대를 이용하지 않고 현재의 시가 형태로 말린 담뱃잎을 말아 피웠으며, 카리브해에 살던 원주민들이 타바코라는 말을 사용했음을 알 수 있다.

그러나 타바코라는 말이 정확히 어디에서 유래했는지에 대해서는 논란의 여지가 있다. 현재의 멕시코에 해당하는 누에바에스파냐^{Nueva España} 부왕령의 남동부에 위치한 타바스코^{Tabasco}라는 지역명에서 유래했다는 설도 있고, 앤틸리스^{Antilles} 제도의 타바고^{Tabago}라는 섬의 이름에서 유래했다는 설도 있다. 또한 스페인 정복자들이 아메리카 원주민들이 피우던 담배를 보고 아랍인들이 치료용으로 쓰던 투바크^{Tubbaq}라는 약초의 이름을 잘못 붙인 데서 유래했다는 설도 있다. 타바코라는 이름의 유래에 대해서는 다양한 견해가 있지만, 여송연을 가리키는 스페인어 '시가로^{Cigarro}'(영어의 Cigar)라는 말이 마야어로 '잎을 둥글게 말아 피우다'라는 의미의 '시야르^{Siyar}'에서 온 것임은 분명하다.

콜럼버스가 담배를 유럽에 처음 소개하기는 했으나 유럽 대륙 전체로 담배가 확장된 것은 포르투갈 리스본에서 프랑스 대사로 근무하던 장 니코

Jean Nicot(1530~1600)의 역할이 지대했다. '니코틴nicotine'이라는 용어나 담배의 학명인 '니코티아나 타바쿰Nicotiana tabacum'은 그의 이름에서 비롯한 것이다. 그는 1560년경, 한 교도관으로부터 담배 표본을 받아 키웠는데, 그 담배로 구강질환을 앓고 있던 포르투갈의 고위 관료를 치료했다고 한다. 이후 그는 표본을 프랑스의 왕 프랑수아 2세François II에게 전했고, 그는 어머니인 카트린 드메디시스Catherine de Médicis 왕태후를 치료한 것을 비롯해 궁중에서 치료제로 담배를 활용했다고 한다. 스페인에서는 1577년 펠리페 2세Felipe II의 명에 의해 담배 씨앗이 스페인 톨레도 인근의 로스 시가랄레스Los Cigarrales라는 지역에 심어지면서 담배 재배가 시작되었다. 일부 역사가들은 '시가'라는 말이 담배가 심어졌던 그 농장에서 유래한 것으로 추측하기도 한다. 그러나 담배가 전파된 초기부터 대중화되었던 건 아니다. 담배가 본격적으로 산업화되면서 대중에 널리 퍼진 것은 19세기 후반의 일이었다. 1881년 미국인 제임스 본색James Bonsack이 담배 생산을 자동화하는 기계를 발명해 1분당 200개의 시가를 생산한 것이다. 이후 1930년, 독일은 그 기계를 계량해 1분당 1800개의 시가를 생산했다. 이로써 20세기 후반에 담배가 건강에 미치는 악영향에 대한 연구가 구체화되기 전까지 담배 산업은 급속도로 성장하게 된다.

17세기 이래 담배는 커피와 더불어 정신적 활동에 지대한 영향을 미쳤다. 사람들은 커피가 정신 활동에 자극을 주는 반면, 흡연은 긴장을 풀고 안정을 주며 집중력을 높여준다고 생각했다. 또한 흡연을 사악한 행위로 간주하던 교회를 제외하면 서구에서 담배는 자유로운 기호품이자 치료제에 속했다. 17세기 후반 영국에서는 학생과 선생이 함께 담배를 피웠으며, 19세기까지도 아버지와 아들이 함께 담배를 피웠다. 미국에서는 교회 앞에 있는 숲에서 목사를 비롯해 일곱 살짜리 어린아이, 성인 남녀들이 함께 담배를 피웠다는 이야기도 있다. 그만큼 서구에서 담배는 남녀노소를 불문하고 누구든, 언제 어디에서든 즐길 수 있는 기호품이었다. 어린이의 흡연은 19세기 말이 되어서야 금지되었다.

그렇다고 담배가 전파된 초기부터 여성들이 자유롭게 담배를 피웠던 것은 아니다. 담배는 오랫동안 가부장적 사회의 상징이었다. 여성이 광범위하게 담배를 기호품으로 취할 수 있었던 것은 흡연의 형태가 변화하면서 가능했다. 사실 17세기와 18세기에는 흡연 시에 대부분 파이프를 이용했고 19세기 초에는 시가를 피웠는데, 이때까지는 주로 남성의 전유물이었다. 그러다 19세기 후반에 궐련이 등장하는데, 이 궐련을 통해 여성 흡연 인구가 급격히 증가했다. 여성과 궐련의 상관성으로 인해 오늘날까지도 파이프나 시가가 남성적으로 받아들여지는 반면, 가볍고 날씬하며 하얀 궐련은 여성적 이미지로 받아들여지고 있다. 그러나 19세기 후반에서 20세기 초에 여성 흡연은 남성 중심적 사회에 대한 저항을 내포하고 있었으며 담배와 페

날씬한 몸매를 유지할 수 있다고 광고하는
1920년대 럭키 스트라이크 담배 광고

미니즘은 동맹 관계를 유지하고 있었다. 다만 그 이면에는 담배 회사들이 여성 흡연 인구를 늘림으로써 매출을 극대화하려는 전략이 숨어 있었다.

사실 유럽에 담배가 유입된 초기에는 난청, 홍반, 습진, 기침, 기관지염, 실명 등을 치료하는 데 사용되는 치료제의 의미가 강했다. 하지만 음주와 유사한 정신적 작용을 하는 흡연이 상류층을 중심으로 퍼졌고, 성직자와 도덕주의자들은 담배가 치료의 목적이 아닌 쾌락에 사용되는 것에 반대했다. 그렇게 흡연에 대한 박

해가 시작되었다. 잉글랜드의 제임스 1세 James I는 담배를 혐오한 대표적인 인물이었다. 그는 1604년 '담배에 대한 반대'를 표하며 신하들의 흡연 습관을 강하게 비난하며 이렇게 말했다. "흡연은 보기에 혐오스러울 뿐만 아니라 냄새도 고약하고, 두뇌에도 위험하며, 폐에도 좋지 않다. 그리고 더욱 나쁜 것은 지옥에서나 있을 법한 더러운 연기를 흡연가가 직접 퍼뜨린다는 점이다." 터키(튀르키예) 지역은 이미 1605년경에 아메리카에서 들어온 담배씨로 담배를 재배하고 흡연을 즐겼다. 그런데 1623년에서 1640년까지 오스만 제국을 통치했던 무라드 4세 Murad IV(1612~1640)는 담배가 성욕을 억제해 사람들이 성관계를 멀리하게 될 것이라는 소문을 듣고 인구가 감소해 세금이 줄어들 것을 걱정해 흡연을 금지했다. 그는 흡연자를 직접 색출해 처형했을 정도로 담배를 증오했다. 나폴레옹은 담배가 세금을 매기기에 아주 좋은 상품이라는 점을 알고 담배를 국가가 독점해야 한다고 주장했지만, 정작 본인은 담배를 증오했다. 한때 골초였던 히틀러는 담배를 아메리카 '원주민의 복수'라고 규정하며 극단적으로 담배를 싫어했다. 실제로 나치 독일은 1930~1940년대에 금연운동과 출산 장려 정책을 병행해 전개하면서 "독일 여성은 금연"이라는 팻말을 독일 전역에 세워뒀다. 흡연에 대한 단죄는 동양에도 있었다. 일본에서는 1616년 마지막 금연령이 내려질 때까지 다섯 번의 금연령이 있었고 위반 시에는 재산을 몰수하기도 했다. 중국에서는 1640년 담배를 금지하고 흡연자를 참수하기까지 했다.

아시아 지역에서는 1575년 스페인 상인들을 통해 필리핀에 처음으로 담배가 전해졌다. 이후, 포르투갈인들이 1595년 인도에, 1605년 일본에 전파했으며 1630년경에는 인도네시아와 대만에서 담배가 재배되기 시작했다. 담배가 우리나라에 전해진 것은 광해군 시절인 1616년이다. 『인조실록』에는 이런 기록이 있다.

담배는 일본에서 생산되는 풀인데 그 잎이 큰 것은 7~8촌쯤 된다. 가늘게 썰어 대나무 통에 담거나 혹은 은이나 주석으로 통을 만들어 담아서 불을 붙여 빨아들이는데, 맛은 쓰고 맵다. … 이 풀은 병진(1616)·정사(1617) 연간부터 바다를 건너 들어와 피우는 자가 있었으나 많지 않았는데, 신유(1621)·임술(1622) 이래로는 피우지 않는 사람이 없어 손님을 대하면 빈번이 차와 술을 담배로 대신하기 때문에 혹은 연다(煙茶)라고 하고 혹은 연주(煙酒)라고도 했고, 심지어는 종자를 받아서 서로 교역까지 했다.

이 기록을 통해 당시에 담배가 얼마나 빠르게 조선 사회에 번졌는지 알 수 있다. 1653년부터 1666년까지 14년간 조선에 억류되었던 헨드릭 하멜 Hendrik Hamel(1630~1692)은 『하멜 표류기』에 "현재 그들 사이에는 담배가 매우 성행해 어린아이들이 4, 5세 때 이미 배우기 시작하며, 남녀 간에 담배를 피우지 않는 사람이 매우 드물다"라고 기록할 정도였다. 흡연 인구가 증가하면서 18세기 말 정조 때는 전체 인구 1839만 명 중 360만 명 이상이 담배를 피웠던 것으로 추정된다. 김홍도의 그림이나 신윤복의 풍속화에 담배를 피우는 남녀 인물이 빈번히 등장하는 것만 보더라도 조선시대에 흡연이 광범위하게 퍼져 있었음을 확인할 수 있다. 담배가 유입되던 초기부터 19세기까지는 담뱃대를 사용해 흡연을 즐겼지만 19세기 후반이 되면서 궐련의 수요가 증가했다. 이에 국가적 차원에서 담배 사업을 할 필요성이 대두되었다. 1883년 국영 연초제조소 순화국이 설립되었고, 1899년 대한제국 정부는 궁내부 내정원에 삼정과參政課를 설치해 본격적으로 담배 사업에 뛰어들어 1905년 국내 첫 궐련 담배인 '이글'을 생산했다. 이후 삼정과는 1952년에 전매청으로 개편되었고 2002년 KT&G로 변경되어 현재에 이르고 있다.

우리나라는 담배가 전파된 이후부터 세계적인 골초 국가였다. 조선시대에는 물론이고 최근까지도 그 오명은 계속되고 있다. 지난 1997년 ≪유

신윤복의 <야금모행(夜禁冒行)>. 조선시대 한양 도성에서는 야간 통행이 금지되었다. 이 그림에서 순라군에게 검문을 당한 사내는 갓의 테를 숙여 양해를 구하는 것으로 보이지만 옆에 있는 여인은 무심하게 담배만 피우고 있다(사진: 간송미술관 소장)

에스에이 투데이 USA Today≫가 보도한 기사에 따르면 한국인은 한 사람이 연간 4152개비의 담배를 피워 세계 최고의 골초 국가에 등극했다. 한국 다음으로는 일본(2739개비), 헝가리(2689개비)의 순이었다. 그러나 그 시기에 한국의 흡연 문화에는 큰 변화가 야기된다. 1996년 '국민건강증진법'이 시행되면서 흡연 문화에 큰 변화를 예고했으며, 1999년에는 금연운동 단체가 흡연 피해자를 원고로 해 국내 최초로 담배 집단소송을 제기한 바 있다. 그리하여 담배 광고가 제한되고 담배 포장지에 경고 그림과 문구가 들어가게 되었으며, 사회적으로 금연운동이 급속히 확산되었다. 이에 따라 흡연율에도 큰 변화가 찾아왔다. 1998년 보건복지부가 흡연율 조사를 시작한 이래로 여성 흡연율은 1998년 6.5%에서 2019년 6.7%로 큰 변화를 보이지 않았지만, 남성 흡연율은 1998년 66.3%에서 2019년 35.7%로 대폭 줄어들었다. 물론 여성의 흡연에 관대하지 않은 사회적 분위기로 인해 여성 흡연율 통계가 정확하지 않다는 주장이 있기는 하지만, 흡연에 대한 인식의 변화로 흡연 인구가 줄어들고 있는 것은 사실이다. '경제협력개발기구OECD 건강통계 2020'에 따르면 한국 흡연율은 17.5%로, OECD 36개국 중 18번째로 높은 수치다. 한국 남성 흡연율은 30.5%로 OECD 36개국 중 6위로 나타났다.

시가의 나라, 쿠바

2015년 미국과 쿠바가 외교관계를 정상화했음에도 불구하고 라틴아메리카에서 쿠바는 아직까지 우리나라와 외교관계를 맺지 않은 유일한 나라이다. 아바나Habana에 코트라Kotra 무역관이 있긴 하지만, 그간 우리와 상업적·문화적 교류는 다른 라틴아메리카 국가에 비해 상대적으로 적다. 그렇지만 많은 사람들이 쿠바 하면 사회주의, 체 게바라Ché Guevara, 피델 카스트로Fidel Castro, 살사Salsa, 럼주와 모히토Mojito, 설탕, 시가 등을 떠올릴 것이다. 사실상 그것들이 쿠바의 역사, 사회, 문화를 대변하고 있다고 해도 과언이 아니다. 그중에서도 설탕과 시가는 쿠바의 역사와 문화 그 자체라고 할 수 있다. 특히, 식민의 역사를 대변하는 쿠바산 시가는 세계시장에서 독보적인 위치를 점하고 있다는 점에서 그 중요성이 배가된다.

시가는 서구에서 오래전부터 귀족적이고 남성적이며 부와 명예를 상징하는 기호품으로 인식되었고, 그만큼 애호가들도 많았다. 윈스턴 처칠Winston Churchill은 시가를 들고 있지 않은 사진을 찾기 어려울 정도로 지독한 애연가였는데, 평생 동안 피운 시가가 25만 개에 달한다고 한다. 특히 쿠바산 시가인 로메오 이 훌리에타Romeo y Julieta를 즐겨 피웠는데, 이 회사는 처칠의 이름을 딴 시가를 생산하기도 했다. 무의식의 세계를 탐구한 지그문트 프로이트Sigmund Freud는 구강암에 걸렸음에도 불구하고 시가를 피우지 못할까봐 그 사실을 밝히지 않고 죽을 때까지 시가를 입에서 놓지 못했다고 한다. 이 외에도 케네디 J. F. Kennedy나 쿠바 혁명을 이끌었던 피델 카스트로와 체 게바라도 지독한 시가 애호가였다.

사진작가 유수프 카시(Yousuf Karsh)가 처칠의 카리스마를 담기 위해 찍은 사진. 처칠이 시가를 입에서 떼지 않자 작가가 처칠이 입에 문 시가를 뺏었다고 한다. 이에 처칠이 얼굴을 찌푸리자 그 순간을 포착해 사진으로 담았다고 한다.

그 시가의 세계적 중심지가 바로 쿠바이다. 쿠바의 시가 생산과 판매량은 독보적이다. 영국의 임페리얼 브랜즈Imperial Brands와 쿠바 정부의 합작투자 회사로 1994년 설립된 아바노스Habanos에 따르면, 2018년도에 약 4억 5000만 개의 프리미엄 시가를 판매해 5억 3700만 달러의 매출을 올렸으며 2020년 전체 매출도 5억 700만 달러로 집계됐다. 2018년 기준으로 쿠바 시가가 세계시장에서 약 70%를 차지하는 것으로 나타났으며 상위 5대 소비국은 스페인, 중국, 프랑스, 독일, 쿠바순이었고, 지역별로는 유럽이 53%, 미국이 18%, 아시아-태평양 지역이 15%, 아프리카 및 중동이 14%를 차지했다. 그런데 최근 중국에서 시가 소비가 급격히 늘면서 2020년에는 중국이 스페인을 제치고 쿠바 시가 수입국 1위에 올랐다고 한다. 2021년 1분기 쿠바의 주요 수출 품목에는 주류, 설탕과 더불어 담배가 포함되었는데, 이들 품목이 전체 수출량의 약 25%를 차지하고 있다. 그중에서도 담배는 설탕 수출량의 두 배를 훌쩍 넘길 정도로 쿠바 경제에서 중요한 위치를 점하고 있다. 쿠바의 시가 생산량만큼이나 쿠바인들의 흡연율은 세계적으로 높다. 세계보건기구 WHO의 조사에 따르면, 2016년 쿠바 남성의 50% 이상이, 여성의 15% 이상이 흡연을 하는 것으로 조사됐다.

　스페인어로 시가는 '시가로 Cigarro' 혹은 '푸로 Puro'라고 하지만 쿠바에서는 자국에서 생산된 모든 여송연을 일컬어 '아바노 Habano'라고 통칭한다. 쿠바산 시가의 대표적인 브랜드로는 1966년부터 생산된 코이바 Cohiba, 1935년부터 생산된 몬테크리스토 Montecristo, 1875년부터 생산된 로메오 이 훌리에타, 1827년부터 생산된 파르타가스 Partagás 등이 있고 그 외에도 30여 종이 넘는 브랜드가 있다. 특히, 쿠바혁명 이후에 생산된 코이바는 쿠바의 총리 피델의 지시로 제작된 시가로 1966년에 생산되기 시작했으나 1969년에 상표를 등록한 제품이다. 이 제품은 애초에는 보급용이 아니라 쿠바 정부의 고위 관료나 외국인을 위한 선물용으로 생산되다가 1982년이 되어서야 시중에 판매되기 시작했다. '코이바'는 콜럼버스가 처음 조우한 아메리카 원주민인 타이노 Taíno족이 담배를 지칭하기 위해 사용한 말이었음을 고려하면 카스트로가 시가에 대한 쿠바의 정통성을 내포하고자 했던 것으로 보인다. 체 게바라가 1965년 4월 쿠바를 떠나기 전에 카스트로에게 시가를 선물로 받았는데, 그 시가가 코이바의 원형이라는 설이 있다. 이 코이바 시가는 아바나에 있는 엘 라기토 El Laguito 공장에서 생산되며 담뱃잎은 주산지로 유명한 피나르 델 리오 Pinar del Río주에서 가져온다. 쿠바 서부에 위치한 피나르 델 리오주는 담배 재배에 탁월한 토양과 최적의 기후를 갖춘 지역으로 연간 시가 생산량의 80%를 차지하고 있다.

　쿠바산 시가가 본격적으로 수출되고 세계적으로 알려지기 시작한 것은 라틴아메리카의 상당수 국가가 독립을 쟁취하고 스페인이 프랑스와 영국의 세력에서 밀려나며 정치적·경제적으로 혼란을 겪던 19세기 초였다. 그 이전에는 스페인의 왕실이 독점적으로 쿠바에서 담뱃잎을 들여와 생산했기에 17, 18세기에 담배 제품 생산의 중심은 스페인의 세비야 Sevilla였다. 스페인은 오랜 기간 담배를 독점했다. 1606년 펠리페 3세 Felipe III는 쿠바, 산토도밍고, 푸에르토리코, 베네수엘라에서의 담배 재배만 허용하고 외국인에게 종자를 판매할 경우 사형에 처했다. 몇 년 후인 1614년에는 세비야를 '담배의 수도'로 지정해 스페인 제국에서 생산된 모든 담뱃잎을 세비야로 집결시킴으로써 담배를 통한 경제적 이익 창출을 도모했다. 이후 100년 뒤인 1717년 스페인의 펠리페 5세 Felipe V도 쿠바에서 재배된 담배에 대해 왕실 독점권을 행사하면서 세비야에 왕립 담배공장 Real Fábrica de Tabacos을 세워 담배 생산의 중심지로 삼았다.

19세기 이전에는 쿠바에서 시가가 공식적으로 상품화되지 않았으며, 쿠바에서 생산된 담뱃잎은 모두 스페인으로 옮겨졌다. 그런데 그즈음에 스페인인들은 쿠바에서 제조된 시가가 대서양을 건너는 장기간의 여행에도 불구하고 담뱃잎에 비해 관리가 용이하고 상품성이 뛰어나다는 사실을 알게 됐다. 더욱이 1762년부터 1763년까지 영국이 아바나를 점령한 사건으로 인해 스페인은 식민정책을 수정해야 할 필요성을 느꼈고, 그 과정에서 식민지에서 부를 창출할 방안을 마련할 수밖에 없었다. 그리하여 라틴아메리카 대부분의 국가가 독립한 이후인 1817년 6월 23일, 페르난도 7세 Fernando VII는 담배에 대한 왕실의 독점권을 폐지하고 쿠바의 자유무역을 허용하는 칙령에 서명하게 된다. 이는 스페인과 식민지 간, 그리고 식민지들 간의 무역을 자유화하는 조치 중 하나이기도 했고, 담배를 재배하는 쿠바 농민들의 불만에 대한 대응이기도 했다. 물론 쿠바에서 담배 재배는 전적으로 쿠바로 이주한 자유민 신분의 스페인인이 독점했다. 아바나가 전 세계에 시가를 유통하는 중심지로 부상하기 시작한 것도 그때부터이다. 이후 1830년에서 1850년까지 오늘날까지 전해지는 대표적인 상표의 시가가 생산되기 시작하면서 쿠바 시가의 황금기가 시작되었다. 그렇게 시가 산업의 중심은 스페인에서 쿠바로 옮겨졌고 쿠바의 시가 산업은 급격히 성장했다. 1860년대에는 시가 생산 공장이 1300개에 이를 정도였다.

그러나 쿠바의 시가 산업에도 시련은 있었다. 19세기 후반부터 대량생산된 궐련이 세계적으로 유통되기 시작하면서 시가의 수요가 줄어들었고, 1898년 미서전쟁에서 스페인이 패배함으로써 미국이 쿠바 경제를 장악해 미국의 기업과 소수 상류층 쿠바인만이 경제적 부를 누리게 되었다. 시련은 여기서 끝나지 않았다. 1959년 쿠바혁명은 친미 성향의 바티스타Batista 정권을 몰아내고 정치적으로 온전한 독립을 쟁취하는 데 성공했지만, 1962년 미국의 금수조치로 쿠바 수출의 90%를 차지하던 미국 시장을 잃었다. 1950년대에 쿠바산 시가의 미국 수출 비율이 50~80%에 육박했음을 고려할 때 이는 쿠바 시가 산업에 큰 타격이 아닐 수 없었다. 이에 카스트로 정권은 1960년대 초반에 담배 산업을 국유화하면서 1962년 쿠바타바코Cubatabaco를 설립해 담배 생산을 통제하는 한편, 새로운 시가 브랜드를 통해 수출 방안을 모색했다. 그 결과, 미국의 금수조치의 영향으로 1958년 약 7900만 개에서 1970년 약 5500만 개로 감소한 수출량은 1976년 약 1억 2000만 개까지 증가했다. 물론 1980년에 발생한 곰팡이병의 영향으로 담배 수확이 급감하면서 1980년대 중반까지 약 5000만 개로 떨어지긴 했지만, 이후 현재까지 생산량을 늘려가며 세계 각지의 애연가들로부터 사랑을 받고 있다.

　　쿠바혁명 이후에 대립각을 세운 카스트로와 케네디의 공통점이 있다면 바로 시가를 사랑했다는 점이다. 쿠바의 피델 카스트로 정부와 국교를 단절하고 쿠바산 제품을 금수조치한 케네디는 1962년 2월 6일, 무역 중단을 발표하기 전에 백악관 공보관이던 피어 샐린저Pierre Salinger에게 쿠바산 시가를 1000개 정도 구입해 두라고 지시했다. 그리하여 그는 쿠바산 시가 브랜드 '우프만 페티트 코로나Upmann Petit Corona' 1200개를 손에 넣었다. 케네디는 공보관으로부터 시가를 입수했다는 보고를 받고 나서야 금수조치에 서명했다. 그러나 안타깝게도 그는 이듬해에 암살되고 말았다. 케네디가 얼마나 애연가였던지 사람들은 우프만 페티트 시가를 두고 "존 F. 케네디가 피우던 담배야"라는 말을 오래도록 사용했다고 한다.

케네디와 마찬가지로 카스트로와 시가는 떼려야 뗄 수 없는 관계였다. 카스트로가 자본주의의 상징이라며 시가를 없애야 한다고 하자, 체 게바라가 "시가는 쿠바의 상징"이라며 카스트로를 말렸다는 일화가 있긴 하지만, 그는 1959년 혁명이 성공한 직후 4월에 발표한 연설에서 "설탕, 커피, 담배는 쿠바 경제에서 매우 중요한 세 분야"라고 강조함으로써 쿠바 경제에서 시가가 차지하는 중요성을 인정했다. 카스트로는 쿠바의 대표적인 시가 애호가였다. 그런데 그 시가가 암살 도구가 될 뻔한 사건들이 있었다. 사실 1959년 쿠바혁명이 성공한 이후 그는 끊임없이 미국 중앙정보국^{CIA}의 암살 위협에 시달려야 했다. 쿠바의 국가안전부에서 일했던 파비안 에스칼란테 Fabian Escalante가 밝힌 바에 따르면, 미국은 40년 동안 600번 이상 카스트로 암살을 계획했다고 한다. 이와 관련해 영국의 채널4는 2006년 〈카스트로를 죽이는 638가지 방법〉이라는 다큐멘터리를 제작했는데, 그중에는 담배 폭탄을 제작하거나 담배에 독을 묻혀 카스트로를 독살하려는 계획이 있었을 정도였다. 카스트로는 1985년 시가를 끊었다. 암살 위협 때문이 아니라 건강상의 이유였다.

카스트로가 더 이상 시가를 피우지 않음에도 불구하고 2016년 쿠바의 시가 장인인 호세 카스텔라르 José Castelar는 80kg이 넘는 담뱃잎으로 10일간 매일 12시간씩 작업한 끝에 90m짜리 시가를 만들었다. 세계에서 가장 긴 시가를 만든 그는 인터뷰에서 "제가 만든 시가는 90m가 조금 넘는데, 우리의 친애하는 사령관(피델 카스트로)의 아흔 번째 생일을 맞아 남는 부분을 잘라냈습니다"라고 언급함으로써 카스트로는 더 이상 시가를 피우지 않았지만 그 시가가 카스트로를 위한 선물임을 밝히는 한편, "쿠바인으로서 (시가를 통해) 전 세계에 쿠바를 알리고자 했다"라고 덧붙임으로써 쿠바에서 시가가 지닌 상징성을 분명히 했다.

체 게바라의 이름을 딴 담배.
2000년 룩셈부르크에서 생산되어
현재도 판매되고 있다

카스트로의 혁명 동지인 체 게바라도 둘째 가라면 서러울 정도로 애연가였다. 천식이 있던 그가 시가를 지나치게 많이 피우자 동료들이 하루에 한 대만 피우라고 조언했는데, 이에 체 게바라는 동료들의 말을 존중해 다음날 1m가 넘는 시가를 주문했다는 일화가 있을 정도이다. 또한 그에게 시가는 아주 훌륭한 외교적 수단이었다. 체 게베라는 1961년 8월, 미국과 라틴아메리카의 경제 협력을 논의하기 위해 우루과이의 푼타델에스테 Punta del Este에서 열린 회의에서 미국과 협상 테이블에 마주하게 된다. 그런데 회의가 있기 전날 밤, 연설문을 작성하던 케네디의 비서관 리처드 굿윈 Richard Goodwin이 품질이 좋지 않은 시가를 피우는 것을 목격한 체 게바라는 쿠바산 시가 두 상자를 그에게 선물한다. 한 상자는 굿윈의 것이었고 한 상자는 케네디를 위한 것이었다. 이 선물을 계기로 체 게바라와 굿윈은 몬테비데오 Montevideo에서 쿠바와 미국의 관계 개선을 위한 비공식적인 대화를 이어갈 수 있었다. 물론 결과적으로 미국의 경제 봉쇄를 막을 수는 없었지만 시가는 협상을 진전시킬 수 있었던 훌륭한 매개체였다. 어쨌거나 체 게바라에게 시가는 일상이었다. 그는 사치품을 멀리했으며 혁명 이후에도 책과 시가 외에는 선물로 받지 않았다. 쿠바의 혁명가들에게 시가는 부와 명예를 과시하는 수단이 아니라 혁명의 동반자였던 것이다. 체 게바라는 게릴라전에 나서기 전에 혁명 동지들에게 "휴식 시간에 연기는 고독한 군인의 훌륭한 동반자이니" 시가를 반드시 배낭에 챙겨두라고 할 정도였다. 그리고 1969년 볼리비아에서 죽음을 맞기 전 마지막으로 청했던 것도 담배였던 것으로 전해진다.

영화 <부에나 비스타 소셜 클럽>의 한 장면. 콤파이 세군도(Compay Segundo, 1907~2003)가 다섯 살 때 할머니의 시가에 불을 붙여드린 이후 85년째 시가를 피우고 있다며 너스레를 떨고 있다. 쿠바인의 시가에 대한 애착이 드러나는 장면이다.

담배와 설탕, 페르난도 오르티스의 통문화론

담배는 설탕과 더불어 쿠바를 대표하는 작물이며 쿠바의 식민 역사를 함축하는 문화적 표본이자 상징이다. 이 두 작물에 대한 비교를 통해 쿠바의 문화 정체성을 정립하고자 시도한 글이 있으니, 바로 페르난도 오르티스^{Fernando} Ortiz(1881~1969)의 『담배와 설탕의 쿠바적 대위법 Contrapunteo de tabaco y azúzar』 (1940)이다. 이 책에서 오르티스는 쿠바 문화가 담배와 설탕으로 상징되는 상이한 두 문화의 만남으로 탄생한 새로운 문화라고 주장한다. 전체의 약 5분의 1 정도의 분량에 해당하는 1부에서 쿠바 역사를 "담배 씨와 설탕 부인의 싸움"이라고 정의하며 서두를 연다. 여기에서 페르난도 오르티스는 설탕과 담배를 이렇게 분석한다.

- 설탕은 신의 선물이지만, 담배는 악마의 선물이다.
- 설탕은 여성이지만, 담배는 남성이다. 설탕은 아폴로의 딸이고, 담배는 페르세포네의 자손이다.
- 담배는 니코틴이라는 독을 갖고 있지만, 설탕은 탄수화물이라는 영양분을 공급한다. 니코틴은 정신을 고양시켜 악마적 상상력을 자아내지만, 과도

한 당분이 혈액에 투입되면 머리가 둔해지고 심지어 바보가 되기도 한다. 그래서 담배는 자유주의 개혁 집단에, 설탕은 반동적 보수주의자들에게 어울린다.

- 설탕은 항상 노예노동을 선호했지만, 담배는 자유인을 택했다. 설탕은 흑인들을 강제로 끌고 왔고, 담배는 백인의 자발적인 이민을 부추겼다.

- 담배는 중간계급이나 자유로운 부르주아지를 창출하지만, 설탕은 두 개의 극단, 곧 주인과 노예, 프롤레타리아와 부르주아를 창출한다.

- 설탕은 시끄러운 기계음의 오케스트라 아래 생산되지만, 담배는 침묵 속에서, 아니면 이야기가 곁들여지면서 생산된다. 설탕은 화성적 합창을, 담배는 솔로 멜로디를 요구한다.

페르난도 오르티스가 담배와 설탕에 주목한 이유는 담배와 설탕이 신대륙 발견의 산물, 즉 두 문화의 만남과 불가분의 관계를 가지고 있기 때문이다. 담배는 콜럼버스가 1492년 아메리카를 '발견'하고 귀환할 때 스페인으로 가지고 간 작물이고, 설탕은 그가 두 번째 항해 때 사탕수수를 카나리아 제도에서 아메리카로 가지고 오면서 향후 아메리카의 주 산품이 된 작물이다. 다시 말해, 담배와 설탕은 소위 '콜럼버스의 교환Columbian Exchange', 즉 아메리카 '발견' 이후 전개된 구대륙과 신대륙 문물의 상호 교환을 상징하는 것들이다. 페르난도 코로닐Fernando Coronil이 정리한 바에 따르면 담배와 설탕은 다음과 같이 대비된다(왼쪽 표 참고).

담배와 설탕은 색, 원산지, 노동력 등

담배	설탕
토착	외래
어두운색	밝은색
야생	문명
개성적	일반적
남성	여성
장인(匠人)*	대량생산
계절적 시간	기계적 시간
개인적 생산관계	협동적 생산관계
자영농	독점
중산층 형성	계급 갈등 유발
토착 자유주의	스페인 절대주의
독립	외세
세계시장	미국 시장

* 주: 담배는 설탕과 달리 제조하는 데 전문적인 기술이 필요했다.

다양한 면에서 상반된 특징을 지닌 산물이다. 먼저 담배와 설탕 생산을 위해 투입되는 노동력의 인종에서 큰 차이를 보인다. 대규모의 노동력이 필요한 설탕은 주로 아프리카에서 유입된 흑인 노예가, 담배는 주로 카나리아제도에서 이주한 스페인인과 그 후손인 크리오요(아메리카에서 태어난 스페인인의 후손)가 생산했다. 설탕의 원료인 사탕수수는 수확기에 대규모 노동력과 강도 높은 노동이 필요한 반면, 담배는 재배에서 생산에 이르기까지의 모든 단계에서 고도의 숙련도와 세심함이 요구되기 때문에 농장주가 직접 챙겨야 할 필요성이 컸기 때문이다. 이에 따라 농장의 규모도 달랐다. 노예를 활용할 수밖에 없는 사탕수수 재배는 대농장 단위로 이루어진 반면에 기술력이 중요하게 작용하는 담배 재배는 소농이나 중농 단위로 이루어졌다. 따라서 대농장주와 소농장주들은 같은 스페인인 혹은 크리오요이면서도 생산 방식과 이해관계가 달랐기 때문에 필연적으로 갈등이 생길 수밖에 없었다. 대농장주들과 소농장주들의 갈등과 더불어 지역 간 갈등도 있었다. 사탕수수 재배는 서부에 위치한 수도 아바나와 그 인근 주에 집중되어 있었다. 아바나가 행정과 무역 그리고 본국과의 교통의 중심지였기에 대농장주들은 아바나를 중심으로 정착했다. 반면 대농장주들에 비해 정치적·경제적·사회적 약자였던 담배 재배자들은 오리엔테 Oriente라 부르는 동부 지방에 주로 정착하게 되었다. 그리고 이런 지리적 분리가 고착화되어 중앙과 동부 지방의 지역 갈등이 심화되었다.

사탕수수와 담배는 각각 외세와 민족주의의 상징으로 작동했다. 사탕수수 재배와 설탕 생산에는 대토지, 대규모 노동력, 기계화된 제당 공장, 철도 등 대규모 자본을 요했기 때문에 크리오요 대지주들은 외국에서 자본을 도입할 필요가 있었다. 또한 설탕 산업이 이윤이 크다는 인식이 퍼진 후에는 외국 자본의 진출이 더욱 활발해졌다. 게다가 쿠바 설탕의 주 수입국이 미국이었기 때문에 미국이 사실상 설탕 가격을 좌우했다. 반면 담배는 설탕과는 달리 비교적 외세로부터 자유로울 수 있었다. 수출 시장이 다변화되어 있었을 뿐만 아니라 소농장과 가내수공업 위주였기 때문에, 담배 산업이 본격적으로 성장하고 기계화되기 시작한 19세기 말 이전까지는 외국 자본에 의존할 필요가 없었다. 이런 비교를 통해 오르티스는 "담배는 설탕보다 언제나 더 쿠바적이었다"라고 단언한다. 그렇지만 『담배와 설탕의 쿠바적 대위법』의 1부를 마무리하면서 그는 "담배 씨와 설탕 부인의 싸움"이 쿠바 사회에서 근본적인 갈등을 일으키지는 않았다고 주장한다. 재배와 생산 방식 및 생산 지역 등에 차이는 있었지만 이러한 차이가 사회적 갈등과 충돌로 가시화되지는 않았다는 것이다.

오르티스의 궁극적인 목표는 담배와 설탕, 나아가 토착문화와 외래문화가 뚜렷이 대비되면서도 복잡하기 이를 데 없는 문화적 상호작용을 야기했다는 점을 밝히는 일이었다. 이를 위해 그가 도입한 개념이 바로 '통문화화 transculturación'이다. 『담배와 설탕의 쿠바적 대위법』 2부에서 오르티스는 처음으로 통문화화라는 용어를 사용하고 이를 정의하려 했다. 그가 제안하는 통문화론의 핵심은 쿠바의 문화가 이주자들이 자신의 뿌리가 되는 문화와 어느 정도 단절되는 경험을 하고, 이주지의 환경 속에서 상이한 문화를 습득하는 과정을 거쳐서 탄생한 새로운 문화라는 것이다. 그는 각 단계를 '탈문화화desculturación', '신문화화neoculturación', '통문화화'라고 지칭했다. 문화 간 혼합을 논한다는 점에서 언뜻 보면 1920, 1930년대부터 멕시코와 페루를 중심으로 유행한 혼혈mestizaje 이론과 다를 것이 없어 보인다. 그러나 '~너머'라는 뜻을 지닌 '트랜스(trans-)'라는 접두어를 쓰고 있다는 점에 주목할 필요가 있다. 비록 오르티스가 스페인 정복 이전의 원주민 부족들 간의 통문화화 과정에 대해서도 언급하고 있지만, '트랜스'라는 용어를 선택한 것은 정복 직후 원주민의 토착문화가 완전히 사라지고 대서양을 건너온 백인과 흑인 이주민 집단이 정착해서 상호작용하며 새로운 문화를 탄생시킨 쿠바의 현실을 염두에 둔 것이다.

오르티스가 통문화화라는 신조어를 선택한 이유는 1930년대 미국에서 유행한 인류학 학설의 하나인 문화접변 acculturation론이 쿠바 문화의 특징을 충분히 설명하지 못한다고 보았기 때문이다. 오르티스에 따르면 문화접변은 '새로운 문화의 습득'만을 의미하기 때문에 문화 간 혼합의 필연적인 단계인 부분적 탈문화화나 새로운 문화현상이 창출되는 신문화화 단계는 포괄하지 못하는 맹점이 있다. 그런데 이후 라틴아메리카의 사회과학에 커다란 영향을 준 문화접변론의 진정한 문제점은 오르티스의 지적처럼 단지 문화 변화를 설명하기에 너무 이론적 폭이 좁다는 점이 아니었다. 문화접변론은 '발전된' 문화가 그렇지 못한 문화에 영향을 주어 변화시킨다는 서구우월주의를 내포하고 있었던 것이다. 결국 '문화접변'은 문화의 변화를 뜻하기보다 문화의 상실을 의미하는 셈이었다. 상이한 문화가 충돌했을 때 우월한 문화가 열등한 문화를 소멸시킨다는 것인데, 이는 쿠바의 문화적 정체성과 거리가 멀었다.

오르티스가 신조어를 썼다는 사실이나, 이를 바탕으로 확장된 개념을 선보였다는 사실보다 더 중요한 것은 외래적 요소와 토착적 요소의 본질적인 특징보다 두 요소 간의 상호작용을 강조했다는 점이다. 이런 관점에서는 '발전된 문화'가 그렇지 않은 문화에 영향을 주고 종국에는 후자가 사라지게 된다는 문화접변론의 주장은 쿠바의 현실에 비춰봤을 때 설득력을 잃는다. 결국 오르티스는 문화접변론의 계서적 이항대립을 해체하고 있는 셈이다. 그 해체 전략의 일환으로 오르티스는 담배와 설탕의 이분법적 비교를 수행하면서도 토착적 요소와 외래적 요소가 뒤섞여 왔다는 점을 끊임없이 강조한다. 가령 담배와 설탕을 각각 민족과 외세의 상징으로 규정하지만 콜럼버스로 인해 담배가 바다를 횡단해 유럽으로 건너가고 사탕수수가 쿠바로 건너왔다는 점을 이야기할 때, 오르티스는 민족과 외세의 영토적 경계가 이미

허물어졌다는 점을 암시하고 있다. 더욱이 영토적으로 뒤섞이는 이런 현상은 쿠바 역사에서 계속 진행되었던 일이었다. 예컨대, 외국인들은 쿠바에서 담배 종자를 구해 갔으며, 쿠바인들은 품질 좋은 사탕수수 품종을 외국으로부터 수입해 왔으니, 영토적으로 외세와 민족을 분리하는 것은 불가능한 일이다. 쿠바에서 토착 작물인 담배를 백인이 재배하고 외래 작물인 사탕수수 재배에 대규모 흑인 노예가 투입되었다는 사실을 지적할 때 토착적 요소와 외래적 요소의 인종적 경계도 무너진다. 담배를 남성의 상징으로 그리고 달콤한 설탕을 여성의 상징이라고 정의함으로써 젠더에 입각한 위계질서를 논하는 듯하지만, 담배 공장에는 프롤레타리아 여성 계층이 형성된 반면 사탕수수 재배에서 설탕 생산에 이르는 생산과정은 남성 노동력이 주로 투입된다는 사실을 지적하면서 젠더의 경계도 무너뜨린다.

영토와 인종과 젠더의 경계가 무너지면서 필연적으로 문화가 뒤섞여 새로운 문화가 생겨난다. 물론 그 새로운 문화 역시 항구 불변한 것은 아니다. 다른 문화와 접촉을 하고 다시 뒤섞여 또 다른 문화로 변화되어 갈 것이기 때문이다. 예컨대, 다이키리 Daiquiri라는 사탕수수 음료는 쿠바적 요소와 외래적 요소의 이항적 대비가 끊임없이 해체되면서 문화가 역동적으로 변화되어 가는 과정을 잘 보여준다.

쿠바에서는 예로부터 사탕수수주(酒)로 만든 칵테일 음료가 대중적이었다. "반 컵 정도의 사탕수수주 상당량, 설탕, 물 약간에 좋은 풀 몇 줄기와 레몬 한 조각을 곁들였다. 쿠바의 럼과 네덜란드의 진으로 대체될 무렵인 1800 몇 년까지 사람들은 드레이크를 마셨다." … 레몬의 미덕을 이용한, 럼과 다이키리의 선조가 된 그 음료는 쿠바 동부 해안을 약탈한 저 대담하기 이를 데 없는 영국인 뱃사람 때문에 드레이크라고 불렸다. 드레이크(Francis Drake)는 스페인 역사에서는 '위대한 해적'으로, 영국인들의 역사에서는 '위대한 제독'으로 통한다. … 이후 그 음료는 다이키리로 대체되었다. 이 역시 사탕수수주, 즉 럼과 레몬, 설탕으로 만들어졌다. 이 칵테일 음료는 1898년 산티아고데쿠바(Santiago de Cuba) 작전이 펼쳐지는 동안 미국 해군과 군인들의 눈에 띄었다. 그들은 다이키리라는 이름으로 그 음료를 널리 퍼뜨렸다. 바로 그들이 상륙해서 그 음료를 마신 항구의 이름이었다.

이처럼 쿠바의 고유한 음료 문화로 인식되고 있는 다이키리는 사실은 여러 나라의 재료가 뒤섞여 만들어졌으며, 기호의 변화나 재료의 변천에 따라 끊임없이 변화해 온 음료이다. 그리고 이러한 음료 문화의 탄생은 네덜란드의 서인도 제도 진출, 드레이크나 미국 군인들의 침입 등의 영토적·문화적·인종적 겹침에서 비롯되었다. 그 영토적 겹침의 기억은 너무나도 생생한 것이라 쿠바 음료 문화를 대표하는 음료이면서도 영국 해적의 이름을 따 드레이크라고 부르거나 미국 군인들이 상륙한 지명을 따서 다이키리라고 불렀다. 이름부터가 쿠바의 대중적 음료라는 정체성을 무색하게 만들고 있지만 오르티스는 이런 점을 부정적으로 여기지 않는다. 고정된 정체성이 존재하지 않는 이런 문화의 혼종이야말로 그가 주장하는 통문화화 현상 바로 그 자체이기 때문이다.

쿠바에 유럽과 아프리카의 문화가 유입되고 뒤섞이며 새로운 문화가 탄생하듯이, 유럽과 아시아의 문화 또한 아메리카의 산물을 받아들임으로써 엄청난 변화의 길을 걸어왔다. 우리에게 김치가 배추에 아메리카에서 건너온 고추를 버무린 것이 아니라 이미 우리의 것, 우리의 전통이자 상징이 되었듯이 시가는 유럽과 아프리카와 쿠바가 어울려 만들어낸 사회문화적 산물이다. 따라서 쿠바의 문화는 고착된 실체로서 존재하는 것이 아니라 끊임없는 수용과 적응, 변화의 과정을 겪었으며 현재도 그러한 과정 속에 있다. 경제적·문화적 관점에서 쿠바의 설탕과 담배의 위치가 변화를 겪긴 했어도 두 산물은 여전히 쿠바의 문화정체성의 변화 과정을 읽어낼 수 있는 중요한 코드로 작동하고 있다. 쿠바인에게 시가는 식민의 역사와 혁명의 상징이자 삶과 문화의 상징이다.

참고문헌

강준만. 2011. 『담배의 사회문화사: 정부 권력과 담배 회사는 세상을 어떻게 변화시켰나』. 인물과사상사.
박희진. 2014. 「흡연예절의 형성과정, 1600-1930」. ≪역사민속학≫, 제44호, 111~143쪽.
쉬벨부쉬, 볼프강[시벨부슈, 볼프강(Wolfgang Schivelbusch)]. 2000. 『기호품의 역사: 파라다이스, 맛과 이성』. 이병련·한운석 옮김. 한마당.
에반스, 로버트(Rovert Evans). 2016. 『나쁜 짓들의 역사: 나쁜 행동이 어떻게 문명을 발전시켰을까?』. 박미경 옮김. 영인미디어.
우석균. 2002. 「페르난도 오르띠스의 통문화론과 탈식민주의」, ≪이베로아메리카연구≫, 제13집, 181~197쪽.
우석균·조혜진·호르헤 포르넷 엮음. 2018. 『역사를 살았던 쿠바: 우리 아메리카, 아프로쿠바, (네오) 바로크, 증언 서사』. 글누림.
유재현. 2006. 『담배와 설탕 그리고 혁명: 유재현의 쿠바기행』. 강.
이성형. 2002.12.27. "페르난도 오르티스의 설탕 이야기". ≪한겨레≫.
클라인, 리처드(Richard Klein). 2015. 『담배는 숭고하다: 소멸되는 것들의 모든 아름다움』. 허창수 옮김. 페이퍼로드.

웹사이트(그림 출처)
http://kansong.org/collection/yakummohyaeng/
https://en.wikipedia.org/wiki/Che_(cigarette)
https://historia.nationalgeographic.com.es/a/mayas-podrian-haber-mezclado-calendula-tabaco-para-que-fumar-resultara-mas-agradable_16227.
https://karsh.org/photographs/winston-churchill/
https://www.esloganmagazine.com/lucky-strike-la-historia-de-unos-pioneros-del-marketing/
빔 벤더스 감독, 〈부에나 비스타 소셜 클럽〉. 1999 개봉.

★ *Brazilian Cuisine and Food Culture* ★

브라질 음식과 음식문화 이야기

임두빈

음식문화와 집단 정체성

천혜의 자연환경을 가진, 신이 내린 땅이라는 열대의 나라 브라질은 전 세계에 잘 알려진 여러 가지 문화 아이콘을 갖고 있다. '축구의 나라'로 너무나도 유명하며, 삼바^{Samba}, 카니발^{Carnaval}, 보사노바^{Bossa Nova}를 비롯해 에미뻬베^{Musica Popular Brasileira: MPB}라는 브라질 대중음악도 잘 알려져 있다. 그러나 '브라질 음식' 하면 떠오르는 것이 있는가? 사실 멕시코 음식을 제외하면 라틴아메리카의 음식은 잘 알려지지 않았다.

학계에서조차 브라질을 위시한 라틴아메리카 지역에 대해서 국가 간의 관계에서 발생하는 금전적인 비용편익 중심의 '이슈'만 주로 다룬다. 반면에 우리가 이해하기 어려운 상대방의 이면에 숨어 흐르는 합리성을 읽어낼 수 있는 인문학적인 성과는 상대적으로 미약하다.

일반적으로 한 국가의 정체성을 가장 잘 드러낼 수 있는 대표적인 요소로 언어와 음식을 꼽는다. 국가 안에서 언어는 '공용어'와 '표준어'라는 이름 아래 지방에서 사용하는 '방언'이 상대적으로 차별당하는 통합적 기제에 묶여 있다. 반면에, 음식은 이런 점에서 오히려 자유롭다. 대부분의 생명체들은 생존하기 위해 음식을 섭취하지만 유독 인간만큼은 즐거움을 위해 먹기도 한다. 인간은 영양분의 섭취뿐만 아니라 테이블 세팅, 분위기나 먹는 방법까지 포함해서 '먹는 행위'를 하나의 의식으로 승화시키는 문화 행위로 취급해 왔다. '패스트푸드'처럼 표준화된 음식들이 몰개성적이라는 생각과 더불어 영양상의 문제로 '정크푸드'로 거부되는 양상이 나타나면서 오히려 손맛이나 지방색 같은 자기 정체성이 뚜렷한 토속 음식이 그 존재 가치를 뽐낼 수 있는 것이다.

이 글은 사회적·문화적 행위로서의 음식문화라는 테마를 중심으로 브라질이라는 지역과 그 지역 사람들이 지닌 정체성을 읽어본다. 다시 말해서, 이 글은 '브라질의 음식문화'를 하나의 일상 문화코드로 읽으면서 브라질 문화를 이해하는 과정의 일환으로 보는 것이다. 실제로 어떤 집단이 공유하는 음식은 일상의 삶 속에서 쉽사리 변하지 않고 장기 지속적인 연속성이 있기 때문에 그 안에서 집단적 정서를 읽을 수 있고, 한 국가의 정체성도 읽어볼 수 있다.

보편적 문화코드, 음식

음식 이야기가 고금동서와 남녀노소를 막론하고 흥미로운 것은 음식이 인간의 생존을 전제로 함과 동시에 후각, 미각, 시각과 같은 촉각을 포함한 몸의 감각을 깨워주면서 일상과 축제의 공통분모이자 이 둘의 차단제로서의 역할을 하는 성격이 있기 때문이다. 즉, 보편성과 개별성의 모습을 동시에 지니기 때문이다.

이런 차원에서 생물학적 체계를 염두에 두고 지은 것이 '집'이라면 '가정'은 생물학적 체계를 넘어선 문화적 체계에 대한 응답이다. '양식'을 '집'으로, 조리나 먹는 방식 등이 개입된 '음식'은 '가정'으로 비유해 볼 수 있겠다. 이 어령 선생은 생전에 여러 강연과 저서를 통해 '함께 먹는다'는 행위가 우리 생각 이상으로 큰 의미를 가진다고 설명했다. 우리나라에서는 의식주 중에서 '식'이 다른 어떤 무엇보다도 특별한 의미를 가진다는 예로써, 힘이 들 때는 '애먹었다', 속았을 때는 '한 방 먹었다', 축구에서 실점했을 때는 '골 먹었다', 특정 의견을 관철시켰을 때는 '먹혀들었다'고 할 정도로 한국인의 음식에 대한 각별한 사랑이 언어활동에 반영되어 있다고 했다.

이처럼 음식은 국가적·민족적·종교적·인종적인 정체성과 밀접하게 연결된 복합체이다. 그런 이유 때문인지 상대적으로 외교적 입지가 좁은 국가들은 자국을 세계에 알리고 민간을 통해 외교적 위치를 확보하기 위해 자국의 대표 음식이나 전통 음식을 홍보 수단으로 삼기도 한다. 각각의 집단은 스스로를 예외적이고 특별한 존재로 여기고, 남에게 그렇게 여겨지기를 원하며, 이를 음식으로 드러내고자 하는 경우가 많다. 한국은 '김치'로, 일본인은 '스시'로, 미국은 '패스트푸드'의 원조로 자신의 정체성을 드러낸다. 우리나라의 김치를 두고 과거에는 일본이 '기무치'라는 이름으로, 최근에는 중국이 김치를 자국의 음식이라 주장하고 있다. 중국은 국제표준화기구ISO에서 중국 쓰촨 지방의 염장 채소 파오차이에 대한 산업표준을 만든 뒤, 김치가 파오차이의 일종이라는 논리를 펴 우리 국민을 분노하게 만들었다. 이처럼 음식은 한 집단의 자존심과도 연결되어 있다.

이슬람교도들이 돼지고기를, 인도 사람들은 소고기를 먹지 않는 것으로 집단 정체성을 드러내는 경우도 있다. 한편 중국의 시진핑 주석은 국가 내부에 존재하는 불평등 및 부패와의 전쟁을 선언하면서 호화 접대 문화를 근절하겠다고 팔을 걷어붙였지만 여전히 고위 공직자들의 호화 회식이 성행했다고 한다. 이처럼 음식은 개인이나 기관의 권력과 부와 같은 사회적 지위를 나타내 줌으로써 인간의 문명화 정도를 나타낼 수 있는 척도도 된다.

반면에 음식은 개인의 지위 고하를 막론하고 생명체라면 누구나 섭취해야 하는 평등한 측면도 있다. 이처럼 음식은 인간의 삶과 관련된 모든 영역에 걸친 중요한 문화코드가 된다. 문화가 시대와 사회의 가치를 담고 있다면 시대에 따라 변해가는 음식문화 역시 오늘날 그 사회를 이해하는 중요한 코드가 된다.

어떤 특정한 지리적·기후적 환경을 바탕으로 풍습, 신념, 터부, 종교 등한 집단을 특징짓는 문화는 직접적으로 그 집단의 구성원들이 일상적으로 취하는 식재료와 음식의 선택에 영향을 미친다. 따라서 인간 사회에서 음식의 역할은 단순히 생존하기 위해 영양분을 섭취하는 것을 넘어 영적인 기능이나 전통적인 습관과 더 연관되어 있다. 성경에서도 금단의 대상으로 '사과'가 등장하고, 예수님의 "내 살을 먹고 내 피를 마시는 자는 영생을 가지리라"(「요한복음」, 6:54~55)라는 말씀에서도 영적인 관계를 '먹다'라는 표현으로 사용할 만큼 인간에게 '먹는' 행위와 표현은 단순히 허기를 모면하는 데 그치지 않는다.

식탁 문화 역시 집단별로 개별성을 띤다. 과거에 동양인, 대표적인 예로 일본인들은 적과 함께 같은 방 안에서 밥을 먹지 않았으며, 아마존 원주민은 식사 시간에는 침묵을 지켰다. 같은 브라질 북동부 지방이라 할지라도 해안가에 사는 도시민들은 북동부 오지 사람들이 기니피그와 카멜레온을 먹는다는 사실에 경악한다. 같은 나라 국민인 아마존 원주민들에게 원숭이는 훌륭한 단백질 제공원이지만 대부분의 브라질 사람들은 이를 역겨워한다. 북동부 오지 사람들은 민물고기는 즐겨 먹지만 가재나 게 같은 갑각류를 음식으로 생각하지 않는다. 그리고 나뭇잎을 먹는 애벌레와 같다는 생각에서 채소도 잘 먹지 않는다.

음식과 그 문화에 대한 이런저런 이야기에 우리가 흥미를 느끼는 이유는 음식이라는 것이 국적, 성별과 나이를 떠나 모든 사람이 일상적인 삶에서 영위하는 하나의 보편적 문화코드이기 때문이다. 다른 무엇보다도 다른 나라와 지역의 음식과 관련된 이야기가 매력적인 이유는, 우리의 일상에서 볼 수 없는 음식에 대한 기대심리를 포함해 미각과 시각적인 즐거움을 주고, 그 음식의 문화적·역사적 배경이 궁금해지는 등 지적인 자극까지 가져다주기 때문일 것이다. 이처럼 사람들은 역사와 문화를 토대로 이어져 온 음식 혹은 그 음식문화의 코드 안에 들어 있을 법한 어떤 신기한 이야기를 기대하고 상상할 뿐만 아니라 그것을 직접 '맛보고 싶다'는 실현 욕구를 갖게 된다. 음식과 그것을 먹는 행위인 식사가 우리의 일상적인 삶에서 나타나는 사회적 행위라고 볼 때, 너무 친숙해서 당연하기 때문에 진부하고 사소하고 귀찮은 것으로 치부하기 쉽다는 특성도 있다. 이처럼 음식과 먹는 행위는 평소에 우리가 특별하게 의식하지 않는 '일상성'이 있지만, 매일 끊임없이 일어나고 되풀이되는 '하루하루'의 일상 없이 어떤 '사건'이나 '역사'도 일어나지 않는다. 즉, 이러한 일상이야말로 역사에 기록되는 큰 사건들의 배경이 된다는 의미에서 음식과 먹는 행위 같은 일상에 대한 성찰은 중요하다. 그런 의미에서 다음 장부터는 브라질이라는 개별공간에서 일어나는 일상성, 즉 음식과 먹는 행위를 살펴보겠다.

브라질 음식의 역사적 형성 요인들

브라질은 넓은 국토와 많은 인구수에 걸맞은 다양성을 지니고 있기에 브라질을 한마디로 이렇다고 정의 내리기 어렵다. 브라질은 원주민이 살던 땅에 포르투갈인이 들어오고 아프리카에서 노예가 유입된 후에 전 세계에서 이민자가 오면서 완성된 나라이다. 실제로 브라질 음식은 '나'만의 고유한 음식보다는 역사와 문화를 토대로 원주민과 아프리카 흑인들의 음식문화에 유럽의 음식문화가 녹아들어 있다. 아시아 음식과 브라질 음식의 교류는 그 역사가 상대적으로 짧은 편이지만 대도시에서는 아시아 음식점을 어렵지 않게 찾을 수 있다. 또한 북부, 북동부, 중서부, 남동부, 남부 5개로 나뉜 지역별 토종 음식의 색채도 뚜렷한 편이다. 이처럼 브라질 음식에는 서로 다른 집단의 역사가 중첩되어 있기에 현재의 음식문화를 형성하게 만든 과거의 역사에 대한 관찰이 필요하다.

'원주민'의 영향

원주민을 흔히 '인디언', '인디오'라고 부르지만 이는 콜럼버스가 아메리카를 인도로 착각하면서 부르게 된 이름이다. 그 명칭도 정작 본인들은 유럽 중심주의 입장에서 일방적으로 붙인 것이다. '아메리카 인디언'이라는 타협점도 생겼다. 언어는 일종의 관습이라 쉽사리 바꾸기 어렵지만, 언어 실천이 곧 사회적 실천의 밑거름이라는 믿음으로 이 글에서 우리는 '원주민' 또는 '선주민'으로 부르기로 한다.

1500년, 브라질에 유럽인들이 공식적으로 발을 디딘 이래, 포르투갈인을 비롯한 유럽인들과 원주민들의 불평등한 공존이 발생했고, 17세기 초부터 대단위 사탕수수 재배를 시작으로 아프리카에서 노예가 대규모로 유입되면서 인종 간의 공존 및 혼종이 지배와 피지배 구도 안에서 이루어지기 시작했다.

브라질 원주민들의 식문화는 기본적으로 사냥과 낚시 그리고 채집으로 이루어졌다. 아메리카 원주민의 삶은 수천 년에 걸쳐 쓸모 있는 생물자원을 이용해 생존을 기치로 한 일상생활을 영위하는 과정 속에서 이루어졌다. 그러나 잦은 이주로 인해 당장 생존에 필요한 음식 이외의 식량을 축적하지 않았다. 당시 원주민에게는 대부분의 문명사회에서 발생한 농경과 목축,

양식 문화가 없었기 때문에 축적의 의도가 있었다고 해도 잉여 식량의 확보는 쉽지 않았다. 원주민 자연관은 미래가 아닌 현재 필요한 만큼 자연에서 빌려오는 것이기에 과거 식민지 경영을 했던 서구인들이나 현대 자본주의가 기본 전제로 갖는 '현재 필요한 부분을 넘어서는' 비축의 개념이 없었다. 설사 있었다 할지라도 기술적으로 용이하지 않았다. 오늘날에는 오히려 이런 원주민의 문화가 잉여 자본 축적에 과다하게 경쟁적인 인간 사회를 반성하고 자연과 공존하는 친환경적인 생존 방식으로 재조명받고 있다. 원주민들은 집 안에 물을 비축하지도 않았는데, 포르투갈인과의 접촉을 통해 비로소 집 안에 물을 저장하는 습관이 생겼다. 반면에 매일 목욕하는 습관은 포르투갈인이 원주민에게 배웠다고 한다.

슈퍼 작물 '만디오까'

원주민의 생존에 가장 중요한 양식의 원천은 뿌리식물과 나무 잎사귀, 채소와 과일이었다. 그중 가장 대표적인 것은 탄수화물이 풍부한 뿌리작물의 일종인 '만디오까Mandioca'이다. 영어로는 '까사바Cassava'라고 한다. 베트남과 인도네시아와 같은 열대지방에서 주로 재배한다. 만디오까는 남미뿐만 아니라 초기 인류가 채집 생활에서 농경 생활로의 진화를 가능하게 한 슈퍼 작물로, 인간의 육종을 통해 진화한 재배종이다. 탄수화물 함량은 높지만 당지수가 낮다. 글루텐이 없어 밀가루 대용으로 제격이다. 브라질에서는 튀기고 삶고 끓이거나 으깨어 요리에 활용한다. 우리나라에서는 버블티가 대중화되면서 따삐오까Tapicoa가 잘 알려져 있는데, 이 따삐오까가 만디오까의 전분이라는 사실은 대개 잘 모른다.

　만디오까는 두 가지 유형이 있다. '쓴맛형'은 청산가리가 많고, '단맛형'(브라질 원주민어인 투피어로 아이피aypi라고 부른다)은 독성이 덜한 대신 영양분이 덜한 특성이 있다. 식민지 개척 당시, 몹시 굶주렸던 포르투갈과 유럽

만디오까

만디오까와 따삐오까

탐험가들은 이러한 사실을 모르고 원주민들의 만디오까 재배지에 달려들었다가 독성이 있는 만디오까를 먹고 고통 속에 죽어간 일이 허다했다고 기록되어 있다.16) 만디오까는 브라질에 자생하는 주요 식용작물 중에서 유일하게 먹기 전에 가열 조리해서 독성을 제거해야 하는 식량자원이었다. 존 해밍의 저서 『아마존』에 따르면, 만디오까에서 독성을 제거하는 방법은 알

16)   Berta G. Ribeiro, *O Índio na Cultura Brasileira* (Rio de janeiro: UNIBRADE, 1987), p.35.

려졌지만 그 방법이 어떻게 발견되었는지는 아직 미지수라고 한다.

원주민들은 유럽인이 가지고 들어오기 전까지 사탕수수의 존재를 몰랐지만 벌꿀로 단맛을 알았고 술을 빚기도 했다. 소금 성분은 염전이 아닌 식물로부터 추출했다. 야자수 가지를 태워 재를 만든 다음에 그것을 끓여서 검은색 소금을 추출하는 방식을 사용했다고 한다.

뚜삐남바Tupinamba족 중심으로 이루어진 전쟁 식인 풍습은 항상 일용하는 양식이 아닌 축제와 제의의 성격을 띠었고, 현재 사라진 식문화이므로 자세한 논의는 생략하도록 한다. 식인 풍습에 대한 내용은 독일 해병 출신으로 배가 난파되어 원주민에게 사로잡혔던 한스 슈타덴Hans Staden이 후에 저술한 『두 번의 브라질 여행Duas Viagens ao Brasil』에 자세히 기술되어 있다.

브라질 음식은 시대를 거치면서 다양한 변화를 겪어왔다. 그러나 원주민 음식은 아프리카 기원의 음식과는 달리 그 어떤 한 가지 주류로 경계선을 드러내지 않는다. 일상의 밥상 안에 항상 존재하지만 드러나지 않는 방식으로 자신의 색채를 유지해 왔다.

포르투갈의 영향

사실 식민화가 시작되면서 무엇이 브라질 고유의 것이고 무엇이 외부에서 유입된 것인지를 구분하기가 어려워졌다. 한 예로 지금은 브라질을 묘사하는 전형적인 자연경관에서 빠뜨릴 수 없는 망고나무mangueira, 인도 빵나무 jaqueira, 학명: Artocarpus heterophyllus도 사실은 식민지 정복 기간에 포르투갈인들이 외부에서 들여온 것이다. 브라질 음식을 처음 먹어보고 그 평가를 문자로 공식적으로 남긴 사람은 까미냐Pero Vaz Caminha로 기록된다. 그 기록을 보면 야자순palmito, 마inhaime, 새우camarão에 대한 기록이 남아 있다. 한 가지 특색 있는 기록이 있다면 포르투갈인들과의 조우에서 원주민들은 닭을 보고 질색을 했다고 한다. 1550년 이전 브라질을 탐험한 유럽인들의 기록을 보면 원주민 땅에서도 야생 닭들이 발견됐지만 원주민들이 이를 식용하지는 않았다고 알려져 있다. 포르투갈인의 정복은 원주민들이 수천 년 동안 쌓아 온 생물자원과 더불어 유럽에 많은 도움을 준 다른 생물자원들을 더해주었다. 유럽의 밀과 순무는 옥수수와 감자를, 아프리카 고구마는 만디오까를, 아시아의 바나나와 쌀은 땅콩과 파인애플을 만났다.[17]

우리도 해외여행을 가면 김치나 라면이 생각나듯이 식습관은 쉽게 바꾸기 힘들다. 이베리아 사람들은 본국에서 직접 가져오거나 브라질에서 재배한 좀 더 익숙한 먹거리를 찾았다. 브라질 땅에 도착한 이후 포르투갈인들은 최대한 현지의 먹거리를 활용하고자 했지만 소, 돼지, 가금류, 밀, 상추, 오이, 호박, 녹두콩 등은 바다 건너에서 들여올 수밖에 없었다. 당시 동방무역을 통해 향신료 사업으로 번성했던 포르투갈답게 브라질에도 열대 아시아와 아프리카의 작물, 나무들과 마늘, 양파, 커민cominho, 고수coentro, 생강 등도 처음 들여왔다. 포르투갈 사람들은 자기 고향의 작물들이 브라질의 기후와 토양에 맞지 않는다는 사실을 깨달았다.

사탕수수 플랜테이션 사업과 함께 인구가 늘면서 사탕수수 재배 사업의 부산물인 증류주 '까샤샤cachaça'가 원주민들의 오랜 관습과 건강을 파괴하기 시작했다. 또 인구는 늘었지만 농경은 발전하지 못했다. 더욱이 남동부의 미나스제라이스Mims Gerais 지역에서 금광이 발견되면서 아무도 농사를 짓지 않고 금 채굴에만 인력이 몰렸다. 금은 남아돌았지만 일용할 양식은 없어 굶어 죽는 기현상이 일어났다.

16세기에 유럽으로부터 가축이 도입되었다. 식민 시대 브라질의 원주민은 물론이고 아프리카 노예들도 탄수화물과 소고기 같은 단백질을 충분히 섭취하기 어려웠다. 부활절, 추수감사절, 성탄절과 같은 유럽의 종교 축제

---

17) 숀 윌리엄 밀러, 『오래된 신세계: 다음 단계의 문명을 위하여』, 조성훈 옮김(너머북스, 2013).

가 들어오면서 '빵'을 비롯한 축제 음식도 유입되었다. 포르투갈의 다른 식민지인 아프리카로부터 포도, 무화과, 사과, 복숭아, 석류, 멜론, 수박 등이 들어왔다. 포르투갈인들은 브라질에 코코넛 나무와 벼를 심고 오이, 겨자 등 다양한 양념류를 들여왔다. 콩과 말린 고기 같은 현지 식재료를 포르투갈 방식으로 조리해서 거듭난 브라질 요리 페이조아다feijoada는 다양한 경로로 유입된 식재료가 모여 새로운 음식을 만들어낸 대표적인 예이다.

포르투갈인들이 현재 브라질 음식에 무엇보다도 공헌한 점은 '소금'과 '설탕'을 도입한 점이다. 소금의 경우 신장에 좋지 않다는 이유로 북동부 오지 사람들이 거부하는 경향이 있었지만, 설탕은 모든 지역과 모든 인종에게 환영을 받았다. 그 결과, 오늘날 브라질의 디저트는 강한 단맛을 특징으로 하여 다양한 형태로 발달했다. 사탕수수의 부산물인 증류주 '까샤샤'는 특히 아프리카인과 원주민들을 매료시켰다.

1807년 포르투갈 왕실이 리우데자네이루Rio de Janeiro로 천도하면서 유럽의 다양한 음식과 조리법이 귀족사회를 중심으로 대거 편입되었다. 루이스 다 까마라 까스꾸두Luís da Câmara Cascudo의 기록에 따르면, 동 주앙 6세는 닭요리와 매운맛 소시지인 '쇼리수chouriço'를 쌀밥과 함께 즐겼다고 한다.[18] 브라질 초대 황제 동 페드루 1세는 점심으로 쌀밥, 양배추, 감자, 오이, 구운 고기, 베이컨을 마늘, 고추, 채소를 넣은 스프에 함께 넣어 끓여서 먹고 스파게티와 고기 요리를 곁들였다는 기록이 남아 있다. 동 페드루 2세가 선호했던 음식은 닭죽canja이었다.

18)   Luís da Câmara Cascudo, *História da Alimentação no Brasil* (São Paulo: Globa, 2001)

아프리카의 영향

16세기 초부터 브라질에서 성행한 사탕수수 플랜테이션 농장의 노동에 동원되어 강제 이주하게 된 아프리카인들의 음식문화는 현대 브라질 음식문화의 개별성에 미친 영향이 크다. 사료에 따르면 사탕수수 농장에 동원된 노예들은 만디오까 전분을 섞은 꿀과 사탕수수 증류주와 과즙으로 연명했다고 한다.[19] 특히, 열대지방에서 강제 노동으로 소실된 염분을 보충할 소금, 천연 항생제 역할을 대신할 마늘이 기본 양념으로 자리 잡았고, 각종 음식 재료들을 모아 끓여 먹는 식문화가 정착되었다.

우리 문화에서 국은 밥과 함께 밥상에서 독자적인 지위를 갖듯이 브라질에는 '페이자웅feijão'과 '페이조아다feijoada'가 있다. 이 음식들은 각각 '쌀밥arroz'과 비벼 먹는다.

페이조아다 정찬의 기본 구성은 밥, 검은콩으로 만든 페이조아다, 슬라이스로 썬 오렌지, 케일 볶음, 볶은 만디오까 가루, 비나그레치vinagrete이다. 비나그레치는 토마토, 고추, 양파, 식초, 파슬리, 올리브로 만든 전통적인 브라질 요리 샐러드로 약방의 감초 역할을 한다.

국은 알다시피 적은 재료로 많은 사람이 먹을 수 있는 나눔의 먹거리이다. 조금 과장하자면 한국인의 역사에서 국은 상생의 미덕을 구현한 음식이라고 할 수 있다. 한 끼니 분량의 고기에 무나 파, 소금으로 간하고 향신료를 더해 국을 끓이면 여럿이서 충분히 먹을 수 있는 음식으로 변신한다. 그만큼 생산성이 높아 나눠 먹기에 제격인 음식 형태이다. 페이조아다는 식민지 시절 사탕수수 농장에서 제대로 먹지 못하고 강제 노역에 시달리던 흑인 노예들이 백인 주인 가족이 버린 돼지 혀, 꼬리, 귀 같은 부위를 콩과 함께

---

19)   Berta G. Ribeiro, *O Índio na Cultura Brasileira* (Rio de janeiro: UNIBRADE, 1987), p.38.

페이자웅과 흰쌀밥

페이조아다 정찬

펄펄 끓여서 만든 데서 유래했다. 오늘날에는 브라질을 대표하는 국가대표
급 음식이 되었지만 그 유래는 우리나라의 '부대찌개'와 비슷하다. 서로 다

른 사연을 지녔지만 이 음식들의 공통점을 꼽자면, 지배층이 먹지 않거나 하층민이 즐겨 먹던 싸구려 먹거리에서 출발했지만 이제는 일상적으로, 혹은 원래부터 자국 음식이었다는 듯이 역제국주의적 성격을 띤다는 것이다.

현재 흑인들의 로마라고 불리는 사우바도르Salvador시를 비롯해 대부분의 브라질 북동부 지역에서 사용하는 '덴데dendê'도 아프리카의 영향에서 빼놓을 수 없다.

덴데는 아프리카에서 노예선과 함께 넘어온 '야자유'로 흑인 노예들은 이를 통해 지방분을 섭취했다. 포르투갈인들은 '올리브' 대용으로 덴데를 사용하기 시작했다. 1763년 사우바도르에서 리우데자네이루로 왕실이 천도할 당시 흑인 가사 노예들이 대거 유입되면서 남동부 지방으로 덴데 사용이 확장되었다. 그러나 아프리카 식문화는 원주민들과 달리 지역별 편차가 뚜렷하다. 코코넛 나무와 코코넛 우유도 아프리카에서 넘어온 유산이었다. 바나나도 16세기부터 포르투갈인에 의해 아프리카로부터 유입되어 오늘날 빠뜨릴 수 없는 브라질 자연의 일부가 되었다. 바나나는 특히 잎사귀가 무성하여 울타리 역할을 하거나 원주민 오두막의 지붕 이음새로 사용되는 등 그 쓰임이 많았다.

그 외 이민 정책을 통해 아랍, 독일, 중국, 미국, 일본, 스페인, 핀란드, 이탈리아, 폴란드, 리투아니아, 네덜란드, 스위스, 체코, 우크라이나, 한국 등을 포함해 지구촌의 민족들이 거의 다 모여 있어 색다른 식문화 간의 퓨전이 이루어지고 개별성이 두드러지고 있다.

브라질 현대 음식 문화코드의 특징

우리는 앞에서 대략적으로나마 음식에 관련된 브라질의 역사 및 문화 발전의 맥락을 되짚어 보았다. 그 안에서 브라질 음식이 이베로-아프리카-아메리카라는 실로 짠 카펫과 같다는 사실을 알 수 있었다. 브라질이라는 국가를 상징하는 음식은 내부적으로는 '흰쌀밥과 페이자웅arroz com feijão'이지만 대외적으로는 '슈하스꾸churrasco'와 '페이조아다'가 널리 알려져 있다.

그러나 세계에서 다섯 번째로 넓은 국토와 그에 걸맞게 다양한 기후를 가진 브라질에는 지역별 특색이 있는 향토 음식들이 존재한다. 침략과 정복으로 시작되어 이주 문화로 융합된 브라질의 이민자들은 조국과 비슷한 기후대에 터를 잡고 사는 경향이 있다. 예를 들어, 아프리카계는 북부에, 이탈리아와 독일계는 남부 지역에 살고 있다. 예외적으로 아시아계는 자본집중이 되어 상업지구가 활성화된 대도시에 거주하는 성향을 보인다.

슈하스꾸

페이조아다

지역별 음식 정보

다섯 개 광역으로 나눈 브라질

북부 지역

북부 지역은 '아마조니아Amazônia'라고 불리는데 열대우림을 많이 끼고 있을 뿐만 아니라 아마존강의 지류가 많이 분포한다. 이 일대는 문화적으로 토착 원주민과 포르투갈계 사람들이 섞여 있다. 대개 포르투갈인들은 생선과 채소를 주로 먹는다. 요리에 고구마, 마, 만디오까, 야자나무 등과 열대 나무 열매를 많이 사용한다. 이 지역에서 먹는 아주 특별한 요리는 '삐까지뉴 지 자까레Picadinho de Jacaré'로 악어 고기로 만든 요리이다.

북동부 지역

지리적으로 북동부 지역은 좁지만 해안가를 따라 비옥한 평원이 자리하고 있다. 강우량도 많아서 인구가 밀집해 있지만, 내륙에는 척박한 반건조 지대가 있다. 모든 종류의 열대 농산물이 해안 평원에서 자라고 카카오와 사

탕수수가 주를 이룬다. 바이아Bahia주의
음식은 아프리카와 원주민의 음식이 결
합하는 양상을 보인다. 포르투갈식 특징
도 강하게 섞여 있다. 대표적인 요리로는
바따빠vatapá, 야자유와 신선한 해산물을
넣어 만든 스튜의 일종인 무께까moqueca,
아프리카 흰콩 반죽을 튀겨 양파로 소금
간을 하고 새우튀김과 바따빠 소스를 발
라 먹는 아까라제acarajé가 소울 푸드로 알
려져 있다. 바따빠는 이 지역의 전통 음식
이다. 이 지역은 포르투갈인들이 가장 먼
저 도착한 곳으로 일찍부터 대규모 플랜
테이션으로 사탕수수를 재배하기 시작한
곳이기도 하다. 밀가루와 고기가 귀했던
당시, 흑인 요리사들은 해산물, 만디오까,
고구마, 코코넛, 파인애플, 야자유 등 지
역 특산물을 사용해 요리했다. 땅콩, 양
파, 마늘, 생강, 새우를 코코넛 과즙을 부
은 식빵과 함께 갈면 노란색 반죽이 되는
데, 이것을 덴데유에 넣고 끓이다가 거기
에 닭고기 육수를 추가해 걸쭉하게 만든
것이 바따빠이다. 한마디로 바따빠는 생

바따빠(사진: Elingunnur)

아까라제

까루루

선과 새우, 생강 및 야자즙으로 만든 스튜의 일종이다. 바따빠는 음식이 나
올 때 곁들여 나오는데 모든 음식과 잘 어울린다.

　해안 평원지대의 주 식단은 아프리카 음식문화 영향을 덜 받았지만 여전히 해산물, 코코넛과 열대 과일이 주요 식단으로 등장한다. 내륙 지방에는 규모가 큰 소 목장이 많아 고기를 말린 것이나 쌀, 콩, 염소 고기, 옥수수 가루를 기초로 한 식단이 많다. 가장 보편적인 요리로는 까루루 두 빠르 ^{Caruru do Par}가 있다. '까루루'는 양파, 오크라, 야자유, 견과류와 새우를 재료로 해서 만드는 브라질 북동부 지역의 대표적인 양념 소스이다.

중서부 지역

브라질 전체에서 중부, 그중에서도 서쪽 지방에는 넓은 사바나 초원이 있고 북쪽 지방은 삼림이 빽빽하다. 세계 최대의 습지인 판타날^{Pantanal}도 이곳에 있다. 이 지역의 요리에는 '뻬끼^{pequi}'라고 불리는 열대 과일이 재료로 많이 쓰이는데 물고기,

뻬끼

소고기, 돼지고기와 콩, 옥수수를 곁들여 조리한다.

남동부 지역

남동부 지역은 브라질의 핵심 산업 지역이다. 독특한 요리 문화가 고스란히 남아 있어 이 지역의 음식은 브라질 요리의 전형으로 꼽힌다. 옥수수, 돼지고기, 콩과 발효 치즈를 주재료로 쓴다. 리우데자네이루에서는 아프리카에서 기원한 고기 스튜 요리인 페이조아다^{feijoada}가 유명하다.

페이조아다

페이조아다는 앞서 설명했듯이 원래 흑인 노예들이 백인들이 먹다 남은 고기(돼지 꼬리, 족발, 귀 등)를 검은콩과 함께 큰 냄비에 끓여 먹던 것이지만 훗날 맛있는 요리로 취급되어 지역마다 다르지만 토요일 점심 식사로 정착

하게 되었다. 콩은 목요일 밤에 물에 담가 불려놓고 다음 날 하루 종일 삶는다. 소, 돼지의 뼈와 꼬리, 족발, 혓바닥, 귀와 같은 고기 잔여물과 기호에 따라 햄과 소시지 등을 곁들여 삶는다. 삶아낸 고기를 부위별로 1인용 그릇에 담고 월계수 잎, 양파, 마늘 등을 넣고, 끓인 콩도 넣어 맛이 배도록 다시 끓인다. 이것을 쌀밥, 페이자웅, 케일 볶음, 오렌지, 돼지비계 튀김과 곁들이기도 하고 만디오까 가루를 볶은 파로파farofá를 곁들이기도 한다.

상파울루는 유럽과 중동 이민자의 영향이 큰 지역이다. 이민자의 대다수는 포르투갈과 이탈리아, 일본, 중동, 스페인과 기타 국가 출신이다. 그러므로 세계 모든 종류의 요리를 이 지역에서 만나볼 수 있다. 상파울루는 이탈리아보다 피자 소비가 더 많은 도시이고, 스시는 이제 쇼핑센터의 푸드코너에서도 판매할 정도로 대중적인 음식이다.

이스피리투산투Espírito Santo주의 음식은 이탈리아와 독일식으로 음식이 단 편이다. 하지만 바닷가를 끼고 있는 이 지역에서 가장 인기 있는 음식은 바이아 지역에서 언급한 '무께까Moqueca'라는 요리이다. 무께까는 원래 아프리카 기원의 북동부 해안 지방 음식이다. 구운 바나나도 후식으로 많이 먹는다.

무께까(사진: BR)

파로파Farofa는 볶은 만디오까 가루, 돼지고기, 양파, 계란 및 다른 야채를 섞어서 만드는 것으로 밥과 페이자웅에 곁들인다. 미나스제라이스주의 유명한 음식으로 돼지 피

파로파

를 넣어 만든 쇼리수와 페이자웅, 만디오까 가루로 만드는 일종의 된죽인 뚜뚜 아 미네이라tutu à mineira는 흰쌀밥에 곁들여 먹는다.

남부 지역

남부 지역은 전체 인구 중 유럽 출신의 이민자(주로 독일, 폴란드, 이탈리아, 포르투갈 출신)가 92%나 되기 때문에 와인과 채소, 낙농 식품과 밀을 위주로 하는 유럽 스타일 식단이 특징이다. 목축업이 발달했던 남부 지역은 숯불구이가 유명하다. 슈하스꾸는 브라질 음식 중 전 세계적으로 가장 많이 알려진 음식이다.

슈하스꾸

남부 지방 목동들이 커다란 쇠고기 덩어리를 모닥불에 구워 먹으며 즐기던 데서 유래했다. 오늘날에는 꼬치에 꿴 부위별 고기를 불에 구워 먹는 모든 요리를 지칭하며 브라질 전 지역에 걸쳐 결혼식, 생일 등의 행사에 빠지지 않는 대표적인 잔치 음식이 되었다.

슈하스꾸는 쇠고기뿐만 아니라 돼지고기, 닭고기, 양고기 등 다양한 고기를 사용한다. 1m나 되는 기다란 쇠꼬챙이에 다양한 고기의 다양한 부위를 꿰어 숯불에 돌려가며 서서히 구워낸다.

남부지방 전통식 슈하스꾸

굵은 소금 외에 다른 양념은 사용하지 않는다. 슈하스꾸의 정통한 맛은 알갱이가 굵은 돌소금을 뿌려 숯불에서 굽는데서 나오는데, 소금이 굵어 간이 서서히 배고 또 숯불에서 구워 기름기가 쏙 빠지며 숯불향이 배면서 담백하고 고소한 맛을 느끼게 해준다. 슈하스꾸 전문점에서는 개개인 앞에 한쪽은 빨간색, 한쪽은 초록색의 신호 막대기가 놓이는데, 고기를 계속 먹고 싶으면 녹색 부분을 위로, 그만 먹고 싶으면 빨간 부분을 위로 가게 놓는 것이 요령이다. 종업원이 쉴 새 없이 종류별·부위별로 고기를 계속 서빙하는데 자기가 좋아하는 고기만 받아도 된다.

실제 브라질 식당에서 서빙되어 나오는 슈하스꾸

브라질 음식 문화코드

브라질의 주식은 전통적으로 쌀로 지은 밥인 '아호스'와 콩으로 만든 스튜 '페이자웅'이다. 하지만 21세기 들어 사회상의 변화와 그에 따른 생활습관의 변화로 대도시 거주민들의 '아호스와 페이자웅'의 소비가 급격하게 떨어지고 있다는 연구 결과가 빈번하게 나오고 있다. 하지만 아직까지 한국인에게 있어서 밥과 김치의 존재만큼이나 아호스와 페이자웅은 브라질 사람들의 정체성을 대변한다. 우리에게 '밥심'이 있다면 브라질에는 '페이자웅'이 있다. 브라질 사람들은 쌀과 콩을 따로 요리하지만 비빔밥처럼 섞어 먹는다. 브라질을 대표하는 인류학자 호베르투 다마따Roberto DaMatta는 브라질 패션에서 콩의 검은색은 더 이상 검은색만이 아니고 쌀의 흰색도 더 이상 흰색만이 아니라면서 브라질 문화와 인종처럼 구분된 색이 아닌 혼합된 색

아호이스 이 페이자웅(흰쌀밥과 콩죽)

으로 분석했다.

　다마따는 브라질의 먹거리를 두 가지로 구분했다. 하나는 '양식'으로서 삶을 지탱해 주는 것으로, 또 다른 하나는 '식사'에 해당한다. 식사는 음식과 함께 기쁨을 음미하는 사회 행위이자 문화 행위까지 포함한다. 음식을 제대로 즐기려면 식사는 하나의 사회적 활동으로 기능해야 한다. 브라질 사람들의 관점으로 보면 미국인들은 패스트푸드를 선호하며, 모르는 사람들과 같은 테이블에 앉아서 먹거나, 혼자 서서 먹거나 가족이 아닌 사람들과 식사를 하는 이상한 식사 문화를 가진 셈이다. 브라질 사람들이 보기에 미국인의 식사는 사회적 활동에 참여하는 행위라기보다는 단순히 끼니를 때운다는 모습이다. 브라질의 식사 문화에서 두드러지는 특징은 브라질 사람들은 항상 가족과 함께 식사한다는 점이다. 아무리 바쁘더라도 점심시간에 집으로 가서 가족들과 같이 점심 식사를 하는 경우가 흔하다. 대학에서도 가족과의 점심을 위해 혹은 아이를 학교에서 데려오기 위해 강의를 예정보다 일찍 마치는 교수들도 흔하며, 주변에서도 이를 어느 정도 양해해 주는 문화도 있다. 물론 해안지역 대도시와 내륙도시 간 차이도 큰 만큼 약간의 경우를 근거로 전체 경향을 추론하는 위험성은 있다.

　브라질 사람들과 얘기를 나눠보면 그들이 속한 사회의 자화상에 상당히 자기비판적이다. 그러나 비판 대상에서 음식은 제외다. 그들에게 식사란 집에서 먹든 식당에서 먹든 신성한 행위이다. 식사 시간은 생존을 위한 양분을 신체에 공급할 뿐만 아니라 가족이나 친구들과 함께 즐기는 시간이다.

고향을 떠나 타지나 외국에서 생활하는 브라질 사람들은 이러한 관습을 몹시 그리워한다. 헤이르트 호프스테더Geert Hofstede의 문화 차원 모델에 따르면, 브라질은 아시아의 집단주의와 동일하지는 않지만 개인주의보다는 집단주의 문화에 더 가깝게 조사되었다. 그래서 중소기업은 가족 단위로 경영되는 경우가 대부분이다. 브라질 사람들은 되도록 가족과 함께 살고 부모님과 떨어져 살더라도 같은 도시에 산다면 정기적으로 부모님 댁에 방문하여 식사를 같이 한다. 브라질 사람들의 문화에서 식사는 가족과 함께하는 필수적이면서도 중요한 연결고리이다.

에필로그

브라질을 비롯한 현재의 라틴아메리카 국가들은 15세기를 전후하여 유럽의 식민지로 복속되었다. 그 역사의 산물을 현재의 브라질 역사에서 부정할 수 없듯이 현재 브라질의 일상에서 쉽게 발견할 수 있는 일상의 면면들을 과거와 단절해서 '브라질만의 것, 브라질만의 음식문화'를 얘기할 수 없다. 주요 학자들의 연구 활동을 통해, 유럽 백인들이 타 대륙들을 정복할 수 있었던 가장 중요한 요소로 총기, 병원균, 쇠를 꼽는 연구 결과가 학계뿐만 아니라 일반인들에게도 최근 활발히 공유되었다. 그러나 이 요인들이 발전하는 데 필요한 선행 조건이 바로 식량과 그 생산이라는 사실은 '음식'이 갖는 지나친 일상성과 주변성으로 인해 거대 담론 아래 묻히기 쉽다. 식량과 그 생산은 무엇보다 그 지역의 인구와 관련 있는 지역 연구에 있어 아주 중요한 요소이다. 유럽인들이 유입되기 이전부터 브라질 원주민들은 수렵·채집을 위주로 유랑 생활을 해왔다. 무리의 기동성이 중요했고 소지품의 간소화는 필수적인 조건이었다. 반면에, 침략자이자 정착자로서 유럽인들은 이미 가축 사육을 기반으로 한 농경-정착 생활을 경험했고, 따라서 잉여 식량

저장과 더불어 구성원이 모두 식량 생산에 동원될 필요가 없는 체계를 갖춘 상태였다.

오늘날의 브라질은 이처럼 식량 확보 체계가 다른 두 세계가 만나 조우하고 대립하고 융합되어 만들어졌다. 그리고 그 국민들을 생존하게끔 할 뿐만 아니라 그곳을 통해 '나'와 '그들'을 구별하는 '식량'을 넘어선 '음식'에 대한 '인문학적 인수분해'는 '인간'이 소외되고 균질화된 시스템을 넘어 개별 가치를 존중하면서 보편적인 가치까지 아우를 수 있는 '글로벌 인문학'적 가치를 찾아볼 수 있을 것이다.

아무리 세계화 시대에 접어들었다 해도 여전히 국가들은 개별성을 유지하고 있다. 브라질은 자신들만의 시스템과 생존 방식을 가지고 있다. 우리에게 남은 숙제는 그들의 시스템과 대응 방식을 어떻게 이해하고 받아들일 것인가에 있다. 그렇다고 해서 '동화'나 '현지화'와 같은 문화 전략적 접근에 의존하자는 주장은 아니다. '동화'는 다양한 구성원들이 한 사회에서 공존하기 위해 필요한 대응책이나 필연적 결과로 설명되어 왔다. 하지만 이제는 그 '동화'라는 관점을 벗어나 개인적이고 집단적인 차이의 존재와 그 존재를 인정하고 존중해야 한다는 다문화주의적 관점에서 바라볼 필요가 있다. 그러므로 만약 브라질을 방문하고 사람들을 사귈 기회가 생긴다면 브라질 사회에서 식사를 한다는 것은 음식의 식감을 즐기고 상대와 즐겁게 대화하는 것으로 다른 사람들과 관계를 맺기 위해 매우 중요한 문화적 관례라는 사실을 잊지 말아야 한다. 이들을 효과적으로 이해하고 소통하기 위해서는 브라질의 음식문화에 녹아 있는 '일상성'의 가치체계를 읽을 필요가 있고, 브라질에서는 '식사'가 매우 중요하고 상호 소통에 있어 가치 있는 일이라는 점을 이해할 필요가 있다.

참고문헌

남원상. 2020. 『지배자의 입맛을 정복하다: 여섯 가지 음식으로 본 입맛의 역제국주의』. 따비.

노빙어, 트레이시(Tracy Novinger). 2011. 『브라질 사람과 소통하기』. 김우성·임두빈 옮김. 이담북스.

다마따, 호베르뚜(Roberto DaMatta). 2015. 『브라질 사람들』. 임두빈 옮김. 후마니타스.

임두빈. 2014. 「브라질 음식문화 코드에 대한 이해: 문화코드 몰이해로 브라질 진입에 실패한 외식업
체 사례를 통한」. ≪글로벌문화콘텐츠≫, 제14권, 129~152쪽.

시비텔로, 린다(Linda Civitello). 2011. 『음식에 담긴 문화요리에 담긴 역사』. 최정희·이영미·김소영
옮김. 대가.

해리스, 마빈(Marvin Harris). 1998. 『음식 문화의 수수께끼』. 서진영 옮김. 한길사.

밀러, 숀 윌리엄(Shawn William Miller). 2013. 『오래된 신세계: 다음 단계의 문명을 위하여』. 조성
훈 옮김. 너머북스.

헤밍, 존(John Hemming). 2013. 『아마존: 정복과 착취, 경외와 공존의 5백 년』. 최파일 옮김. 미지
북스.

Geert Hofstede and Gert Jan Hofstede. 2009. 『세계의 문화와 조직』. 차재호·나은영 옮김. 학
지사.

Candido, L.M.B. and A.M. Campos. 1996. *Alimentos para fins especiais*. São Paulo:
Varela.

Cascudo, L.C. 1999. *Dicionário do Folclore Brasileiro*. São Paulo: Global.

_____. 2001. *História da Alimentação no Brasil*. São Paulo: Globa.

_____. 2005. *Antologia da Alimentação no Brasil*. São Paulo: Globa.

DaMatta, R. 1997. *A Casa e a Rua*. Rio de janeiro: Rocco.

Staden, H. 2008. *Duas Viagens ao Brasil*. Franco, G. C. trad. Belo Horizonte: Itatiaia.

웹사이트

Flavors of Brazil. 2013. "Flavors of Brazil." http://flavorsofbrazil.blogspot.com

https://brasil61.com/noticias/arroz-e-feijao-estao-entre-os-alimentos-mais-desper
dicados-no-brasil-pran181689

https://commons.wikimedia.org/wiki/File:Moqueca.jpg

https://commons.wikimedia.org/wiki/File:Vatap%C3%A1.jpg

IBGE. 2007. "Brasil: 500 anos de povoamento." https://biblioteca.ibge.gov.br/visualizacao/
livros/liv6687.pdf.

지은이

조 구 호

한국외국어대학교 중남미연구소 교수이다. 중남미 문학과 문화를 가르치면서 한국에 스페인어권 도서를 번역·소개하고 있다. 이 책에 실린 글 「달콤쌉사름한 설탕과 럼의 유혹」은 '신의 선물'이라 불리는 설탕과 인간의 삶을 역사적·사회문화적 관점에서 다루고, 라틴아메리카의 다양한 럼을 집중적으로 소개한다.

황 수 현

경희대학교 스페인어학과 교수이다. 다양한 매체를 통해 스페인어권 문화와 문학을 소개하고 있으며, 라틴아메리카 문화, 아방가르드 문학, 생태주의, 시에 관심이 많다. 중앙아메리카 지성사 연구를 수행했고, 라틴아메리카의 대표적인 작가 호르헤 루이스 보르헤스, 알레호 까르뻰띠에르 등의 작품을 번역·소개하고 관련 연구를 발표했다. 주요 관심 분야는 라틴아메리카 문화와 시문학이다.

정 승 희

고려대학교 강사이다. 콜럼버스 항해 이후 인류의 식생활을 크게 바꾸어 놓은 아메리카 대륙의 식재료에 큰 관심을 갖고 있다. 한국에서는 아직 많이 탐구되지 않은 영역인 라틴아메리카의 음식문화에 대해 더 많은 글을 생산하고 싶은 바람이 있다.

장 재 원

현재 고려대학교 인문융합원 연구교수로 재직 중이다. 스페인 현대시를 전공했으며, 중세부터 현대까지 다양한 작품들이 지닌 문학적·미학적 모더니티에 대해 소개하고 재평가하는 작업을 하고 있다. 또한 자칫 멀게 느껴질 수 있는 스페인 문학과 예술을 유럽이나 우리나라의 익숙한 작품들과 비교하여 유사성과 차이점을 새롭게 바라볼 수 있도록 이해 지평을 넓히고 있으며, 디지털 기술과 인문학의 융합을 시도하고 있다.

정 욱

경희대학교 스페인어학과를 졸업했다. 1993년 스페인 살라망까(Salamanca)에서 수학했고, 섬유업
계에서 21년 동안 일했으며, 스페인 4년, 멕시코 3년, 온두라스 2년, 과테말라 10년, 코스타리카 5년
등 스페인어권에서 오랜 기간 거주했다.

과테말라에서는 총기 위협, 도난, 강탈 등 위험한 사건을 몸소 겪었고, 코스타리카에서는 잘 정돈된 아
름다운 커피농장을 방문할 기회가 많았다. 이를 바탕으로 장편소설 『커피』와 『트로이의 목마른 사랑』
을 출간했고, 현재 문화 저널 ≪동녘바다≫의 작가위원장을 맡고 있다.

임 수 진

대구가톨릭대학교 스페인어중남미학과 교수이다. 라틴아메리카 정치와 대외관계를 연구하며 가르치고
있다. 이 책에 실린 글「페루 음식, 국가 브랜드가 되다」는 '미식 국가 페루'라는 국가 브랜드화에 성공
한 페루의 사례를 통해 문화 공공외교의 중요한 자산이 된 음식문화를 알아보는 글이다. 한 요리사가
시작한 작은 변화가 이루어낸 페루 공동체의 회복과 통합에 초점을 맞추어 '얼마나'보다는 '어떻게' 발
전하는 것이 바람직한지 살펴본다.

이 경 민

조선대학교 유럽언어문화학부(스페인어 전공) 교수이며 라틴아메리카 문학과 문화를 연구하고 있다.
이 책에 실린 글「담배의 전파와 쿠바의 시가 이야기」는 담배의 기원과 더불어 담배에 얽힌 이야기를
통해 담배의 전 지구적 전파와 발전 과정을 살펴보고 쿠바의 대표 작물인 담배가 쿠바의 문화정체성 형
성과 관련하여 어떤 역사적 함의를 지니고 있는지 알아보는 글이다.

임 두 빈

부산외국어대학교 중남미지역원 교수이다. 주된 관심은 브라질 사람들이 일상생활에서 현실을 구성하
고 인지하는 개별적인 방식과 생각의 문법을 '건설적 편집증'을 가지고 기록하고 분석하는 데 있다. 이
책에 실린 글「브라질 음식과 음식문화 이야기」는 브라질 사람들과 소통하는 경로를 '음식'이라는 일상
성을 통해 접근하는 데 그 의미를 두고 있다.

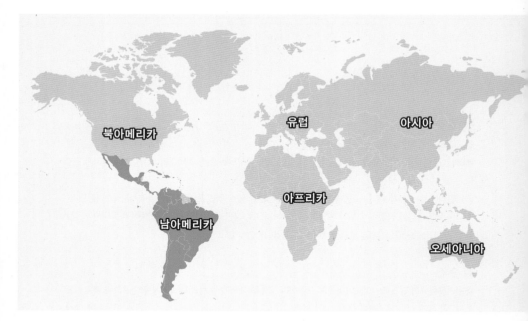

세계 속의 라틴아메리카

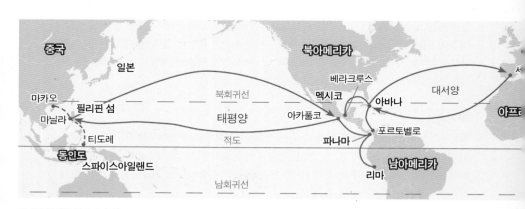

마닐라 갤리온 물자 수송 루트

멕시코

바하마
쿠바
자메이카
도미니카공화국
벨리즈
아이티
그레나다
과테말라
니카라과
가이아나
엘살바도르
수리남
온두라스
베네수엘라
프랑스령 기아나
코스타리카 파나마 콜롬비아
에콰도르

페루
브라질
볼리비아
칠레 파라과이
우루과이
아르헨티나

생태문명 교양총서 1
라틴아메리카 음식 '듬뿍'
음식과 기호품의 문화사

ⓒ 한국외국어대학교 중남미연구소, 2023

지은이 조구호·황수현·정승희·장재원·정욱·임수진·이경민·임두빈 지음
펴낸이 김종수
펴낸곳 한울엠플러스(주)
편집책임 조수임
편집 정은선

초판 1쇄 인쇄 2023년 1월 15일
초판 1쇄 발행 2023년 1월 31일

주소 10881 경기도 파주시 광인사길 153 한울시소빌딩 3층
전화 031-955-0655
팩스 031-955-0656
홈페이지 www.hanulmplus.kr
등록번호 제406-2015-000143호

Printed in Korea.
ISBN 978-89-460-8242-7 03950

※ 책값은 겉표지에 표시되어 있습니다.

이 저서는 2019년 대한민국 교육부와 한국연구재단의 지원을 받아
연구되었음(NRF-2019S1A6A3A02058027)